철도IT

커뮤니케이션 혁명

철도 IT 커뮤니케이션 혁명

발행일   2015년 11월 10일

지은이   김 범 승
펴낸이   손 형 국
펴낸곳   (주)북랩
편집인   선일영   편집   서대종, 이소현, 김아름, 권유선, 김성신
디자인   이현수, 신혜림, 윤미라내, 임혜수   제작   박기성, 황동현, 구성우
마케팅   김회란, 박진관
출판등록   2004. 12. 1(제2012-000051호)
주소   서울시 금천구 가산디지털 1로 168, 우림라이온스밸리 B동 B113, 114호
홈페이지   www.book.co.kr
전화번호   (02)2026-5777   팩스   (02)2026-5747

ISBN   979-11-5585-804-2 03000(종이책)   979-11-5585-805-9 05000(전자책)

이 도서의 국립중앙도서관 출판예정도서목록(CIP)은 서지정보유통지원시스템 홈페이지(http://seoji.nl.go.kr)와
국가자료공동목록시스템(http://www.nl.go.kr/kolisnet)에서 이용하실 수 있습니다.
(CIP제어번호: CIP2015030263)

성공한 사람들은 예외없이 기개가 남다르다고 합니다.
어려움에도 꺾이지 않았던 당신의 의기를 책에 담아보지 않으시렵니까?
책으로 펴내고 싶은 원고를 메일(book@book.co.kr)로 보내주세요.
성공출판의 파트너 북랩이 함께하겠습니다.

철도IT

가상도 연결하고 실체도 잇는 최창의 소통 방식

커뮤니케이션
혁   명

김범승 **지음**

일반사원에서 CEO, 그리고 정책 입안자까지 꼭 한 번 읽어야 할 책!

'철도IT'는 철도와 고객 사이의
물리적 커뮤니케이션의 목적인 '운송'을 달성하기 위하여
전자적인 커뮤니케이션을 가능하게 하는 기술적인 수단을 제공한다.
따라서 우리는 철도IT 커뮤니케이션에 주목해야 한다.

북랩 book Lab

프롤로그

우리는 왜 '철도IT 커뮤니케이션'에 주목해야 하는가?

1899년 9월 18일 일본에 의해 조선침탈의 발판 마련을 위한 전략적 수단으로 경인선 철도의 기적소리는 시작되었다. 우리 철도는 근대철도의 태동에 이어 일제강점기 본격적인 식민지 수탈용 철도에서 대한독립 후 온전히 민족의 철도로 우리 품에 돌아왔다. 그리고 남북분단이라는 민족의 분열을 극복하고 국토의 대동맥으로서의 역할을 충실히 수행하며 '한강의 기적'이라 불리는 눈부신 경제성장을 이끄는 밑거름이 되었다.

하지만, 이러한 철도 역사의 이면에는 암울한 시대상황을 극복하고자 했던 민족의 열망과 철도 노동자 그리고 열사들의 희생이 있었음을 기억해야 한다. 철도IT는 1967년 4월 우리나라 최초로 경제기획원 조사통계국이 인구센서스 통계처리를 목적으로 컴퓨터 'IBM 1401'을 도입한 이듬해인 1968년 8월 EDPS 개발위원회가 설치되면서 태동하였다. 이후 On-Line 전산처리를 위하여 PRIME-750

컴퓨터가 도입되면서 1981년 10월 최초로 새마을 승차권을 전산발매하기 시작했으며 2004년 4월 고속철도의 개통과 더불어 이를 지원하기 위하여 IRIS(Integrated Railroad Operating Information System, 고속철도통합정보시스템)를 운영하는 등 새로운 격변의 시대에 적응하였다. 또한 2007년 이후 폭발적으로 늘어난 스마트폰의 사용을 지원하기 위하여 2010년 12월 스마트폰으로 승차권을 예매할 수 있는 최초의 모바일 앱인 '글로리코레일(現 코레일톡)'서비스를 개시하였다. 이처럼 철도는 철도IT의 지원을 받아 성장하였다.

지금은 IT라는 보이지 않는 끈의 지원 없이는 철도의 운행은 거의 불가능하다. 주변 환경이 너무나 급속히 변했고 차츰 우리 생활 속에 체화되어 일부분으로 자리매김했기 때문이다. 필자는 이 책의 전체를 관통하는 철도IT라는 키워드를 매개로 철도IT의 커뮤니케이션에 관하여 이야기하고자 한다.

그렇다면 우리는 왜 철도IT 커뮤니케이션에 주목해야 하는가? 서민의 운송수단인 철도는 사람과 물자를 이동시키는 단순한 교통수단으로서의 역할뿐만 아니라 공간과 공간을 이어줌으로써 사람과 사람이 직접만나 시각, 청각, 후각, 미각, 촉각의 오감을 통해 온몸으로 체감하고 전해오는 따뜻한 감성으로 커뮤니케이션할 수 있게 한다. 그래야 서로의 마음과 마음을 채울 수 있다. 철도는 실체적 만남을 제공하는 가장 완숙한 커뮤니케이션이며, 커뮤니케이션 산업이다. 여기서 커뮤니케이션은 철도와 고객 사이의 '소통'이고 사람과 사람 사이의 '만남'이며 철도와 고객, 사람과 사람 사이의 '교감'이다. 이를 위하여 '철도IT'는 철도와 고객 사이의 물리적 커뮤니케이션의 목적인 '운송'을 달성하기 위하여 전자적인 커뮤니케이션을 가능하게 하는 기술적인 수단을 제공한다. 따라서 우리는 철도IT 커뮤니케이션에 주목해야 한다.

철도는 국가 기간산업이며 항공 산업과 더불어 현대기술의 총아이다. 지난 2004년 KTX가 개통된 이래 세계적으로 속도혁명이 일어나고 있다. 최근 일본은 600km/h 급의 초고속 자기부상열차의 시험운전에 성공하였고, 중국은 고속철도 개통국으로서의 위상을 더욱더 강화하고 있다. 이러한 빠른 속도혁명만큼 소프트파워인 철도IT의 역할은 매우 중요하다.

소프트파워의 지원 없는 첨단 철도시스템은 고철 덩어리에 불과하다. 저 머나먼 역사속의 광개토대왕 시절의 힘찬 기상으로 대륙으로의 진출을 실현했던 우리는 남북철도 연결이라는 소망을 통해 대륙 진출의 꿈을 다시 꿀 수 있게 되었다. 이를 미리 준비해야 할 때이다.

이 책은 철도와 철도IT에 좀 더 친숙하게 다가가고자 하는 이들을 위한 책이다. 철도는 쇳덩어리다. 철선이며 열차며 신호기이며 등등 거의 모든 것이 철로 만들어져 있다. 그래서 그런지 그것을 다루는 사람도 그렇고 이용하는 사람도 그렇고 양쪽 모두에게 너무 무겁고 딱딱한 소재일 수도 있다. 하드웨어적 관점이 아닌 소프트웨어적 관점에서 우리가 일상적으로 느끼는 철도의 이면에는 어떠한 생각들이 숨어있는가? 한번쯤 이야기를 풀어볼 필요가 있다. 특히 철도IT라고 특정 짓는 순간 일반IT와의 차이점이 무엇인지 궁금증을 가질 것이다. 이 부분에 대한 해답이 본서의 키워드이며 줄

거리이다.

하지만 2부(철도IT, 기계와 커뮤니케이션하다), 3부(철도IT, 응용연구 사례에 대하여 이야기하다)로 넘어가면 좀 따분하고 지루할 수 있다. 가끔 수식도 보이고 전문적인 용어도 보인다. 잘 읽히지 않거나 어렵게 느껴지면 그냥 건너뛰고 읽어도 본류를 이해하는 데 큰 지장은 없다. 필자는 이 책을 세 부분의 영역(Domain)에 맞추어 이야기하려고 했다. 첫 번째, 철도에 대하여 관심을 가지고 있는 독자 및 마니아를 위하여, 두 번째, 철도IT의 미래에 대한 궁금증을 가지고 있는 독자들을 위하여, 세 번째, 이 책의 핵심내용이기도 한 음성인식의 화두에 대하여 기초적 전문지식에 대한 접근 및 관심이 필요한 학생 또는 학술 연구자와 산업 종사자의 경계에서 통합과 융합의 관점으로 이야기를 하려고 했다. 그래서인지 책의 구성이나 내용적 깊이의 균형이 일관되지 않아 좀 유별난 면이 없지 않다.

이 책은 다음과 같이 읽으면 쉽고 편하게 접근할 수 있을 것이다. 우선 이 책에 실려 있는 23개의 에피소드와 5개의 뉴스 스크랩을 먼저 읽어 볼 것을 권한다. 에피소드와 뉴스 스크랩은 각 장에 대한 이야기의 주제와 핵심을 함축하고 있다. 그리고 중간 중간 읽다가 지루하다 싶으면 28개의 Creative Think를 보면서 잠깐 생각을 정화하는 시간(Break Time)을 가져보길 바란다. 그러면 새로운 시각의 지평을 만날 수 있을 것이다. 이렇게 가볍게 한 번 둘러본 다음에는 1부(철도, IT를 통해 세상과 소통하다) 그리고 4부(철도IT, 커뮤니케이션과 관련된 기술들), 5부(철도IT, 커뮤니케이션 혁명이 미래다)를 먼저보고 2부, 3부를 봐도 될 것이다. 또한 좀 더 디테일하게 학술적 관점에서 보고 싶다면 막바로 2, 3부를 읽어도 될 것이다. 2, 3부를 제외한 내용은 일반적인 시각에서 접근한 것이다.

필자는 116년 철도의 역사와 함께 발전한 철도IT를 재조명하고 위상을 정립하여 철도IT의 소프트파워를 키워 글로벌 철도로 나아가는 데 조금이나마 도움이 되었으면 하는 바람과 철도IT의 미래 비전의 한 축이 될 음성인식 기술이 철도IT, 나아가 대한민국 IT가 세계로 뻗어나갈 수 있는 토대가 되었으면 하는 소망으로 이 글을 쓴다. 끝으로 이 글을 읽는 독자들의 건승을 기원하며 이 책이 나오기까지 많은 도움을 준 저를 아는 모든 분들에게 감사의 말을 전한다.

김범승

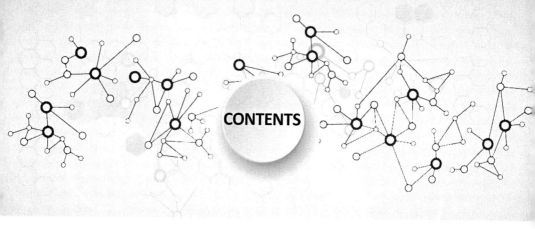

CONTENTS

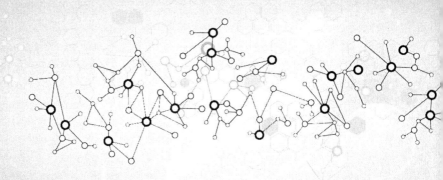

제3부 철도IT, 응용연구 사례에 대하여 이야기하다

제4부 철도IT, 커뮤니케이션과 관련된 기술들

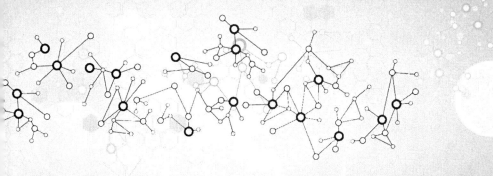

제5부 철도IT, 커뮤니케이션 혁명이 미래다

철도IT 커뮤니케이션 혁명

제1부

철도, IT를 통해 세상과 소통하다

철도 첫 기적소리를 울리다

역사는 현재를 사는 우리가 존재하는 이유이며 미래를 비추는 거울이다. 짧지만 굴곡이 많았던 한국의 철도사는 우리 민족이 살아온 숨결이며 현재를 사는 우리에게는 소통의 창이고 미래를 향해 달려갈 수 있는 원동력이다.

EPISODE 01. 철마, 첫 걸음을 때다

(당시의 철마에 대한 생경한 모습을 상상해본다.)

박도민: 어이, 소식 들었어. 요 앞에서 철도 개통기념식이 있다는데.

김기수: 철도? 그게 뭔 소리야.

박도민: 시커멓고 큰 철마차 같은 게 휙 달려간다나 뭐라나.

김기수: 아참, 나 좀 봐라. 우리 집 개똥이 밥 주는 걸 깜박했네.

(이그, 정신머리하곤)

박도민: 그래도, 평생 보기 힘든 구경은 해야지. 개똥이 밥은 뭐 좀 늦어도 되지.

행사장 주변에는 새로운 문명의 이기를 목도하기 위하여 엄청난 인파의 사람들이 구름처럼 몰려있다. 그야말로 사람이 산을 이루고 바다를 이루었다. 발 디딜 틈새도 안 보일 정도다. 박도민과 김기수는 얕은 언덕 둔치에 간신히 자리를 잡았다.

박도민: 와우, 저렇게 덩치 큰 쇳덩어리가 움직인다고. 말도 안 돼.

김기수: 그러게 말야.

철마가 움직이기 시작한다. 철쿵, 커다란 굉음과 함께 시커먼 연기를 토해내면서 천천히 쇠바퀴가 철쿵, 쿵쿵, 쿵쿵쿵… 굴러가더니 이내 시야에서 멀어져 간다. 철마의 첫 기적소리가 세상에 울려 퍼졌다. 박도민과 김기수는 한동안 말이 없이 믿을 수 없다는 표정으로 멍하니 사라져 가는 철마차의 뒤꽁무니를 바라볼 따름이다. 무언가가 가슴 한쪽 귀퉁이를 쿡쿡 찌르고 있는 느낌이다. 모습은 외경스럽고 놀라운데, 마음 한편은 편하질 않다. 어찌 되었든 이렇게 근대철도는 태동하였다.

근대철도 태동하다

1897년 3월 22일 착공을 시작한 공사는 2년 6개월이 지나 1899년 9월 18일 성대한 기념식과 함께 노량진-인천(33.8km) 간 경인철도가 개통되면서 철마의 첫 기적 소리가 세상에 울려 퍼졌다(1937

년 9월 18일 철도기념일 제정, 1964년 11월 26일에 9월 18일을 철도의 날로 제정: 대통령령 제1992호). 1825년 스톡턴-달링턴(21km) 간 세계 최초의 철도가 영국에서 개통된 이래 74년 만의 일이다. 당시 사람들은 무거운 철덩이가 굉음과 함께 연기를 내뿜으며 땅위에 평행하게 놓인 철선을 달리는 것이 무섭고 두려울 정도였지만, 한편으로는 동경의 대상이었다. 경인철도가 개통되기 전 한나절이나 걸려서 도착했던 거리가 무려 1시간으로 10배 이상 빨라졌다. 당시로서는 받아들이기 힘들었을 정도의 속도혁명이 시작된 것이다. 뿐만 아니라 차비만 있으면 누구나 탈 수 있는 새로운 이동수단이 되었다.[1]

1901년 6월 일본은 경부철도주식회사(1903년 경인철도주식회사를 흡수)를 설립하여 8월 21일, 서울 영등포와 부산 초량에서 각각 착공을 시작하여 1904년 12월 27일에 완공, 1905년에 전 구간을 개통하였고 이후 1909년 서울-신의주 간을 개통함으로써 부산으로부터 만주 안동현에 이르는 간선이 완성되었다. 1905년 러일전쟁에서 승리한 일본은 그해 11월 17일 '을사늑약'을 체결하고 통감부 내에 철도관리국을 설치하여 경인선, 경부선, 경의선, 마산선을 직접 운영하였고, 1910년 국권 침탈이 이루어지자 조선총독부에 철도국을 설치하여 식민지의 경제적 수탈의 수단으로 철도망을 확장하였다. 1941년 경부본선은 중국의 신경-봉천(304.8km)-안동(580.6km)을 거쳐 평양(신경에서 819.2km)으로 이어졌다. 경성-부산(450.5km) 구간 안에 모두 57개(경성, 노량진, 남경성, 안양, 수원, 오산, 평택, 천안, 조치원, 부강, 대전, 영동, 추풍령, 김천, 구미, 대구, 경산, 밀양, 삼랑진, 구포, 부산진, 초량, 부산 등)의 역이 있었으며, 모든 역을 정차하는 차편은 경성에서 부산까지 12시간이 소요되었다. 1945년 8월 15일 광복 당시 철도의 총 길이는 6,632km에 달하였다.[2]

당시 사람들은 근대성의 상징인 철도를 어떻게 받아들이고 느꼈는지를 신문기사와 문학작품에 서술된 내용을 통해 미루어 살펴보고자 한다. 경인철도 개통식이 있었던 다음 날인 1899년 9월 19일자 〈독립신문〉(1896-1899)은 다음과 같이 기술하고 있다.

> "'철도개업례식' 경인철도회샤에서 어저께 개업례식을 거행하는데 인천서 화륜거가 떠나 영등포로 와서 경성에 내외국 빈객들을 수레에 영접하여 안치고 오전 구(九)시에 떠나 인천으로 향하는데 화륜거 구난 쇼리는 우레 같아야 천지가 진동하고 기관거에 굴뚝연기는 반공에 솟아오르더라. 수레를 각기 방 한 칸씩 되게 만드러 여러 수레를 철구로 연하야 수미상점하게 이였는데 수레 속은 상즁하 3등으로 수장하야 그 안에 배포한 것과 그 밖에 치장한 것은 이로 다 형언 할 수 없더라. 수레 속에 안져 영창으로 내다보니 산천초목이 모도 활동하야 닷는 것 같고 나는 새도 미쳐 따르지 못하더라. 대한 리수로 팔십리 되는 인천을 순식간에 당도 하얏는데 꼿 정거장에 배포한 범절은 형형색색 황홀찬란 하야 진실로 대한 사람의 눈을 놀리더라."
> (이하 생략)

'화륜거가 구르는 소리 우레와 같아 천지가 진동하고 굴뚝연기가 하늘로 솟아오르더라.'라는 묘사에서 알 수 있듯이, 기차를 첫 대면하는 당시 사람들에게는 놀라움과 동시에 위압적인 존재로 다가왔을 것이다.

육당 최남선(1980-1957)은 문명개화에 대한 동경과 민중계몽을 주제로 지은 총 67절 7·5조의 창가의 효시가 된 〈경부철도가〉(京釜鐵道歌, 원제: 경부털도노래)에서 다음과 같이 노래하고 있다.

우렁타게 토하난 긔덕(汽笛) 소리에
남대문을 등디고 떠나 나가서
빨리 부난 바람의 형세 갓흐니
날개 가딘 새라도 못 따르겟네.

늙은이와 덞은이 셕겨 안젓고
우리네와 외국인 갓티 탓스나
내외 틴소(親疎) 다갓티 익히 디내니
됴고마한 딴 세상 뎔노 일웟네.
(이하 생략)

'우렁차게 토하는 기적소리, 빨리 부는 바람의 형세, 날개 가진 새라도 못 따르겠네'의 묘사에서 알 수 있듯이 당시 사람들에게 기차는 말 그대로 '근대 서구문명의 충격'이 빠른 속도감으로 다가왔을 것이다.

우리나라 근대문학 최초의 장편소설 춘원 이광수(1892-1950)의 〈무정〉을 살펴보자.

"수레바퀴 소리, 증기와 전기기관 소리, 쇠망치 소리… 이러한 모든 소리가 합하여 비로소 찬란한 문명을 낳는다. 실로 현대의 문명은 소리의 문명이다. 서울도 아직 소리가 부족하다. 종로

나 남대문 통에 서서 서로 말소리가 아니 들리리만큼 문명의 소리가 요란하여야 할 것이다. 그러나 불쌍하다. 서울 장안에 사는 삼십여 만 흰옷 입은 사람들은 이 소리의 뜻을 모른다. 또 이 소리와는 상관이 없다. 그네는 이 소리를 들을 줄 알고, 듣고 기뻐할 줄 알고, 마침내 제 손으로 이 소리를 내도록 되어야 한다. 저 플랫폼에 분주히 왔다 갔다 하는 사람들 중에 몇 사람이나 이 분주한 뜻을 아는지. 왜 저 전등이 저렇게 많이 켜지며, 왜 저 전보 기계와 전화 기계가 저렇게 불분주야하고 때각거리며, 왜 저 흉물스러운 기차와 전차가 주야로 달아나는지… 이 뜻을 아는 사람이 몇몇이나 되는가."[3]

증기와 전기기관 소리, 분주한 플랫폼 그리고 흉물스러운 기차로 대변되는 현대 문명은 '근대 서구문명의 분주한 소리'인 동시에 가슴 한편에서는 '자율에 의해 움직여야 한다.'는 안타까움이 묻어나는 소리 없는 외침이다.

다음은 염상섭(1897-1963)의 〈만세전〉에서 기차를 매개로 하여 서술된 내용이다.

"기차는 하마터면 놓칠 뻔하였다. 짐을 맡기고 간 것까지 잔뜩 눈독을 들여둔 '그쪽 사람들'을 은근히 찾아보았던지, 내가 허둥허둥 인력거를 몰아오는 것을 아까 만났던 인버네스자리가 대합실 문 앞에서 흘끗 보고 방긋 웃는다. 나는 본체만체하고 맡겼던 짐을 찾아가지고 찻간으로 뛰어올라왔다. 형사도 차창 밖으로 가까이 와서 고개를 끄덕하며 무어라고 중얼중얼하기에 나는 창을 열어주었다. '바로 서울로 가시죠?' 하며 왜 그러는지 커다랗게 소리를 지른다. 나는 웃으면서, 내 처가 죽게 되어서 시험도

안 보고 가니까 물론 바로 간다고(나중에 생각하고 혼자 웃었지만), 하지 않아도 좋을 말까지 기다랗게 늘어놓았다. 형사는 또 무엇이라고 중얼중얼 하는 모양이었으나, 바람이 획 불고 기차가 움직이기 때문에 자세히 들리지 않았다."[4]

어느새 기차는 타율에 의해 시작되었지만 우리네 생활 속에 깊이 들어와 있었다. 이제 더 이상 외경의 대상이 아니라 탈 것이다. 조선침탈의 발판 마련을 위하여 전략적으로 도입된 철도는 일제강점기 본격적인 식민지 수탈용 철도에서 대한독립 후 온전히 민족의 철도로 우리 품에 돌아왔다. 여하튼 우리나라의 근대철도 태동의 서사는 이렇게 암울한 역사 속에서 끊임없이 자주독립을 갈망했던 우리 민족의 염원과 같이 일어선 역사다.

(아련한 기억 속의 끝자락을 다시 붙잡고 아름다웠던 그 시절을 회상해 본다.)

철이는 1970년대 초 중앙선이 지나가는 양평에서 국민학교(現 초등학교) 3학년까지 다녔다. 양평역은 이 지역의 상징이었다. 역 근처에는 맑은 하늘 아래 물을 담는 커다란 급수탑이 있었다. 왠지 어린 철이에게는 위압감으로 다가왔다. 학교를 마치고 나면 동무들과 함께 급수탑 아래로 달려가곤 했다. 우리들의 아지트이다. 짱구야, 오늘은 뭐하면서 놀지. 편 갈라 칼싸움하면서 놀자. 칼이 있어야지. 좋은 생각이 있다. 철이야, 집에 가서 못 좀 구해 와봐. 뭐 하게. 우리 기찻길에 가서 칼 좀 만들어 오자. 인적이 뜸한 기찻길 옆에 동무들이 모여 손가락보다 큰 대 못을 철로 위에 올려놓는다. 짱구, 저기 화물열차가 들어온다. 야, 너희들 멀찌감치 피해 있어. 아이들은 선로 변 아래 둑 풀섶에 바짝 엎드려 열차가 지나가기만 숨죽이며 기다린다. 철선로를 쇠바퀴가 때리며 내는 소리가 쿵쿵 쾅쾅, 쿵쿵 쾅쾅 귓가를 때린다. 화차에 붙어있던 시커먼 석탄가루가 바람에 살짝 휘날린다. (철이는 혼잣말로, 도대체 몇 량이나 붙어있는 거야, 끝임 없이 이어졌네… 하고 중얼거린다.) 열차가 아이들의 시야에서 멀찌감치 사라지자 아이들은 연탄불에 달달하게 익은 달고나를 기다리듯 연신 눈심지를 돋우며 철로로 달려간다. 철이의 어린 시절 추억의 한 장면이다. 지금 생각하면 위험천만한 장난이다. 당시 중앙선. 태백선은 대량의 양회와 석탄을 수도권으로 실어 나르는 산업철선의 역할을 했다. 이렇게 이 시대의 철도는 사람과 물자를 대량으로 수송하는 국토의 대동맥으로서의 역할을 충실히 수행한 것이다.

국토의 대동맥이 되어 한국의 발전을 견인하다

1945년 미 군정청 내에 교통국이 발족되어 혼란한 시대상황 속에서 38선 이남의 2,642km의 철도관리를 담당하게 되었고 1946년 5월에는 남한에 소재하는 사설철도 및 부대사업 전부를 국유화하였고 5월 20일 경성-부산 간 특별급행 1·2열차 조선해방자호(朝鮮解放者號)를 운행하였다. 1948년 8월 15일 대한민국 정부수립으로 9월 7일 과도정부의 운수부 및 그 부속기관의 행정권 일체를 동일 오후 1시 30분을 기하여 교통부가 이양받았으나 6.25 전란으로 전시수송체제에 돌입한 철도는 그 운영이 UN으로 넘어갔다. 이후 1953년 휴전협정이 시작되었고 1955년 6월 1일 UN군에 의한 철도 운영권이 다시 한국정부로 이관되었다. 1962년 1월 철도법이 공포되었고 드디어 1963년 9월 1일 교통부 외청으로 철도청이 발족되었다.[5] 근대철도의 태동에 이어 암울한 일제 강점기를 거쳐 남북분단이라는 민족의 분열을 극복하고 국토의 대동맥의 역할을 수행하기까지 그 밑바탕에는 시대상황을 극복하고자 하는 민족의 열망과 열사들의 희생이 있었다. 철도위인이라고 일컬어져야 마땅할 3명의 열사들의 족적을 잠시 살펴보고자 한다.

철도 위인 열전

박기종 선생은 1876년 5월 제1차 수신사 일행의 일본시찰 시 역관으로 동행하였다. 1896년 3월 부산상업학교의 전신인 부산개성학교를 창설하였고, 1898년 열강의 철도부설권 획득을 위한 치열한 경합의 와중에도 국내의 철도는 민족의 기업으로 건설되어야 한다는 신념으로 5월 한국 최초의 민족철도회사인 부하철도회사(釜下鐵道會社)를 창설하고 1899년 5월 대한철도회사를 설립하였다. 1902

년 6월 영남지선철도회사를 창립하고 11월 영남지선 부설권을 궁내부 철도원으로부터 인허 받고 삼랑진과 마산을 연결하는 삼마철도의 부설권을 얻어 공사 진행을 시도하였으나 일본의 방해로 실패하였다. 이후에도 평생 철도부설에 뜻을 두었으며, 국내철도는 민족계 회사가 건설해야 한다는 신념을 버리지 않았다.[6]

독립투사 이봉창 선생은 1918년 용산역 만철(滿鐵)에서 기차운전 견습소 견습생으로 사용부, 역부, 전철수, 연결수를 거쳐 철도와 인연을 맺었다. 1924년 신병을 이유로 사직 1931년 상해로 건너가 백범 김구(金九) 선생과 만나 거사를 논의하고 1932년 1월 8일 일왕 히로히토가 도쿄 요요기 연병장에서 관병식 거행 시 수류탄을 투척, 같은 해 10월 일제의 비공개 재판으로 사형선고를 받고 이치가야 형무소에서 순국하였으며 1962년 건국훈장 대통령장으로 추서되었다.[7]

1950년 7월 19일 미군 제24사단의 대전 전투 시 사단장인 윌리엄 딘 소장이 행방불명되자 딘 소장을 구출하기 위해 30명의 미군 결사대가 조직되었을 때, 김재현 기관사는 열차를 이용한 구출작전에 자원, 기관차를 몰고 충북 이원역을 출발하여 적의 수중에 놓인 대전으로 침투하는 작전을 수행하였다. 작전 도중 김재현 기관사를 포함한 대부분의 결사대가 사망하였고 김재현 기관사는 8발의 총상으로 숨을 거두면서도 기관차의 가감변(운전장치)를 놓지 않았다고 한다. 1962년 12월 5일 대전 삼정동 선로변에 순직비가 건립되었으며 1983년 전사 33년 만에 국립묘지(現 국립서울현충원)에 안장되었고 2012년 미국방성 특별민간봉사훈장(민간인에게 주는 훈장 중 가장 격이 높은 훈장)을 수훈하였다. 2013년 국립대전현충원에 호국철도기념관이 조성되었으며 김재현 기관사가 몰았던 미카 3-129호 중기기관차가 함께 전시되어 있다. 또한 2015년 2월 12일 국립서울현충원 유품전시관에 김재현 기관사 유품이 전시되었다. 민간인으로서 국립현충원에 유품관 설치는 유일하다.[8]

가히, 우리 민족의 자긍심을 고취하고 자주철도의 완성을 위하여 헌신한 철도위인들로 불릴만한 발자취이다. 이를 본으로 삼아 한국철도의 위상을 세계만방에 드높이기 위해 부단히 경주를 해야 할 것이다.

1960년대 후반, 1970년대 초반에 경인, 경수, 경부고속도로가 차례로 개통되면서 철도교통과 도로교통의 경쟁시대가 시작되었다. 이는 그동안의 양적팽창에서 시설, 전기, 차량 등 인프라의 개선을 통하여 속도와 서비스를 향상시키는 질적인 발전을 가져오는 계기가 되었다.[9] 물론, 철도청 발족 이후 철도를 운영하는 조직도 시대 흐름에 따라 여러 차례 개편되는 등 지속적으로 철도 운영 체계가 정비가 되었고, 이를 바탕으로 경험과 노하우를 쌓아 나갔다. 1969년에 착공한 산업선 전철화를 시작으로 1972년 최초의 전기기관차 도입(66량)이 시작되었으며 1973년 6월 20일 개통된 중앙선 전철 청량리-제천(155.2km) 구간에서 최초로 운행되었다. 이후 1974년 7월 17일 수도권 전동차가 경인선에서 시운전을 시작하였으며 그해 8월 15일 수도권 전철 86.7km(구로-인천 간 27.0km, 서울-수원 간 41.5km, 용산-성북 간 18.2km)가 개통되면서 본격적인 전철화 시대를 맞이하였다. 1979년 현대차량에서 미국 GM과 기술제휴로 제작한 국산 디젤기관차가 첫 운행을 시작하였으며 1980년 4월 10일 대우중공업에서 제작한 국산 새마을호 신형동차가 운행되었다.[10] 이러한 철도의 질적인 발전은 6.25 전란 이후 1960년대 1970년대를 거쳐 '한강의 기적'이라고 불리는 한국의 눈부신 경제적 성장을 이끄는 밑거름으로서 서민의 교통수단으로서의 역할뿐만 아니라 각지의 원료와 물자를 필요한 곳으로 운송하는 등 산업화와 현대화를 견인하는 국토 대동맥으로서의 역할을 충실히 수행하였다.

EPISODE 03. 김 대리의 부산 출장

팀장: 김 대리 낼 부산 출장이지?

김 대리: 아 네, 팀장님.

팀장: 근데, 어떡하지 오후에 협력사하고 갑자기 미팅이 잡혔는데….

김 대리: 잠깐만요. 스케줄 좀 다시 한 번 확인해 볼게요.

김대리는 부산에서 만나기로 한 협회 담당자에게 전화를 건다. 또르르, 또르르(전화) 딸깍. 미안한 마음이 앞선다.

김 대리: 아, 안녕하세요. 오늘 부산에서 뵙기로 한 김 대리입니다. 혹시, 금일 미팅을 오전 10시에 하면 어떨런지요.

협회 담당: 네. 김 대리님 괜찮습니다. 그럼 오전 10시 부산역 회의실을 미리 예약해 놓겠습니다. 김 대리님 그럼, 있다가 뵙겠습니다.

김 대리: 네. 감사합니다.

뚝. 김 대리는 팀장 책상 앞으로 간다.

김 대리: 팀장님, 협력사하고는 오후 4시에 후속 미팅을 하면 될 것 같습니다.

팀장: 고맙네, 김 대리.

김 대리는 새벽에 출발하는 KTX를 타고 부산역에 만나기로 한 시간보다 20분 일찍 도착해서 여유 있게 아메리카노를 한 잔 테이크 아웃해 마시며 회의실로 향한다.

오전 협회와의 회의가 끝나고 12시 30분 간단히 식사를 하고 1시 30분차로 서울로 출발하였다. 3시 20분경 서울역에 도착하여 근처 회의 장소가 있는 협력사로 발걸음을 옮겼다. 여유 있게 회의실에 도착해서 관련 자료를 훑어보고 회의에 참석한다. 5시 30분경 회의가 끝나고…

지하철로 종각역으로 이동하여 오랜만에 친구들을 만나 저녁식사를 즐길 수 있었다. 고속철도가 개통되기 전에는 상상도 못할 일이다. 공간과 공간의 간격이 속도의 혁명을 통해 좁혀진 것이다. 속도의 혁명이 계속될수록 공간과 공간 사이의 거리는 점점 짧아질 것이며 궁극에는 공간과 공간이 하나로 이어져 있는 것처럼 느껴질 것이다.

고속철도 시대의 개막과 계속되는 속도혁명

1964년 10월 일본의 동해도(東海道) 신칸센은 세계최초의 고속철도를 운행하면서 세계 철도사의 한 획을 그었다. 바야흐로 철도의 고속화가 시작된 것이다. 당시 190km/h로 상업운전을 시작하여 1990년대 초에는 거의 모든 구간에서 205~270km/h로 운행하였다. 1981년 프랑스의 SNCF는 파리-리옹 간 유럽 최초의 고속철도인 TGV(Train a Grande Vitesse)가 상업운전을 개시하였다. 개통 당시 최고 영업속도는 260km/h에 달했다. 이에 영향을 받은 각국은 고속철도 개발에 뛰어들었다. 또한 1991년 독일은 동부 하노버-뷔르츠부르크, 만하임-슈투트가르트 구간에서 최고속도 270km/h의 ICE(Inter City Express)를 개발하여 운행을 시작하였으며 1992년 스페인은 마드리드-코르도바, 남부의 세비야까지 고속철도(AVE, 스페인의 고속철도) 노선을 개통하였다. 그리고 가장 중요한 국제노선인 프랑스의 고속철도망과 영국을 연결하는 노선인 해협터널을 통하

여 1994년부터 런던-파리, 런던-브뤼셀을 잇는 Eurostar가 운행되었
다. 한편, 2005년 12월 22일 이탈리아는 로마-나폴리 간 ETR 500
이 처음으로 여객 수송을 하였으며 2006년 2월 10일 이탈리아 북
부 토리노-노바라 간에서 새로운 고속철도가 개통되면서 급격한 발
전을 하였다.[11]

우리나라는 1983년 고속철도 타당성 조사를 완료하고 1989년 고
속전철건설추진기획단을 구성하여 기술조사 및 기본설계를 시작
하였다.[12] 1992년 6월 20일 착공하여 12년만인 2004년 4월 1일 경
부고속철도 1단계 구간(천안-대전 간 57.8km, 약 13조원 투입)이 개통
되었으며, 그해 12월 16일 한국형 고속전철이 시속 350km/h 시험
운행(천안-신탄진 간, 352.4km/h 기록, 국산화율 87%)에 성공하였
다. 2005년 1월 1일 철도산업발전기본법에 따라 발족, 정부가 100%
전액 출자한 공기업인 한국철도공사가 출범하면서 고속철도와 더
불어 새로운 도약의 길이 시작되었다. 2010년 11월 1일 경부고속철
도 2단계 구간(동대구-신경주-부산 신선건설 124.2km)이 개통되었다.
2014년 6월 30일 인천국제공항까지 KTX 직결운행을 개시하였으며
2015년 4월 1일 호남고속철도 구간이 개통되었다.[13]

최근 중국은 2008년 8월 1일 베이징-텐진 간 징진 고속철도 개
통을 시작으로 2009년 12월 26일 베이징-홍콩 간 징강 고속철도,
2010년 2월 6일 정저우-시안 간 정시 고속철도, 2012년 12월 1일 하
얼빈-다롄 간 하다 고속철도를 차례로 개통하였으며 2014년 기준
고속철도 연장 1.6만km로 세계 60%(세계 고속철도망 1위)에 달하는
각 구간을 시속 350km/h로 운행하고[14] 있고 일본은 2015년 4월 후

지산 근처 시험선에서 초고속 자기부상열차가 최고속도 603km/h를 달성한 바 있으며 세계의 각국에서도 차세대 고속철도를 개발하여 보다 안전하고 빠르게 서비스를 제공하기 위하여 차량의 속도를 향상시키고 있다.[15] 세계철도의 속도혁명은 현재 진행형이다.

속도혁명의 변천사를 다시 한 번 되짚어 보고자 한다. 1899년 9월 18일 한국 최초로 모갈 1호(미국제 모갈탱크형 증기기관차)가 노량진-제물포 구간(1:30 소요)을 평균 20~22km/h, 최고 60km/h 속도로 운행을 시작하였다. 그리고 1936년 12월 1일 아카스키 특급열차가 서울-부산 구간(6:45 소요)을 평균 67km/h, 최고 90km/h 속도로 운행하였으며 1946년 5월 26일 조선해방자호가 서울-부산 구간(9:00 소요)을 평균 50km/h, 최고 70km/h 속도로 운행하였다. 또한 1950년 8월 15일 통일호가 서울-부산 구간(9:00 간 소요)을 평균 50km/h, 최고 70km/h 속도로 운행하였고 1960년 2월 21일 무궁화호가 서울-부산 구간(6:40 소요)을 평균 67km/h, 최고 95km/h로 운행하였다. 이후 1962년 5월 15일 재건호가 서울-부산 구간(6:10 소요)을 평균 72km/h, 최고 100km/h 속도로, 1966년 7월 21일 맹호호가 서울-부산 구간(5:47 소요)을 평균 77km, 최고 100km/h 속도로, 1969년 6월 10일 관광호가 서울-부산 구간(4:50 소요)을 평균 92km/h, 최고 110km 속도로, 1985년 11월 16일 새마을호가 서울-부산 구간(4:10 소요)을 평균 107km/h, 최고 140km/h로 운행하였다. 그리고 2004년 4월 1일 한국 최초의 고속철도인 KTX가 서울-부산 구간(2:40 소요)을 평균 153km/h, 최고 300km/h로 운행을 시작하였다.[16] 참으로, 숨가쁘게 달려온 속도혁명의 역사이다.

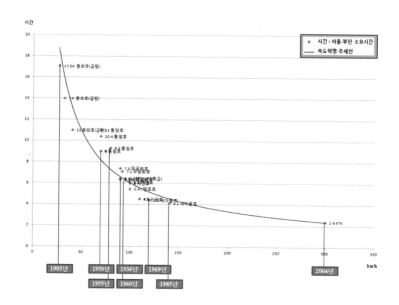

[그림 1-1] 속도혁명의 역사

    지금까지 근대철도의 태동으로부터 국토의 대동맥으로서의 역할을 충실히 수행하고 고속철도의 시대를 맞이하기까지 철도의 역사를 되새겨 보았다. 다시 한 번 철마의 첫 기적소리를 상기하면서 근대철도가 태동하기 시작할 무렵인 1800년대 후반에 대하여 좀 더 자세히 살펴보고 초심으로 돌아가 태동의 철도사를 마음속 깊이 각인하고자 한다.

    김기수(1832~?)는 1876년 2월 일본에 수신사로 다녀와서 쓴 〈일동기유(日東記游)〉에서 철도를 한국에 최초로 소개하였으며 다음과 같이 설명하고 있다.

"화륜차(火輪車, 汽車)는 반드시 철로(鐵路)로 따라가게 되었다. 길은 그다지 매우 높고 낮음이 없었으니 낮은 것은 돋우고 높은 것은 편편하게 만들었던 것이다. 양쪽 가의 수레바퀴 대이는 곳에는 편철(片鐵)로 깔았으니 철(鐵)은 밖은 돌고 안은 굽어서 수레바퀴가 짓밟고 지나가도 궤도(軌道)를 벗어나지는 않았다. 길은 한결같이 바르지는 않고 때로는 선회(旋回)하는 데도 있었으나 커브를 잘 돎으로써 또한 군색하고 막히는 데는 없었다."[17]

처음 접하는 철도에 대한 놀라움, 새로운 이기에 대한 찬탄과 충격을 고스란히 전하고 있다.

미국 사업가인 모스(James. R. Morse)는 일본 체류 중인 1891년 우리나라 통정대부가 되었고 대변조선상무위원에 임명되어 미국 뉴욕에 특파되었다. 주미 참사관으로 있던 이완용를 설득하여 고종의 허락을 얻어 우리나라에 철도를 부설하려고 입국하였다. 주한 미공사의 막후교섭으로 이완용과 철도창조약을 체결하였으나 당시 조야의 이를 반대하는 세력에 밀려 고종은 이완용에게 철로개변회담을 중지하게 했다. 일이 이 지경에 이르자 모스는 왕복여비와 기타 명목을 들어 은 1만 원의 손해배상을 요구했으나 우리나라에서는 보상할 능력이 없었다. 이후 1895년 고종이 개설한 광혜원(제중원)의 의사와 교수로서 활약했던 미국인 의료선교사 알렌(Newton. Horace. Allen, 1858~1932)의 알선으로 그해 모스는 운산금광채굴권을, 이듬해인 1896년 3월 29일 경인철도부설권을 획득하였다. 모스는 1897년 3월 22일 인천 우현각에서 경인철도의 기공식을 거행하고 본국에 돌아가 자금을 조달하고자 시도하였으나 실패하자 일본인의 경인철도인수조합에 부설권을 양도하였다. 모스로부터 경인철도 부설권을 인수한 일본인 실업가인 시부사와 에이치(1840~1931)는 한국에 경인철도합자회사를 설립하여 이를 완성하였으며 1899년 9월 18일 노량진역에서 개통식을 거행하였다. 이어 경부철도주식회사를 설립하여 서울-부산 간 철도를 개통시켰다.[18]

　당시 경인선(노량진-인천 간 33.8km, 역수 7개)은 궁내부 철도과에서 운영하였으며 119명의 직원들이 있었다. 1899년 미국 브룩스사의 모갈(Mogul Tank)형 증기기관차 4대, 객차 6량, 화차 28량의 차량을 보유하고 있었으며, 평균 20~22km/h(최고속도 60km/h) 속도로 운행하였다. 운임은 1등 객차는 1원 50전, 2등 객차는 80전, 3등 객차는 40전이었고 1일 2왕복(4회) 운행을 하였으며 소요시간은 1시간 30분이 걸렸다. 또한 신호현시를 위하여 완목식 신호기가 사용되었다.[19]

짧지만 굴곡이 많았던 한국의 철도사는 우리 민족이 살아온 또 하나의 숨결이며 대한독립이라는 우리 염원의 성취와 함께 일어선 역사이다. 그렇다면 역사를 기록한다는 것은 어떠한 커뮤니케이션의 의미를 가지는가? 잠시 두 편의 역사서를 통하여 그 의미를 되새겨 보고자 한다.

첫 번째, 〈사기(史記)〉에 대하여 살펴보자. 사마천(司馬遷, 기원전 145?~86?)은 아버지 사마담(司馬談)의 뒤를 이어 태사령(太史令)이 된 이후 이릉 장군이 흉노와의 전쟁에서 중과부적으로 패한 사건에 대하여 이릉을 변호하다 무제(武帝)의 노여움을 사 사형을 받게 된다. 하지만 사마천은 아버지의 유훈을 받들어 〈사기〉를 편찬하기 위하여 사형 대신 죽음보다 치욕스러운 궁형(宮刑)을 자청하게 된다. 그는 중국 최초의 임금인 황제(黃帝)에서 무제에 이르는 역사를 인물별로 나누어 기전체로 기술한 〈사기〉 130권의 대역사를 완성했다. 이에 사마천은 동양 최고의 역사가로 꼽히며 중국 역사의 아버지라 불리고 있다.[20]

두 번째, 〈조선왕조실록〉에 대하여 이야기해보자. 태조(1392년)부터 철종(1863년)까지 25대에 걸친 472년간 조선 왕조의 역사적 사실(조선의 정치, 경제, 사회, 문화를 총 망라함)을 연월일(年月日) 순에 따라 편년체로 기술한 〈조선왕조실록〉은 총 1,894권 888책, 총 49,646,667자의 방대한 규모의 역사서이다. 이렇게 편찬된 실록은 조선 초 춘추관, 충주사고에 보관하였다가 화재 등 소실의 위험이 있어 전주와 성주에 추가로 사고를 마련하여 보관하였으나, 임진왜란 당시 춘추관, 충주사고, 성주사고는 소실되었고 전주사고의 실록을 기본으로 재 편찬 후 춘추관, 마니산, 태백산, 묘향산, 오대산에 새로 사고를 만들어 보관하였다. 이어 춘추관은 이괄의 난으로 소실되었고 마니산 사고는 병자호란 때 훼손된 실록을 복구 후 정족산으로, 묘향산사고는 적상산으로 옮겼다. 하지만 일제강점기에 정족산사고, 태백산사고는 조선총독부로, 적상산사고는 구왕궁장서각으로, 오대산사고는 동경제국대학으로 각각 옮겨졌다. 이후 조선총독부에 있던 것은 경성제국대학으로 이관되었으며 동경제국대학에 있던 것은 관동대지진 때 74책을 제외한 나머지가 소실되었고 현재 정족산사고본은 서울대학교(규장각), 태백산사고본은 국가기록원(부산센터), 오대산사고본의 남은 74책은 서울대학교(규장각)에 보관되었다. 적성산사고본은 6.25전쟁 과정에서 북한으로 옮겨져 김일성종합대학에 있는 것으로 알려져 있다.[21] 참으로 굴곡진 우여곡절을 통해 어렵게 후손들에게 전해진 〈조선왕조실록〉은 우리의 소중하고 위대한 '기록유산'으로 1997년 10월 1일에 유네스코 세계기록유산으로 등록되었다. 이러한 역사를 위한 기록은 후대를 위해 언제든 꺼내 볼 수 있도록 텍스트로 압축되어 저장된 커뮤니케이션의 결정체이며 과거의 시간을 거슬러 그 시대를 살았던 사람들과 커뮤니케이션할 수 있는 창이며 통로이다.

철도, IT를 통해 고객과 소통하다

철도는 공간과 공간을 이어주는 운송수단을 통해 사람과 사람이 커뮤니케이션하게 한다. 철도는 실체적 만남을 제공하는 가장 완숙한 커뮤니케이션이다. '철도IT'는 커뮤니케이션을 가능하게 하는 기술적 수단을 제공한다.

EPISODE 04. 승철이의 스마트한 하루

2015년 5월 어느 토요일 오전 7시. 승철은 주말인데도 평일과 다름없이 피곤에 절은 듯 크게 하품을 하고 기지개를 켜며 일어난다.

승철(혼잣말): 어제 술을 너무 많이 마셨어. 민희한테는 또 말을 못 했네.

얼굴이 살짝 달아오른다. 따르릉, 따르릉 전화벨이 울린다. 딸깍!

승철: 여보세요.

승철의 부: 승철아, 아부지다. 잘 지내나?

승철은 "네…" 하고 살짝 늘어뜨려 대답한다.

승철의 부: 낼 급히 서울에 올라가야 하는데. 차편 좀 알아보거라.

승철: 차편이오?

승철의 부: 아침 일찍 출발해야 된다. 7시 전후로 좀 알아봐라.

딸깍. 꾹. 뚝뚝뚝.

승철(혼잣말): 아부지는 뭐 땜에 오는지 얘기도 않고….

일방통보다. 승철은 급히 스마트폰에 코레일톡 앱을 톡톡 몇 번 누르더니 이내 내일 차표를 예매하고 아버지한테 선물하기 기능을 이용해 승차권을 전송한다.

승철(혼잣말): 아참, 내가 이러고 있을 때가 아니지.

민희를 만날 생각을 하니 마음이 더욱더 바빠진다.

철커덕. 쾅. 승철은 준비를 다하고 현관문을 급히 나선다.

이내 스마트폰을 꺼내 코레일전철톡 앱으로 부천역 근처의 실시간 전철정보를 능숙하게 조회한다.

승철(혼잣말): 음…, 아직 부평역이네.

급하게 재촉하던 걸음을 잠시 늦춘다.

승철: 민희야!

민희: 승철아!

그야말로 이전에는 생각도 못할 IT혁명이다. 철마가 첫 기적소리를 울렸을 때부터 116년이 되었다. 지금을 살아가는 이는 익숙하지만, 그 시대의 사람이 이러한 이기를 또 목도한다면 어떤 느낌일까? 가히 당시에 철마를 처음 보고 느꼈을 만한 충격에 버금가는 놀라움에 더 이상의 말을 잇지 못했을 것이다.

철도, IT를 이야기하다

❶ 철도IT 태동의 시기를 거쳐 첫발을 떼다(1970~1990)

우리나라는 1967년 4월 경제기획원 조사통계국이 인구센서스 통계처리를 목적으로 IBM의 컴퓨터 'IBM 1401'을 최초로 도입하여, 그해 6월 24일부터 가동을 시작하였다.[1] 이듬해인 1968년 8월 철도청 EDPS 개발위원회가 설치(훈령 제 2292호)되고 EDPS 개발연구실이 발족되었다. 이후 1970년 2월 철도청 현업으로 전자계산사무소(現 정보기술단)가 설치(대통령령 제4601호)되고, 그해 7월 재물조사 업무를 전산처리하기 시작했으며, 1971년 9월 15일 광복 이후 처음으로 570개 여객열차 다이어그램의 전면 개정과 함께 유니백-9400 컴퓨터 가동식이 거행되었고, 그 해 10월 여객, 화물, 운전, 차량, 자재 업무에 대하여 일괄 집계하여 대량으로 처리하는 Batch Job 성격의 전산처리를 하기 시작했다. 그리고 1980년대에 들어와 전자계산사무소의 기구가 확장되고 On-Line 전산처리를 위하여 PRIME-750 컴퓨터가 도입되면서 1981년 10월 1일 한국철도 역사상 최초로 새마을 승차권 전산발매가 개시되었다.[2] '전산화답다.'라는 말을 할 수 있는 On-Line Realtime System으로 전산처리를 하는 시대로 접어든 것이다. 또한 승차권 전산발매는 무궁화호, 통일호로 확대되었고 급여업무, 물품관리업무의 전산처리 등 각 단위업무에 대한 IT 적용이 진행되기 시작했다. 1987년 7월 철도차량정비창 인공관리 업무가 전산화되고 1988년 1월 20개 물품관리관에 대한 자재관리

업무가 On-Line으로 처리되었으며 1989년 9월 승차권 전화예약시스템이 구축 운영되었다.[3] 또한 1990년 6월 승차권예약 자동음성응답장치(ARS)가 설치 운영되었다.[4]

❷ 철도IT 성장의 시기를 통해 철도발전에 기여하다(1991~2000)

각 단위업무의 전산화로부터 확산되기 시작한 IT는 각 분야별 업무의 전산화로 확대되어갔다. 1996년 1월 KROIS(Korea Railroad Operating Information System, 철도운영정보시스템)를 구축 운영하게 되면서 열차운행, 화물운송, 차량검수, 승무원운영 등의 업무를 전산처리하였다. 이를 통해 그동안 수작업에 의존하여 처리해야만 했던 관련 업무의 프로세스가 획기적으로 개선되었으며 업무의 효율성도 크게 향상되었다. 그리고 1997년 10월 철도청 인터넷 홈페이지를 구축 운영하면서 인터넷을 통한 승차권 예약이 시작됨으로써 고객에 대한 서비스를 강화하는 새로운 창구를 마련하는 계기가 되었다. 또한 2000년 10월 TAIS(Total Accounting Information System, 통합회계정보시스템)를 구축 운영하게 되면서 수입, 지출, 결산, 고정자산 등 회계분야의 전산처리를 통해 결산기일과 수송원가 산출기간을 크게 단축할 수 있었다.[5]

❸ 철도IT 새로운 도약의 시기, 새로 쓰는 역사를 지원하다(2001~2004)

2002년 1월 통합그룹웨어(업무포털)시스템을 구축 운영하게 되면서 철도 내부업무의 전자결재와 전자문서의 유통이 가능해졌으며, 그해 KRIFIS(Korea Railroad Integrated Facilities Information System, 통합시설관리시스템)를 구축 운영하게 되면서 시설·전기 분야, 도면관리 등의 전산처리를 통하여 철도 시설물에 대한 유지보수 업무 프로세스를 효율적으로 개선하였다. 그리고 이 시기에는 2004년 4월 고속철도의 개통을 앞두고 있어, 모든 역량이 이에 집중되고 있었다.[6] 2003년 12월 IRIS(Integrated Railroad Operating Information System, 고속철도통합정보시스템) 운행분야가 구축 운영을 시작하였으며, 2004년 4월 IRIS 구축이 마무리되면서 새롭게 개편된 철도승차권 예약발매시스템과 함께 고속철도의 개통에 발맞춰 서비스를 개시하였다. IRIS는 기존의 일반철도와 고속철도의 원활한 통합운영을 위하여 여객의 수요예측 및 판매, 운행, 피드백 등 양질의 철도운송 서비스를 고객에게 제공하기 위한 모든 과정을 통합한 개념의 철도 종합정보시스템으로 고속철도의 성공적 개통을 지원하는 중추적인 역할을 수행하였다.[7]

❹ 철도IT 격변의 시기에 적응하다(2005~)

2005년 1월 1일 한국철도공사의 출범과 더불어 철도IT 분야도 새로운 체제에 적응하기 위한 각고의 노력이 필요한 시기였다. 철도는 정부기관의 조직에서 탈피해 새로운 옷으로 갈아입고 새로운 인프라와 체제에서 변혁된 새로운 모습으로 고객을 맞이해야 했다. 이에 발맞춰 철도IT 분야에서도 2005년 4월 승차권예약발매 홈티켓 서비스 오픈 및 홈페이지를 재구축하는 등 기존의 IT 시스템들을 개량, 고도화하였으며, 특히 공사의 재무구조 개선과 투명경영을 지원하기 위하여 2007년 1월 ERP(Enterprise Resource Planning, 전사적자원관리) 시스템인 KOVIS(Korail Vision Innovation System, 철도 경영혁신 ERP)를 구축하여 운영하기 시작했다. 이를 계기로 경영혁신의 기반을 마련하고 스피드 경영을 뒷받침할 수 있었으며, 글로벌 스탠더드(Global Standard)를 통한 투명성과 신뢰성을 확보할 수 있었다.[8] 이후 2008년 12월 EA(Enterprise Architecture, 전사정보관리체계)를 구축 운영하였고, 2010년 12월 한국철도 최초의 스마트 앱인 글로리코레일 어플(現 코레일톡)을 구축하고 서비스를 개시하였으며, 2011년 11월 기존 KROIS의 사상을 물려받아 스마트한 모습으로 탈바꿈한 XROIS(eXtended Railroad Operating Information System)를 구축하여 서비스를 개시하였다.[9] 이처럼 급변하는 시기에 철도IT는 지금도 끊임없는 혁신을 통해 철도 발전을 위한 새로운 방향을 모색하고 있다.

박 대리는 목포가 고향이다. 나이는 30대 후반이 훌쩍 넘어가고 있다. 고향에는 여든이 넘은 노모가 홀로 계신다. 청운의 부푼 꿈을 안고 서울로 상경해서 조그마한 무역회사에 취업한 지 어느덧 햇수로 6년이 꽉 차간다. 이렇다할 전세집도 마련 못 하고 월세로 전전하다가 다행히도 얼마 전, 회사에서 마련해준 독신자 아파트에 자리를 잡았다. 홀로 계신 노모는 인근에 사시는 작은 삼촌이 있어 가끔씩 들러주시곤 한다. 이것저것 챙겨주시긴 하지만 세심하게 가려운 부분을 긁어줄 정도는 아니다. 그래도 다행이다. 위안이 된다. 집에 다녀온 지도 꽤 지났다. 1달이 다 되어 간다. 자주 전화도 드리곤 하지만 그리운 마음은 채워지지 않는다. 어머님의 얼굴이 자꾸 눈에 밟힌다.(나지막한 목소리로 '어머니' 하고 혼잣말로 되내인다.) 목포까지 열차를 타고 가려면 4시간 30분은 족히 걸린다. 목포역에서 내려 유달산을 지나 북항 쪽의 작은 마을까지 들어가려면 30여 분은 더 소요된다. 거기에 그리운 어머님이 계신다. 하지만 얼마 전 호남고속철도가 개통되면서 2시간 30분이면 갈 수 있는 거리가 되었다. 좀 더 머물 수 있는 시간의 여유가 생긴 것이다. 어머니… 재섭아, 바쁜데 뭐 하러 또 왔네. 엄마의 얼굴을 부비며 어렸을 적 포근한 채취를 느낀다. 온 세상이 평화롭다. (완숙한 커뮤니케이션은 실체적 만남이다. 실체적 만남은 사람이 그 공간에 있어야 한다. 온몸으로 체감하고 전해오는 따뜻한 감성으로 소통해야 마음을 채울 수 있다. 이것이 진정한 커뮤니케이션이다. 철도는 공간과 공간을 이어주는 운송수단을 통해 사람과 사람이 커뮤니케이션하게 한다. 철도는 실체적 만남을 제공하는 완숙한 커뮤니케이션이다.)

철도는 커뮤니케이션 산업이다

우리는 매스·소셜미디어와 정보통신기술의 발달로 전화, 이메일, SNS 등을 통하여 끊임없이 소통한다. 스마트폰 보급의 확산을 기반으로 다음 카카오톡, 네이버 라인, 밴드 등 손가락 하나만으로 톡한다. 이 모든 것은 사람과 사람이 소통하기 위해 사용되는 수단이다. 철도는 사람을 통째로 옮겨 사람과 사람이 만나 살아있는 소통을 가능하게 하는 수단이다. 아무리 정보통신 기술이 눈부시게 발전했다고 해도 직접 만나서 소통하는 것만 못하다. 우리는 눈으로 보고 귀로 듣고 코로 냄새를 맡고 피부로 느끼고 혀로 맛을 느낀다. 플라톤은 "인간은 생각하는 동물이다."라고 말했고 데카르트는 "나는 생각한다. 그러므로 존재한다."라고 했다. 여기서 철학적의미가 어찌 되었든 간에 "인간은 생각하므로 존재한다."라는 것이다. 인간과 동물을 구별하는 특징이다. 맞는 말이다. 하지만 필자는 "인간은 오감(시각, 청각, 후각, 미각, 촉각)을 통해 느낌으로써 존재한다."라고 말하고 싶다. 느껴야 생각할 수 있는 것이다. 원초적이긴하지만 좀 더 와 닿는 말이지 않은가? 전화기를 붙잡고 업무에 대한 이야기를 하다 일의 진척이 없고 뭔가 답답하다 싶으면 "한 번만나서 이야기합시다."라고 한다. 그래서 출장을 가고 만나서 회의를 한다. 얼굴과 얼굴을 맞대고 이야기하면 회의 현장의 상황과 분위기뿐만 아니라 대화를 나누는 동안 상대방의 얼굴 표정, 말의 뉘앙스, 회의에 참가한 사람들과의 관계에 대한 느낌 등을 오감을 총동원하여 실체적으로 읽어 낼 수 있고 적어도 전화로 풀 수 없었던이슈에 대해 실마리가 잡힌다. 의외의 착안 사항이나 아이디어를얻을 수 있는 기회도 생긴다.

철도는 단순히 사람을 운송하는 교통수단이라는 보편적인 개념이 아니라, 사람을 통째로 옮겨 사람과 사람이 소통하게 하는 실체적 커뮤니케이션 수단이다. 아래 3편의 CF는 몇 해 전 TV에서 철도기업의 브랜드를 홍보하기 위한 광고들이다. "보고 싶은 마음이 시속 300km로 달려갑니다. 세상에서 가장 행복한 그곳으로 당신을 보내세요. 그리운 마음이 시속 300km로 달려갑니다. 그분께 당신을 보내세요. 끝과 끝 생각과 생각을 넘어 코레일 달립니다."[10]라는 광고 카피가 감성을 자극하기에 충분하다. 철도는 적어도 살아 있음으로써 오감으로 느낄 수 있는 실체적 커뮤니케이션을 가능하게 한다. 철도는 커뮤니케이션 산업이다.

[CF1]
/전화통화/
여자: 갑자기 출장이에요. 오늘 가연이 생일인데….
/전화 너머로 들려오는 딸의 노래 소리/
여자아이(노래): 아빠 곰은 뚱뚱해, 엄마 곰은 날씬해
(보고 싶은 마음이 시속 300km로 달립니다.)
남자: 지금 아빠 곰이 간다.(혼잣말)
내레이션: 세상에서 가장 행복한 그곳으로 당신을 보내세요.
KTX. 코레일.

[CF2]
남자1: 어휴, 회사일이 바빠서요…. 이번에도 못 갈 것 같아요.
여자 : 생신 축하드려요. 아참, 선물 보냈는데, 그건 받으셨어요?
남자2: 어, 여보. 내가 다음달쯤 내려갈게.
내레이션: 목소리를 보내세요? 선물을 보내신다고요? 당신을
　　　　　 보내세요.
그분께 가는 일, 더 이상 어려운 일이 아닙니다. (그리운 마음

이 시속 300km로 달려갑니다.) 지금 그분께 당신을 보내세요.
KTX.

[CF3]
내레이션:
코레일이 있어 만나지 못할 사람은 없습니다.
땅끝마을 순례 할머니와 강원도 일병 손자
인자한 김 선생님과 열정적인 김 반장님
서울 친구 용민이와 곡성 친구 영철이
사진 찍는 박성태 군과 평양 사는 박기련 양
끝과 끝, 생각과 생각을 넘어 코레일이 달립니다.
만나세요. 코레일.

커뮤니케이션의 사전적 의미는 '사람들끼리 서로의 생각, 느낌 따위의 정보를 주고받는 일로 말이나 글, 그 밖의 소리, 표정, 몸짓 따위로 이루진다.'라고 정의된다. 커뮤니케이션의 본질을 좀 더 쉽게 이해하기 위해서 단어의 어원을 살펴보면 커뮤니케이션(communication)은 '공통되는(common)' 또는 '공유한다(share)'라는 뜻의 라틴어 'communis(파생 단어 가운데에는 '공동체'를 의미하는 'community'가 있다)'에서 유래한다. 다시 말해 커뮤니케이션은 '사람들 끼리 서로의 생각, 느낌 따위의 정보를 공유하고 나누는 일'이다. 라고 정의할 수 있다.[11]

또한 커뮤니케이션은 사람이 공동체 속에서 구성원으로 서로의 관계를 유지하면서 살아가는데 없어서는 안 되는 필수불가결한 도구이다. 사회학자인 찰스 호튼 쿨리(Charles Horton Cooley)는 커뮤니케이션을 가리켜 "인간관계가 존재하고 발전하게 되는 메커니즘 (mechanism)"이라고 이야기한다.[12] 따라서 커뮤니케이션은 사람들 끼리 서로의 생각, 느낌 따위의 정보 공유함으로써 서로의 존재를 확인하고 관계를 발전시켜 나가는 과정으로 이해할 수 있다. 인간 은 커뮤니케이션 동물이다. 그렇다면 커뮤니케이션의 완성은 무엇 인가? 사람들끼리 서로의 생각, 느낌 따위의 정보를 동일하게 공유 하는 것이다. 그렇지 않을 경우 커뮤니케이션 에러(Error)가 발생한 다. 전달하는 사람이 A라고 얘기했지만 받는 사람이 B라고 이해한 다면 커뮤니케이션 에러가 발생한 것이다. 또한 커뮤니케이션의 완 성을 위해 필요한 구성요소는 무엇인가? 첫 번째, 생각, 느낌 따위 의 정보를 전달하는 사람과 전달받는 사람이다. 송신자와 수신자 (Sender와 Receiver)이다. 두 번째, 커뮤니케이션의 목적이 되는 생 각, 느낌 따위의 정보가 있어야 한다. 커뮤니케이션 메시지(Mes- sage)이다. 세 번째, 생각, 느낌 따위의 정보를 전달하게 하는 말, 글, 소리, 표정, 몸짓 등이다, 커뮤니케이션 채널(Channel)이다. 이 세 가지가 커뮤니케이션의 구성요소라고 이야기 할 수 있다.

지금까지 우리가 일반적으로 생각하는 커뮤니케이션에 대하여 살펴보았다. 좀 더 확장된 커뮤니케이션에 대하여 이야기 해보자 사람과 사람의 커뮤니케이션, 사람과 기계의 커뮤니케이션, 기계와 기계의 커뮤니케이션, 나와 내면의 나와의 커뮤니케이션, 동물과 사 람의 커뮤니케이션, 자연과 사람의 커뮤니케이션 등으로 확대하여 이야기할 수 있다. 커뮤니케이션 수단도 마찬가지다. 말, 글, 전화, 라디오, TV, 신문, 잡지, 인터넷, SNS 등의 다양한 수단이 계속해서 생겨나고 있다. 이 중 가장 원초적인 커뮤니케이션 수단은 말이다. 전화를 통해서 커뮤니케이션을 하는 것은 한계가 있다. 말은 주위환경을 오감을 통하여 입체적으로 느끼며 Face to Face로 즉, 서로의 얼굴을 마주보고 상대방의 손짓, 표정, 뉘앙스 등을 통하여 세밀한 감정의 상태까지 커뮤니케이션해야 가장 완숙된 형태의 커뮤니케이션이 가능하다. 이를 위해서는 거리적인 요소의 제약이 없이 한 공간 안에 같이 있어야 한다. 이러한 공간과 공간의 거리를 안전하고 빠르게 효율적으로 좁혀 줄 수 있는 물리적인 수단이 철도이다. 따라서 철도는 가장 완숙한 커뮤니케이션을 가능하게 하는 운송수단이다. 철도는 커뮤니케이션 산업이다.

Break Time ❷　　　　　　　　　　　　　　　　　*! Creative Think*

커뮤니케이션은 자아와 내면의 대화에서 시작된다. 우리는 누구나 치열하고 끊임없는 자아의 성찰을 통해 삶의 철학을 완성하려고 노력한다. 그렇지 않으면 존재의 의미와 가치를 상실하는 것이다. 그것이 뇌의 능동적 작용(의식)이 되었건 수동적 작용(잠재의식)이 되었건 간에 자아를 중심으로 자연과 타인, 때로는 동물과 감정 이입된 사물과 끊임없이 교감하고 커뮤니케이션한다. 우리가 개념적으로 정의하고 있는 커뮤니케이션(사람들끼리 서로의 생각, 느낌 따위의 정보를 주고받는 일)만이 전부가 아니다. '내가 지금 이 결정을 내리고 있는 것이 잘하는 것일까?'라고 스스로 자문하는 것, 길을 가다 타인을 위해 버려진 쓰레기를 줍는 것, 벌들이 꿀의 위치를 알리기 위해서 특정한 궤적을 그리며 춤을 추는 것, 견공이 자신을 알아주는 주인에게 꼬리를 흔들며 반갑게 맞이하고, 이에 견공의 머리를 쓰다듬으며 화답하는 것, 아침마다 일찍 일어나 꽃에 물을 주며 노래를 불러 주는 것, 자신이 아끼는 잘 빠진 스포츠카에게 말을 건네는 것, 숲을 산책하며 편백나무가 내뿜는 피톤치드를 온몸으로 느끼는 것, 자동화된 기계들 간에 정보를 주고받는 것, 이러한 모든 것들이 커뮤니케이션이다. 느끼고 표현하는 커뮤니케이션 방식만 다를 뿐 본질은 맞닿아 있는 것이다. 커뮤니케이션은 세상 어디에나 있다. 우리가 살아있다는 것은 세상과 커뮤니케이션하고 있다는 것이고, 우리가 살아간다는 것은 세상과 커뮤니케이션한다는 것이다. 우리가 세상과의 가장 완숙한 커뮤니케이션을 통해 삶의 깨달음을 얻을 때 그것이 우리가 바라는 삶의 철학인 진정한 커뮤니케이션의 완성이 아닐까? 진정한 삶의 철학은 자아 커뮤니케이션의 완성이다.

EPISODE 06. 실감형 커뮤니케이션

서기 2030년 6월 7일 GROS 무역회사 런던지사. 오전 11시 13분.
한용태 지사장은 뉴욕 본사의 품질관리 이사와 스마트 홀로그램(실감형 3D 입체화면을 상대방과 같은 시각에서 볼 수 있도록 구성됨)을 이용한 영상통화 중이다. 영상통화에는 언어에 상관없이 상대방과 자유롭게 통화할 수 있도록 하는 음성인식을 기반으로한 음성언어 번역기가 내장되어 있다.

한용택: 제임스 폴 이사장님. 지금 저희 지사에서 개발한 사계절 작업복입니다. 날씨가 더울 때는 작업복에 부착된 센서가 동작해 온도를 낮추어주고, 날씨가 추울 때는 센서가 동작해 온도를 올려주어 보온 효과를

극대화합니다. 그리고 방습, 방염 및 통풍 기능 등을 두루 갖추고 있고 5톤짜리 타이탄 트럭의 타이어 바퀴가 지나가도 찢기지 않는 내구성도 갖추고 있습니다. 또한 위급 상황 시 작업복이 튜브처럼 부풀어오를 수 있게 해 구명조끼로도 사용할 수 있게 구성되어 있습니다. 마지막으로 오물이나 옷 때 등은 옷을 빨랫줄에 걸어 놓기만 하면 알아서 햇볕에 반응한 때들은 자동으로 말라서 날아가며, 옷에 필요한 에너지는 태양열을 통해 미리 저장됩니다.

열심히 설명하는 한용태의 말을 듣고 있던 제임스 폴 이사는 체감이 안 되는 듯 고개를 갸우뚱 한다.

제임스: 한용태 지사장님, 지금 시제품을 이리로 보내주세요.

한용태: 네, 이사님.

한용태 지사장은 시제품 설계도를 뉴욕본사의 3D 프린터 서버로 전송한다. 전송하자마자 제임스 폴 이사는 5분도 채 안 되어 시제품 작업복을 받아본다. 실감형 철도IT 커뮤니케이션이 이루어지고 있는 것이다.

* * *

뉴욕시 어느 대형 물류창고건설 현장, 한여름이라 온도가 뜨겁다. 아스팔트가 녹아내릴 정도의 땡볕이 무섭게 내리쬔다. GROS사에서 보급한 자율작업복을 착용한 근로자들이 더위에 아랑곳없이 열심히 일하고 있다.

철도IT는 커뮤니케이션을 가능하게 하는 기술적 수단이다

명절 설 대수송이 있는 어느 날 서울역의 풍경이다. 2004년 고속철도가 개통되기 이전에는 티켓을 사기 위해서 수많은 사람이 며칠 전부터 밤을 새워 줄을 서서 티켓을 구매했다. 하지만 고속철도 개통 이후 티켓의 예매는 인터넷을 통한 예매와 현장에서 직접 구매하는 방식으로 바뀌었다. 이는 승차권 발매시스템이 고도화되고 서버용량의 증대와 속도가 향상되었기 때문에 가능한 일이다. 물론 한정된 티켓을 구매하기 위하여 제한된 시간에 일찌감치 줄을 서서 기다리는 사람은 있다. 하지만 예전처럼 역사 내와 밖이 미어터질 정도로 북새통을 이루는 풍경은 아니다. 이는 고도화된 철도IT의 발전이 그 기반이 되고 있기 때문이다. 창구마다 줄을 서서 기다리다 차례가 되면 역무원에게 출발일시, 출발역, 도착역을 이야기하면 역무원은 승차권 발매 단말기를 조회하여 가능한 티켓을 발권해 준다. 물론 모바일 또는 인터넷으로 이러한 티케팅은 손가락 몇 번 톡하거나 마우스 몇 번 클릭하면 손쉽게 처리된다. 철도IT는 고객과 철도가 티케팅의 행위를 통해 계약을 완성할 수 있도록 커뮤니케이션을 가능하게 하는 기술적 수단을 제공한다.

[그림 2-1]은 철도IT 시스템들에 대하여 시스템과 시스템, 시스템과 고객 사이의 관계를 네트워크상의 연결 정도와 중심위치를 기준으로 시각화한 철도IT 커뮤니케이션 네트워크 개념도이다. 원이 크면 클수록 비중이 높으며 전체 네트워크상의 중심에 위치할수록 중요성이 크다. 원과 원에 연결된 가지가 많고 굵을수록 연결성이 큰 것을 나타낸다. 여기서 진한 색의 큰 원들은 주요 레거시 시스템들을 나타내며 중간 크기의 흰색 원들은 고객 접점에 있는 고객을 대상으로 한 시스템들을 의미하며 옅은 색의 작은 크기의 원들은 고객들이 바라보는 평가에 관한 시각이다. 좀 더 구분지어 이야기하면 네트워크는 '철도'를 중심으로 한 내부 시스템군의 네트워크와 '고객'을 중심으로 한 외부 시스템군으로 구분할 수 있다. 각 원들 사이에 연결된 가지는 시스템과 시스템, 시스템과 고객 사이의 커뮤니케이션을 의미한다. 고객들이 브랜드명으로 인지하고 있는 '철

도,' '코레일' 기관명은 '철도IT'와의 연결성이 매우 크며 철도와 고객 사이의 커뮤니케이션에서 없어서는 안 될 필수불가결한 요소로서 자리하고 있다. 내부 사용자들은 사내 메신저, 사내 메일, 게시판, 전자문서 등의 채널을 통하여 커뮤니케이션하며 외부 사용자인 고객들과는 철도 고유의 운송수단으로서의 목적 달성을 위하여 홈페이지, 코레일톡, ATM, 역 창구 단말기, ARS 등의 채널을 통하여 커뮤니케이션한다. 커뮤니케이션은 철도와 고객 간의 소통이고 사람과 사람 사이의 만남이며 철도와 고객, 사람과 사람 사이의 교감이다. 이를 위하여 '철도IT'는 철도와 고객 사이의 물리적 커뮤니케이션의 목적인 '운송'을 달성하기 위하여 전자적인 커뮤니케이션을 가능하게 하는 기술적인 수단을 제공한다. 따라서 철도IT는 커뮤니케이션을 가능하게 하는 기술적 수단이다.

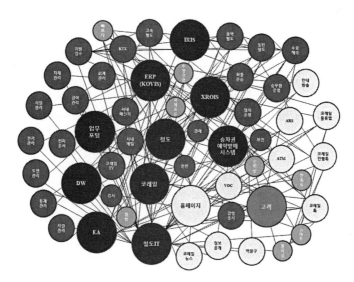

[그림 2-1] 철도IT 커뮤니케이션 네트워크 개념도

사마천이 쓴 사기 내용 중 진시황의 정권 말기에 대하여 잠시 이야기해보자. 진시황은 정권의 유지를 위하여 언론을 통제하고 사상을 탄압하는 강압정책을 썼다. 그 중에서도 사상서적을 불태우고 지식인들을 산 채로 파묻은 '분서갱유'는 가장 악명 높았으며 심지어 속으로 황제를 비방해도 처벌한다는 황당한 '복비법(腹誹法)'을 제정하기까지 했다. 이러한 정보와 언론에 대한 통제는 진시황이 죽고 뒤를 이어 환관 조고의 농간에 힘입어 재위한 황제 호해에 이르러 절정에 달해, 위의 뜻이 아래로 흘러가지 못하고 아래의 감정이 위로 올라가지 않았다. 이러한 불만은 결국 쌓이고 쌓여 전국적인 반란으로 이어졌고 종국에는 유방이 진의 수도 함양에 입성함으로써 결국 진나라는 멸망하였다. 사마천은 진나라가 멸망한 가장 큰 원인의 하나로 위아래 언로가 막힌다는 뜻의 '옹폐(雍蔽, 물의 흐름을 차단함)'를 꼽았다.[13] 바로 커뮤니케이션의 문제이다. 국가든 회사든 조직이든 그들이 쌓은 탑은 커뮤니케이션에 문제가 생기면 경직되고 활력을 잃으며 결국에는 무너지게 되는 것이다. 우리는 커뮤니케이션을 해야 한다. 그래야만 내 몸의 혈류가 제대로 작동하고 그래야 건강을 유지할 수 있다. 그래야 내면의 커뮤니케이션도 정상적으로 동작하고 삶의 의미도 되새길 수 있는 것이다.

철도IT 커뮤니케이션의 원류는 음성언어이다

현재의 공간이든 미래의 공간이든 상관없이 그 기반이 되는 철도 커뮤니케이션의 근원은 음성언어이다. 음성언어는 인간의 원초적 소통을 가능하게 하는 철도IT 커뮤니케이션의 원류이다.

EPISODE 07. 민지옥 여사의 자기 커뮤니케이션 에러

민지옥 여사는 초등학교 2학년 아이 둘을 키우는 전업주부이다. 10년 전 대기업 유통회사를 퇴사하고 3년 전에 송도 센트럴파크 근처 아파트로 이사 왔다. 아이들을 돌보는 일에 대부분의 시간을 할애하고 있다. 평상시 아이들에게 필요한 물건은 GROS 마켓의 인터넷 쇼핑을 주로 이용한다. 물건도 괜찮고 무엇보다도 당일 주문 당일 배송이라 자주 이용하는 편이다. 그야말로, 총알 배송이다. 오후 2시 10분, 오늘도 아이들에게 필요한 양말을 인터넷으로 주문하고 있다. 장바구니에 담고 결제를 하기 위하여 받는 주소, 받는 사람 등을 확인한다. 오후 2시 20분, 결제를 마치자마자 아이들이 영어학원에서 올 시간이라 픽업하러 학원버스가 멈추는 아파트 정문 앞으로 급히 나간다. 아이들과 만나 다시 피아노 학원으로 데려다 준다. 아이들 일정이 끝날 때까지 잠깐 시간을 내어 미용실에 들른다. 얼마 후, 오후 5시 30분, 물건이 배송되었고 사람이 없어 현관 앞에 두었다는 택배 기사의 메시지다.

민지옥 여사: (혼잣말) 음, 벌써 물건이 왔네.

민지옥 여사는 아이들을 다시 픽업하러 단지 내에 있는 학원 앞으로 가서 아이들을 데리고 다시 집으로 들어가는 중이다. 그런데 현관 앞에 이르니 배송되었던 물건이 보이지 않는다.

민지옥 여사: (혼잣말) 어떻게 된 거지?

급히, 문자 메시지에 찍혔던 전화번호로 택배기사한테 전화를 한다. 띠리리리 띠리리리 딸깍.

택배기사: 여보세요.

민지옥 여사: 아저씨, 1501호인데요, 배송되었던 물건이 없네요.

택배기사: 그럴 리가 없는데요. 주문하신 주소 부천시 삼익APT 로 확실히 배송했습니다.

민지옥 여사: 부천시 삼익APT라구요?

갑자기 민지옥 여사는 멘붕이 온다. 이사 오기 전 주소가 시스템에 디폴트로 등록되어 있던 걸 현주로 바꾸지 않고 결제한 것이다.

택배기사: 그럼 현재 주소지로 다시 배송해 드리겠습니다. 고맙죠?^^

민지옥 여사: 감사합니다.

* * *

자기 커뮤니케이션 에러다. 본인은 커뮤니케이션의 전자적 수단을 통하여 B를 A라 생각하고 전달한 것이다. 전달된 B는 이상이 없지만 애초 A가 아닌 것이다. 이러한 커뮤니케이션 에러는 커뮤니케이션의 원초적 수단인 음성언어의 실제적 소통을 통하여 속 시원하게 해소될 수 있는 것이다.

철도IT 커뮤니케이션의 원류 음성언어를 말하다

　사람과 사람의 의사소통은 음성언어를 통해서 이루어진다. 서로의 생각이나 느낌을 전달할 수 있는 원초적인 수단이다. 고객이 티켓을 구매하기 위해 매표창구의 역무원과 서로 음성언어로써 소통한다. "안녕하세요? 무엇을 도와드릴까요? 목적지가 어디인가요?" 역무원은 밝은 목소리로 상냥하고 친절하게 고객을 대한다. 첫 대면의 커뮤니케이션은 음성언어를 통한 말소리의 전달로부터 시작된다. 실제적 공간에서의 실체적 커뮤니케이션이다. 역무원은 고객의 표정, 몸짓 및 말소리의 뉘앙스를 온몸으로 체감하고 더 궁금하고 가려운 곳이 없는지 체크하면서 친절하게 필요한 사항에 대하여 소통한다. 고객은 친절한 역무원의 음성언어를 통한 실체적 커뮤니케이션을 통해 철도의 첫인상을 느끼며 원하는 정보를 얻고 필요한 일을 처리한다. 철도IT 이전의 고객과의 커뮤니케이션은 음성언어를 통해서 이루어진다. 따라서 철도IT 커뮤니케이션의 원류는 음성언어이다. 이러한 실체적 공간에서의 커뮤니케이션은 '철도IT'라는 기술적 수단을 통해 연결된다. 역무원은 고객이 요청하는 사항에 대하여 단말기를 통해 출발일시, 출발지, 목적지를 검색조건으로 입력하여 근접한 열차의 목록을 조회하고 해당 정보를 고객에게 음성언어라는 수단을 통해 제공한다. 고객이 원하는 열차를 확정하여 말하면 단말기를 통해 티켓을 발권함으로써 철도와 고객 사이의 계약은 완성된다.

　1차 커뮤니케이션 수단은 음성언어를 통해 이루어지며 고객이 원하는 정보의 제공을 위하여 2차 커뮤니케이션 수단은 단말기와 내부 정보시스템의 연결을 통해 조회되고 출력된다. 또한, 고객은 모바일 기기를 활용하여 1차 커뮤니케이션 수단을 거치지 않고 바로 2차 커뮤니케이션 수단을 통하여 원하는 목적(티켓팅)을 달성하기도 한다. 2차 커뮤니케이션 수단인 철도IT는 고객과 커뮤니케이션을 가능하게 하는 기술적 수단을 제공한다. 3차 커뮤니케이션 수단은 철도와 직접 연결되지 않은 신문, 잡지, 라디오, 텔레비전, SNS 등 매스·소셜미디어이다. 즉 매스·소셜미디어 커뮤니케이션이라고 할 수 있다. 하지만 세상의 모든 사물이 보이지 않는 끈으로 더욱더 촘촘하게 연결되면 이러한 분류의 경계가 애매모호해질 것이다. 사람이 말 한마디만 하면 기계가 이를 이해하고 알아서 티켓팅까지 자동으로 해 놓을 것이며 움직이는 동선에 따라 서로 연결되어 있는 사물들이 이를 인지하고 자동으로 예약되거나 필요한 일을 할 것이기 때문이다.

철도IT는 이러한 커뮤니케이션을 가능하게 하고 발전된 미래의 커뮤니케이션을 가능하게 하는 기술적 수단으로서의 역할을 할 것이다. 현재의 공간이든 미래의 공간이든 상관없이 그 기반이 되는 철도IT 커뮤니케이션의 원류는 음성언어이다. 이처럼 음성언어는 인간의 원초적 소통을 가능하게 하는 철도IT 커뮤니케이션의 원류이다. 필자는 철도IT 커뮤니케이션의 수단으로서의 근원적인 축을 담당하게 될 음성언어에 대하여 좀 더 심도 있게 살펴보고, 철도IT 커뮤니케이션을 위한 기술적 수단으로서의 음성언어에 대한 역할 및 접목에 대한 기술적인 부분에 대하여 학술 연구자와 산업 종사자의 경계에서 통합과 융합의 관점으로 이야기하고자 한다.

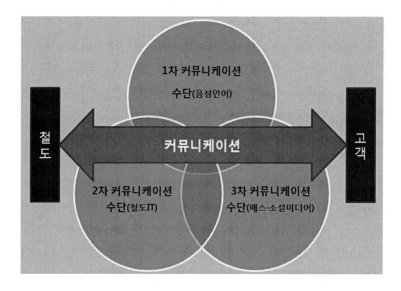

[그림 3-1] 철도 커뮤니케이션 수단의 분류

글을 쓴다는 것, 그것은 내면의 나와 만나는 또 다른 방법이다. 왜냐하면 글을 쓰기 위해서는 머릿속에 뒤엉켜있는 생각의 재료를 정리하고 깊은 '사유'라는 시간의 과정을 거쳐야 하기 때문이다. 글은 내 안의 영원한 생명, 무한한 지혜, 풍요로운 사랑, 완벽한 아름다움을 담아내는 그릇이다. 즉 글을 쓴다는 것은 잘 다듬어진 생각을 나만의 그릇에 담아내는 것이다. 그것이 아무리 사소해 보이는 글이라도 그것을 읽는 이가 처한 현재 상황과 맞닿아 있다면 감정은 고무되고 요동치는 것이다. 지금 이 순간에도 당신이 무언가 생각한 것을 적고 있다면 또 그것을 통해 다시 과거의 시간을 소환하고 새로운 나를 발견할 수 있다면 당신은 진정한 내면의 자아와 커뮤니케이션하고 있는 것이다. 이렇게 내면의 깊은 성찰을 통해 잘 담아낸 그릇은 다른 이에게는 맛있는 깨달음의 성찬이 된다.

글을 쓴다는 것, 그것은 세상과의 완숙한 커뮤니케이션을 통해 삶의 가치를 찾을 수 있도록 도와주는 진정한 커뮤니케이션의 한 수단이다. 이러한 삶의 가치를 가진 사람과 사람, 세상과 세상을 연결해 새로운 실체적 가치를 만날 수 있도록 하는 것이 철도IT 커뮤니케이션이다. 얼마 전 신문 보도에 의하면 "서울대 언론정보학과 이준환 교수팀은 지난 16일 있었던 야구경기의 기사는 뉴스 작성 알고리즘 로봇을 이용해 작성되었으며 영국과 미국의 주류 언론사들도 이러한 알고리즘에 기반한 로봇저널리스트를 통해 기사가 작성되고 있고 심지어 편집까지 가능하다. 또한 축적된 통계나 데이터 등을 기반으로 전망 기사를 내놓기도 한다."라고 전한다.[1] 이런 소식을 접하면 앞서 이야기한 삶의 가치를 찾는 진정한 커뮤니케이션 수단으로서의 글쓰기에 대해 잠시 혼돈이 온다. 과연 가까운 미래에 우리가 지금 옳다고 믿는 사고의 영역이 어느 정도까지 로봇의 영역으로 확대될지 의문을 가지게 된다. 올바른 글쓰기를 통한 삶의 가치를 찾는 완숙한 커뮤니케이션은 결국 사람에 있지 않을까?

음성언어 '말소리'는 무엇인가?

음성신호는 일반적으로 사람이 내는, 사람이 들을 수 있는 신호를 이야기며 이것은 사람이 들을 수 있는 주파수의 범위에 속하는 진동으로부터 시작된다. 진동은 파형이 공기를 통과하면서 발생한다. 우리의 귀는 신호의 자극을 받아들이고 그것들을 우리의 뇌가

인식할 수 있도록 전달한다. 발생 원천에 따라 음성신호를 분류하면 크게 두 가지로 나눌 수 있다. 첫 번째는 동물의 소리이다. 이것은 사람의 소리를 포함하며 개가 짖는 소리, 고양이의 울음소리, 개구리 소리 등이 이에 해당되는데, 이러한 분야를 특별히 '생체음향학'이라고 부르며, 동물들이 생성하고 수신하는 것들에 대하여 연구하는 다양한 학문 영역에 걸쳐 있다. 두 번째, 동물 이외의 소리이다. 자동차 엔진 소리, 천둥소리, 문 여닫는 소리, 음악 소리 등이이에 해당된다. 그리고 이러한 사람의 음성을 포함한 음향신호를 반복되는 주파수의 주기에 따라 분류하면 크게 두 가지로 분류할수 있다.

첫 번째, 준주기 신호로 우리가 흔히 들을 수 있는 피아노, 바이올린, 기타 그리고 사람의 노래, 말 등의 일정한 반복적인 패턴의사이클을 가지는 소리이다. 두 번째, 비주기 신호로 천둥, 박수, 드럼 등 비정형적인 패턴의 사이클을 가지는 소리이다. 또한 사람이내는 음성은 크게 두 가지로 나누어진다. 첫 번째는 유성음(Voice Sound)으로 성대의 떨림에 의해 생성되는 소리이며 규칙적인 기본주기와 안정된 피치(Pitch)를 가진다. 두 번째는 무성음(Unvoiced Sound)으로 성대의 떨림 의해 생성되지 않는 소리이고 입, 코, 이빨등을 통하여 빠르게 공기가 빠져나가면서 생성되며 규칙적이지 않은 기본주기와 안정적이지 않은 피치를 가진다. 이러한 사람의 말소리는 물리적 양으로 측정이 가능한 세 가지의 음향학적인 특징을가진다. 첫 번째, 볼륨(Volume)은 공기를 밀어내는 폐의 압력과 관련이 있으며 공기를 밀어내는 폐의 압력이 크면 볼륨의 크기도 크게 나타난다. 두 번째, 피치(Pitch)는 성대의 떨림에 의해 발생하는 진동 주파수와 관련이 있으며 진동 주파수가 크면 피치도 크게 나타난다. 세 번째, 음색(Timber)은 우리의 입술, 혀의 위치, 모양과 관련이 있으며 각기 다른 입술, 혀의 위치와 모양에 따라 음색이 다르게 나타난다.

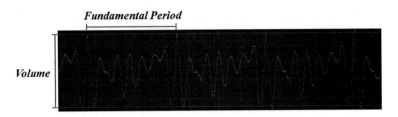

[그림 3-2] 음성신호의 볼륨과 기본주기

EPISODE 08. 친절한 금자 씨의 발음교정 강습

차금자 씨는 언어치료사이다. 오늘은 GROS사의 직원들을 대상으로 프레젠테이션 시 활용이 가능한 발음교정에 대하여 강의를 하려고 한다. 대강당에는 50여 명의 직원이 잔뜩 기대에 부푼 모습으로 서로의 안부를 물으며 웅성대고 있다. 강당이라 그런지 울림이 심하다. 차금자 씨는 시작하기 전에 박수 1번을 외친다. 짝, 짜~악, 다시 박수 1번 짜~악, 마지막으로 박수 1번 짝. 이제 좌중은 조용해졌다. 차금자 강사가 이야기를 꺼낸다.
"여러분 점심 식사 맛있게 하셨죠?"
직원들이 일제히 "네~." 하고 대답한다.
"제가 1997년경 정동진에 갔을 때 들은 얘기를 하나 하겠습니다. 지금은 해맞이 랜드마크로 관광명소가 되었죠. 절벽 위에 선크루즈 호텔도 들어서고요. 그런데 그땐 불모지였습니다. 한창 절벽 위에는 선크루즈 호텔 공사를 하느라 배 형태의 철골이 올라가고 있었구요."
직원들은 뭔 이야기를 하나 궁금해서 귀를 쫑긋 세운다.

"근데 인근 마을에 사는 한 노인이 오후 1시쯤 되면 바닷가 앞으로 나와 절벽 위의 그 광경을 지켜보고 가곤 했습니다. 세찬 겨울 바다의 칼바람이 무척이나 매서웠습니다. 근데 보름이 넘도록 같은 시간대에 나와 그 광경을 쳐다보고 가더랍니다. 정동진역의 역장님은 연로하신 노인이 걱정도 되고 궁금하기도 해서 왜 그러는지 노인에게 다가가서 물었죠."

"어르신 절벽 위의 배가 꽤 크죠?" 이렇게 묻자 노인은 고개를 갸우뚱거리며 대답했습니다. "저렇게 큰 배를 절벽에서 지으면 바다에 어떻게 띄우려고 하는지 당췌 알 수가 없구만." 하자, 역장이 웃으며 대답합니다. "아, 어르신 걱정하지 마세요. 요즘은 하도 기술이 좋아서 헬기 여러 대가 배 앞뒤를 묶어 들어 올려 바다에 띄우면 됩니다." 그러자 노인은 "아 그렇군." 하며 더 이상 그리로는 나오지 않았다고 합니다. 여러분 같으면 어떻게 대답을 했을까요?

좌중은 어리둥절한 모습이다.

호흡을 크게 들이마시고 호흡을 크게 한번 내쉽니다. 다시 호흡을 크게 들이마시고 배꼽 아래를 부풀립니다. 그리고 잠깐 멈추세요. 다시 호흡을 크게 들이마시고 같은 방법으로 호흡을 하세요. 입을 크게 벌린 채 '아, 야, 어, 여 / 오, 요, 우, 유' 하고 큰 소리로 말하세요. 눈을 감고 본인의 소리를 한번 들어보세요. 복부가 팽창되었다 말할 때 횡경막이 위로 올라가면서 허파를 거쳐 공기가 구강을 통해서 빠져나가는 것을 느껴 보세요. 이때 '아, 야, 어, 여 / 오, 요, 우, 유'는 구강의 성대의 떨림을 시작으로 혀의 움직임 등을 통해 공기가 입 밖으로 빠져나오면서 소리를 내는 게 느껴지실 것입니다. 이제 반대로 입을 오므리시고 '아, 야, 어, 여 / 오, 요, 우, 유'를 말씀해 보세요. 자유롭지 않으시죠? 공기가 입 밖으로 빠져나가는 양도 적어질 것입니다. 이제 됐습니다. 평상시처럼 본인이 하던 대로 입을 움직이시고 편안하게 '아, 야, 어, 여 / 오, 요, 우, 유'를 발음해 보세요. 입 밖으로 나가는 공기의 흐름도 원활하고 발음하기도 편하시죠. 정확한 발음은 본인이 말소리를 내보내는 통로인 구강의 구조에 따라서 공기가 장애를 얼마만큼 받고 나가느냐에 따라 결정됩니다. 즉 본인의 울림통으로 눈을 감고 좀 전에 했던 발음을 지속적으로 연습해 보세요. 최적의 호흡, 입벌림 정도 등 울림통이 세팅되면 정확한 발음을 할 수 있겠죠! 지금까지 언어치료사 차금자였습니다. 감사합니다. 오늘도 행복한 하루 보내세요. (짝짝짝짝, 짝짝짝짝)

음성언어는 어떻게 발성되는가?

음성언어인 말소리는 사람의 허파에서 나오는 공기의 힘을 기반으로 성대, 입과 코 안에 있는 여러 기관이 작용하여 발생한다. 허파에서부터 입술에 이르는 말소리에 관여하는 기관들은 크게 발동부(호흡부, Respiratory System), 발성부(Phonatory System), 발음부(조음부, Articulatory System)의 세 부분으로 구분할 수 있다.[2]

첫 번째, 발동부는 횡경막과 허파 및 기관(Trachea)으로 구성되며 주로 말소리를 내는 데 필요한 기류를 공급하는 역할을 한다. 사람의 호흡은 횡경막과 허파의 연계동작으로 이루어지며 들숨(Ingress)은 횡경막을 아래로 내리고 늑골을 상승, 팽창시키면 밖의 공기가 코와 입을 통하여 성문과 기관을 거쳐 허파 속으로 들어오게 된다. 이와 반대로 날숨(Egress)은 횡경막을 올리고 늑골을 하강, 수축시키면 허파 안에 있던 공기는 두 개의 기관지(Bronchi)를 거쳐 기관(Trachea)에서 합류한 후 코나 입을 통하여 밖으로 빠져나가게 된다.

두 번째, 발성부는 기관의 위에 있는 후두와 그 안에 있는 성대로 구성되며 허파에서 나오는 공기는 후두에 있는 조그만 근육의 막으로 된 성대를 통과하면서 말소리를 내는 역할을 한다. 기관의 상단에 위치한 후두는 연골로 된 통이다. 우리가 흔히 말하는 남자들의 목에 툭 튀어나와 있는 '아담의 사과(Adam's Apple)'는 후두의 앞쪽을 가리키는 말이다. 후두의 상단에는 음식물이 후두로 들어오는 것을 막아주는 후두개(Epiglottis)가 있으나, 후두개는 말소리를 내는 데 아무런 관여를 하지 않는다. 그 속에 있는 성대는 가

운데가 갈라진 탄력성이 있는 막으로 띠처럼 되어 있는데 앞쪽으로는 붙어있으나 뒤쪽은 떨어질 수 있게 되어 있다. 성대가 열려 있을 때 그 열린 틈을 성문(Glottis)이라 말한다. 평상시에는 성문이 넓게 열려 있어서 허파에서 나오는 공기가 아무런 방해를 받지 않는다. 하지만 성문이 약간 좁아지거나 완전히 폐쇄되는 경우에는 제약이 따른다. 말소리를 낼 때에는 두 성대를 붙여 완전히 닫고 허파에서 올라오는 기류의 힘으로 이를 떨리게 하고 허파에서 올라오는 압축된 기류는 닫힌 성대 사이를 성대의 아랫부분부터 치고 올라가면서 열어놓고 다시 닫히며 같은 동작을 반복한다. 이와 같이 성대에서 빠져나가는 공기가 진동을 반복하면서 말소리를 내게 되는 것이다. 유성음(Voice Sound)은 성대와 성대의 간격이 매우 좁아지면 그 틈으로 공기가 빠져나가면서 성대를 떨리게 하면서 나는 말소리이고 무성음(Unvoiced Sound)은 그렇지 않은 경우이다.

세 번째, 발음부는 성대의 위에 있는 인두강, 구강, 비강 및 순강으로 구성된다. 발동부에서 발생한 소리가 발성부에서 고르게 되는데, 이때까지는소리'이지 '말소리'라고는 할 수 없다. 발성된 소리'가 '말소리'로 되기 위해서는 성대를 통과한 공기가 구강 또는 비강을 지나가면서 발음부 내의 여러 기관을 움직여 증폭하고 세분화하여 소리'를 '말소리'로 만드는 조음작용을 하게 된다.

음성언어는 어떻게 전달되는가?

사람과 사람이 서로 대화를 하는 것을 생각해 보자. 먼저 말을 하고자 하는 화자(Speech Production)는 말하고자 하는 메시지를 정의(Message Formulation)하고 언어 코드(Language Code)로 변환하며 이는 신경 근육의 조정을 통해 성대(Vocal Cords)가 움직이고 말소리 생성기관(Vocal Tract System)으로 전달된다. 기관에 의해 파열된 음향파형(Acoustic Waveform)은 전송채널인 공기를 통하여 음향파형으로 말을 듣는 청자(Speech Perception)에게 전달된다. 전달된 음향파형은 기저막(내이의 달팽이 모양 안쪽에 있는 작고 긴 판 모양의 섬유 조직)의 움직임을 통해 분석되고 신경계 변환을 거쳐 언어 코드로 번역되며 전달된 메시지를 이해하게 된다.[3] 기계와 기계 사이의 대화 과정도 마찬가지이다. 음성을 생성하는 기계(Speech Generation)는 이산신호 영역(Discrete Domain)에서 정보전송 속도(Information Rate) 50 BPS(Bits Per Second)로 텍스트 메시지를 정의하고 정보전송 속도 200 BPS로 음소, 음율 단위의 언어코드로 변환되어 연속 신호 영역(Continuous Domain)의 신경 제어부에서 정보전송 속도 2,000 BPS로 보컬 시스템에 전달되며, 30,000~50,000 BPS의 음향파형으로 출력된다. 전송채널을 통하여 음성을 인식하는 기계(Speech Recognition)에 전달된 음향파형은 기저막 동작부에서 스펙트럼으로 분석(30,000~50,000 BPS)되고 이는 신경 변환부에서 특징 추출 및 코딩(2,000 BPS)되며 음소, 단어, 문장 형태(200 BPS)의 언어 번역부를 거쳐 문장 단위의 메시지(50 BPS)로 인식된다.[4]

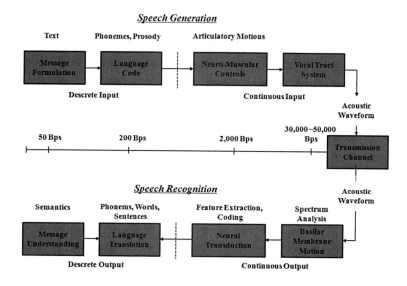

【출처: L.R. Rabiner, B.H. Juang(1993) Fundamentals of Speech Recognition, Prentice Hall, p. 13.】

[그림 3-3] 음성신호 발생과 인식 과정 개략도[5]

철도IT 왜 '음성인식'에 주목해야 하는가?

미국의 컴퓨터 과학자 마크 와이저(Mark Weiser, 1952~1999)는 그의 여러 편의 논문을 통해 AnyTime, AnyWhere, AnyWay의 유비쿼터스 시대가 도래하고 있다고 이야기하였다.[6] 세상은 보이지 않는 끈으로 연결되어 있고 이를 통해 언제, 어디서나, 어떤 사물이든 서로 통신하고 소통할 수 있도록 하며 이러한 보이지 않는 끈은 더욱더 촘촘하게 연결될 것이다. 따라서 모든 사물은 사람에게 가장 자연스럽고 친숙한 가장 근원적인 커뮤니케이션 수단인 음성언어를 통한 인터페이스를 필수적으로 요구할 것이고 사람들은 이러한 음성언어를 통한 사물과의 커뮤니케이션에 익숙해질 것이며 자신도 느끼지 못하는 사이에 상상 가능한 모든 것이 음성언어를 통한 커뮤니케이션을 기반으로 처리가 될 것이다. 또한 1차 커뮤니케이션 수단인 음성언어는 2차 커뮤니케이션 수단인 철도IT, 3차 커뮤니케이션 수단인 매스·소셜미디어와 연결되어 철도와 고객 사이의 커뮤니케이션을 견인하는 역할로 그 영역을 확대해 갈 것이다. 아래 [그림 3-4]와 같이 4차 커뮤니케이션 수단은 1차, 2차, 3차 커뮤니케이션을 아우르는 영역 및 음성언어와 융합된 일체의 복합(Complex) 커뮤니케이션이 될 것이기 때문이다. 나아가 고객들은 좀 더 친숙한 인문학적 인성이 가미된 철도와의 커뮤니케이션을 갈망하고 있다. 이러한 목적을 달성하기 위한 커뮤니케이션의 기술적 수단이 음성인식 기술이다. 따라서 철도IT는 '음성인식'에 주목해야 한다.

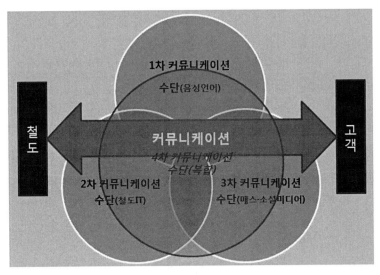

[그림 3-4] 철도 커뮤니케이션 수단의 확대

우리가 끊임없이 듣는 소리는 공기의 진동을 통해 전해오는 파형이 사람의 청각기관을 자극하여 뇌에서 해석되는 매질의 움직임이다. 이처럼 사람이 소리를 들을 수 있는 것은 공기가 진동하기 때문이다. 즉 주파수(진동수)를 가지기 때문이다. 사람이 들을 수 있는 가청주파수의 범위는 20Hz~20,000Hz 이내이며 나이가 들수록 최대 가청주파수는 낮아진다. 2008년 4월 3일 숭실대학교 소리공학연구소 배명진 교수는 '나이가 들면 왜 트로트에 매료되는가?'라는 연구보고서를 통해 "연령대가 높아질수록 고음을 잘 못 듣게 되는 동시에 목소리 발성도 저음위주로 바뀌는 특성이 있기 때문에 중장년층이 트로트를 더 좋아한다. 또한 연령층의 음성 스펙트럼을 관찰하면 초등학생의 경우에는 8,000Hz, 청소년의 경우에는 4,000Hz, 중장년층의 경우에는 2,000Hz 이하에 소리에너지 스펙트럼이 몰려 있다. 특히, 트로트 곡은 음정주파수 특성이 2,000Hz 이하여서 중장년층이 잘 듣고, 흥도 느끼게 된다."고 설명하였다.[7] 따라서 음성인식 측면에서 살펴보면 모든 사람의 말소리를 고려하는 평균적 수준의 음성인식뿐만 아니라 이러한 연령대별 청음 특성과 성별 발성 특성을 고려하는 것도 필요하다.

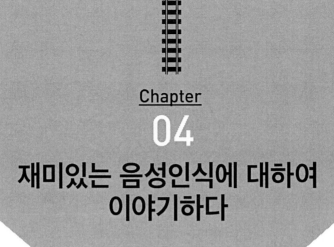

재미있는 음성인식에 대하여 이야기하다

세상의 99% 이상이 인터넷으로 연결되는 초연결 시대가 도래하면 음성인식을 통한 사람과 사물간의 커뮤니케이션이 더 이상 새로운 것이 아니며 우리가 숨 쉬는 공기와 같이 당연히 존재하는 것처럼 인식하지 못하고 사용하는 필수적 커뮤니케이션 수단으로 자리매김할 것이다.

EPISODE 09. 전격 Z작전(음성인식 자동차와의 대화)

*전격 Z작전 NBC에서 1982년 9월 26일 ~ 1986년 8월 8일까지 방영

1986년 8월 8일 민종이네 집, 삼삼오오 아이들이 모여 있다. TV를 보기 위해서이다. 민종이네 집에 있는 금성에서 만든 TV가 18인치로 제일 크고 컬러다. 오늘은 NBC에서 방송하던 외화 전격 Z작전이 마지막으로 방송되는 날이다. 수철아, 옆으로 잠깐 비겨봐라 잘 안 보인다. 수종이가 로터리 채널을 이리저리 돌린다. 여기 맞나? 시간 다 되어 가는데. 그 때 따다단. 따다단. 시그널송(주제가 Knight Rider Them Song)과 함께 전격 Z작전을 알리는 성우의 목소리가 들린다. 아이들이 TV에서 눈을 떼지 못한다. 주인공이 위기에 처한 상황이 오면 아이들은 한 목소리로 "달려라 키트!"하고 외친다. 주인공역을 맡은 데이비드 해셀 호프가 어느새 손목시계를 입에 갖다 대고 '달려라 키트'하고 명령을 내리면 거짓말 같이 잘 빠진 검정색 스포츠카 키트가 어디선가 나타나 주인공을 구하고 함께 악당을 물리친다. 아이들에게는 스릴 넘치는 액션 외화 드라마다.

2030년 8월 어느 날 오전.

김민종 씨가 외출 준비를 하고 있다. 오늘은 GROS 방송국에 IT 전문기자로 데뷔하는 날이다. 안녕하십니까. GROS 김민⋯ 아 말이 자꾸 꼬이네. 안녕하십니까 GROS IT 기자 김민종입니다. 몇 번이고 연습을 한다. (혼잣말) 이 정도면 됐고, 갈 준비를 서둘러야지. 김민종 씨는 검정바지에 하얀 티셔츠 그리고 검정색 슈트로 깔끔하게 차려입고 집을 나선다. 스마트 왓치를 입가에 대고 "키트"하고 외치자, 잘 빠진 검정색 스포츠카가 부웅 소리를 내며 앞마당 민종 씨 앞에 선다. "주인님, 안녕하세요." "좋은 아침. 오늘은 GROS 방송국으로 갈 거야." "주인님, 알겠습니다." 네비게이션이 GROS 방송국으로 자동 세팅되고 평소 김민종 씨가 좋아하는 음악인 Knight Rider Them Song이 흘러나온다.

지금까지 GROIS IT 기자, 김민종이었습니다.

음성인식의 정의와 분류

음성인식(Speech Recognition)이란 어떻게 정의할 수 있는가? 음성 인식은 사람의 음성을 컴퓨터가 분석하여 특징을 추출한 다음 미리 모델링된 음성 데이터베이스와 비교하여 유사도가 가장 큰 결과를 문자 또는 명령어로 출력하는 것이라고 말할 수 있다. 음성인식은 패턴인식의 한 분야로 사람마다 다른 목소리, 발음, 억양 등 최대한 많은 양의 음성 데이터를 채집해, 이로부터 공통된 특징을 추출 가공하여 기준패턴을 만듦으로써 그 성능을 향상시키는 과정을 거친다. 좀 더 자세히 살펴보면 음성인식의 과정은 크게 전처리부와 인식부로 구분할 수 있으며 전처리부에서는 사용자가 발성한 음성으로부터 인식구간을 찾고 잡음 성분을 제거하는 과정을 거친다. 이후 인식부에서는 입력된 음성의 파형을 잘 모델링된 음성 데이터베이스와 비교하여 가장 유사도가 높은 단어를 인식 결과로 출력하게 된다. 이때 언어모델을 이용해 비교단어를 제한하여 인식의 성능을 높일 수 있다. 이러한 음성인식의 과정은 사람이 태어나서 말을 배우는 반복훈련의 과정을 잘 모델링한 것이다. 그렇다면 음성인식은 어떻게 분류할 수 있는가?

첫 번째, 발성 형태에 따라 고립된 형태로 발성된 음성만을 인식할 수 있는 고립단어 인식, 여러 개의 단어를 연결시키거나 제한된 대상의 단어를 조합한 형태의 음성을 인식할 수 있는 연결단어 인식, 자연스럽게 발성한 연속된 형태의 음성을 인식할 수 있는 연속어 인식, 자연스럽게 발성한 연속된 음성 중에서 인식하고자 하는

대상 단어만을 추출해서 음성을 인식하는 핵심어 인식으로 나누어
진다.

두 번째, 인식 대상 화자에 따라 특정 화자 또는 사용자의 훈련된
음성만을 인식하는 화자종속 인식, 임의의 화자가 발성한 음성을
인식하는 화자독립 인식, 화자종속과 화자독립 인식의 하이브리드
형태로 사용자 자신의 목소리에 대한 인식률을 높이기 위해 화자
독립 인식기를 자신의 음성에 최적화시키는 방식의 화자적응 인식
으로 구분된다.

세 번째, 인식 대상 단어에 따라 인식할 수 있는 대상단어가 고정
되어 있는 고정단어 인식, 인식 대상 단어를 가변적으로 갱신할 수
있는 가변단어 인식으로 분류할 수 있다.[1]

음성인식의 역사와 발전 과정

음성인식에 관한 연구는 1952년 미국의 통신업체 AT&T의 벨연구
소(Bell Lab)에서 단독 숫자 음을 인식할 수 있는 '오드레이(Audrey)'
를 개발하면서 촉발되었다. 그리고 1963년 IBM은 세계 최초로 16개
의 영어단어 음성을 인식할 수 있고 간단한 숫자 계산이 가능한 '슈
박스(Shoebox)'를 선보였다. 또한 1971년~1976년까지 미 국방부 산하
의 DARPA는 음성인식 연구 역사상 가장 규모가 큰 '음성이해연구
(Speech Understanding Research)'프로젝트를 진행하면서 거대 컴퓨
터 자원을 투입해 1,000단어 연속음성인식과 음성 데이터베이스를

구축하는 데 성공하였다. 1980년대 초 음성인식 가능 어휘가 1,000 단어에서 1만 단어까지 확장되면서 군사, 로봇, 헬스 등 범용적으로 활용될 수 있는 기반이 조성되었다. 그리고 1990년대 드래곤(Dragon)사는 낱말단위 인식이 가능한 소비자용 '드래곤 딕데이트(Dragon Dictate)'를 출시하였고, 1996년 벨사우스(BellSouth)사는 음성인식을 활용한 전화번호 안내서비스를 시작하였으며, 1997년 연속 발화를 인식할 수 있는 '드래곤 내추럴리 스피킹(Dragon Naturally Speaking)' 이 출시되기도 했다. 이후 2000년대 중반까지는 음성인식이 휴대폰과 홈오토메이션 등에 적용되긴 했으나 음성 인식률이 낮아 대중적인 보급에는 한계가 있었다. 하지만 2007년 이후 초고속 통신망 등 통신기술의 발달, 스마트폰 보급의 확대 그리고 분산된 서버들의 자원을 하나의 서버처럼 활용할 수 있는 클라우드 서버의 등장에 힘입어 필요한 대용량 음성데이터를 저장하고 실시간으로 처리할 수 있게 되면서 음성 인식률은 획기적으로 향상되었다.[2]

구글의 경우 클라우드 서버에 성별·연령별·사투리로 분류된 2천 300억 개 이상의 영어단어를 음성 데이터로 저장하고 있다. 이러한 음성 데이터가 수집되는 과정은 사용자가 스마트폰 등의 디바이스를 통해 필요한 음성 데이터를 입력하면 클라우드 서버로 전송되고 클라우드 서버는 음성인식을 처리하여 결과를 다시 사용자 단말기로 피드백 해주는 과정을 거치게 되며 사용자의 사용량이 증가할수록 음성 데이터가 축적되는 양은 증가하고 이를 기반으로 인식률은 더 높아지는 선순환 구조를 가지게 된다.

애플은 2010년 10월 스마트폰 '아이폰 4S(iPhone 4S)'에 사용자의 음성 명령을 인식하여 웹과 온라인 서비스를 검색하여 답변을 제공하는 인공지능형 음성인식 앱 '시리(Siri)'를 출시하였다. 구글은 2010년 1월 스마트폰 넥서스원(Nexus One, 안드로이드 2.1 버전)을 자사 브랜드로 출시하면서 다이얼, 이메일, 트위터 포스팅 등 다양한 기능의 음성인식 서비스를 선보였으며 후속 출시된 안드로이드 단말기에도 공통적으로 적용되었다. 이어 2010년 6월 한국어 버전의 음성인식 서비스를 시작하였고 2010년 8월 안드로이드 2.2 이상 버전을 탑재한 단말기에서 전화걸기, 문자보내기, 메일작성, 메모, 일정예약, 알람, 목적지 찾기, 지도 검색 등 음성명령을 실시간으로 처리할 수 있는 '보이스 액션(Voice Action)' 서비스를 발표했다. 또한 국내에서는 2011년 8월 내비게이션 업체 파인디지털은 세계 최초로 150만 단어 수준의 대어휘 음성인식이 가능한 'FineSRTM 7.0'을 탑재한 내비게이션 '파인드라이브 iQ3D2000v'를 출시하기도 했다.

음성인식의 활용과 미래

그렇다면 음성인식을 활용함으로써 어떠한 장점을 가지는가? 첫 번째, 음성은 사람의 가장 친숙하고 편리한 원초적 커뮤니케이션 수단이다. 따라서 TV, 가전, 게임 등 기능이 다양한 기기의 조작에 활용될 수 있다. 두 번째, 언제나 입력 가능한 수단이다. 따라서 모빌리티 환경, 손을 사용하는 작업환경 등에 사용할 수 있다. 세 번째, 화자의 고유 식별정보를 전달한다는 특징을 가진다. 이러한 특징은 보안, 금융, 의료, 교육 등 개인별 맞춤형 서비스를 제공하는데 유용하게 쓰일 수 있다. 네 번째, 타이핑 키인에 비해 입력속도가 빠르며 고속·실시간 처리가 가능한 입력 수단이다. 따라서 콜센터, 방송, 통·번역 등 실시간 정보 처리를 하는 환경에서 효율적으로 사용할 수 있다. 이처럼 음성인식의 장점으로 인하여 그 활용범위가 지속적으로 확대되고 있다. 이러한 밑바탕에는 음성인식 성능의 향상과 더불어 음성인식에 대한 시장의 수요 증가가 한 몫을 하고 있다.

가까운 미래의 철도에서 음성인식 활용에 대하여 잠깐 상상해 보자. 서울에 사는 마인식 씨는 GROS사 클라우드 서버 총괄 관리팀장이다. 오전 9시 30분 업무 관련 미팅이 있어 대전 근처의 IDC(Internet Data Center)로 출근하기 위하여 준비를 서두르고 있다. "카라 날씨 좀 알려 줘!(카라는 마인식 팀장이 미리 설정해 놓은 음성인식 로봇의 닉네임이다.)"라고 말하자, 거실 TV 셋업박스 스피커에서 "주인님, 상쾌한 아침입니다. 오늘의 날씨는 가끔 흐리고 오후에는 비가 올 예정이니 우산을 준비해 주세요"라는 멘트가 나온다. "내가 오늘 기분이 좀 꿀꿀한데 음악 좀 추천해 줄래?" 하고 말하자 김현식의 '비처럼 음악처럼'이 흘러나온다.(마인식 팀장이 평상시 즐겨듣던 누적된 음악의 패턴 목록 중 기분, 날씨 등을 고려하여 검색한 목록 결과를 출력하고 있는 것이다.) "카라, 9시까지는 도착해야 되니까, KTX 열차표 좀 예매해줘." "네, 주인님(카라는 이동 시간과 도착시간을 감안하여 7시 50분 출발 KTX 열차표를 예매해서 마인식 팀장의 스마트폰 앱으로 전자티켓을 전송한다.)" 이렇게 카라와 대화를 하는 동안에 마인식 팀장

은 모닝커피를 한 잔 하고 양치도 하고 셔츠와 바지도 챙겨 입고 나
갈 준비를 마친다. 비서가 따로 없다.

마인식 팀장이 IDC에 도착한다. IDC는 철저한 보안통제구역이
다. 출입문에 서자 마인식 팀장의 얼굴을 카메라가 인식하고 "마
인식 팀장님, 암호를 말씀해 주세요."라고 말한다 마인식 팀장이
'6752'라고 암호를 댄다. 이때 보안시스템은 화자식별 음성분석을
거쳐 일치 여부를 확인한다. 그리고 보안시스템은 "네, 마인식 팀장
님 확인되었습니다. 즐거운 아침입니다. 어서 오세요."라고 반갑게
인사를 건네자. 출입문이 열린다.

구글과 함께 글로벌 IT시장의 음성인식 기술을 선도하고 있는 뉘
앙스 커뮤니케이션즈(Nuance Communications, 1994년 설립)의 공동
창업자였던 마이클 코언(Michael Cohen) 박사는 공교롭게도 2004년
구글로 스카웃된 후 음성인식 기술팀을 이끌고 있다. 그는 2004년
〈Voice User Interface Design〉이라는 책을 저술하기도 했으며,
2011년 6월 PC 기반의 음성인식 서비스를 발표하면서 그는 "스마
트폰과 PC 등 기기의 종류에 상관없이 음성인식이 가능해지고 있
으며, 이는 사람들이 있는 곳이라면 어디에서든 기계가 사람의 음
성에 반응해 움직이는 시대가 시작된 것을 의미한다."라고 주장하
였다.[3] 그의 말처럼 세상의 99% 이상이 인터넷으로 연결되는 초연
결 시대가 도래하면 음성인식을 통한 사람과 사물간의 커뮤니케이
션이 더 이상 새로운 것이 아니며, 우리가 숨쉬는 공기와 같이 당연
히 존재하는 것처럼 무의식적으로 사용하는 필수적 커뮤니케이션
수단으로 자리매김할 것이다. 또한 가까운 미래에 글로벌 기업들의

음성인식의 성패는 '얼마나 사람의 말을 기능적으로 잘 알아들을 수 있나?'를 넘어 '미세한 감정의 표현까지 이해할 수 있는가?' 하는 디테일의 처리 여부로 그 명암이 갈릴 것이다. 더 이상 음성인식은 새로운 기술이 아니며 사람들로 하여금 당연히 자연스럽게 체화되어 사용하는 철도IT의 커뮤니케이션 수단이 될 것이다. 우리가 다시 한 번 음성인식에 주목해야 하는 이유도 여기에 있다.

책을 읽는다는 것, 그것은 세상과 커뮤니케이션하는 또 다른 방법이다. 책은 나 아닌 다른 사람의 사상과 책을 쓴 작가의 생각이 녹아있으며, 사람과 사람이 텍스트를 통해 서로의 생각과 마음을 공유할 수 있는 가장 좋은 수단이다. 우리가 책을 펼치는 순간 새로운 삶의 철학과 내가 꿈꾸는 가치에 대해 대화가 시작되는 것이다. 그리고 책을 읽는 것은 우리가 살아 있음으로써 숨을 쉬고 밥을 먹는 것처럼 그렇게 자연스럽게 해야 한다. 그래야 소통의 단절 없이 지속적인 삶의 가치에 대해 물을 수 있는 것이다. 또한 책을 읽음으로써 다른 사람의 생각과 가치에 매료되며 자신의 삶을 더욱더 깊이 있게 성찰하고 사랑하게 된다.

잠시, 필자가 최근 감명 깊게 읽은 책 〈세상에서 가장 가난한 대통령 무히카〉(미켈 앙헬 캄포도니코 지음, 송병선·김용호 옮김, 21세기북스, 2015)의 내용 중 우루과이의 만델라로 불리는 전직 호세 무히카 대통령이 말하는 삶의 철학에 대해 되새겨 본다. "내 인생의 철학은 절제이다. 이것은 내핍과는 다르다. 나는 필요한 만큼 소비하고 낭비하지 않는다. 내가 무언가를 살 때 그것은 돈으로 사는 것이 아니다. 그 돈을 벌기 위해서 쓴 시간으로 사는 것이다. 이 시간에 대해 인색해져야 한다. 시간을 아껴서, 정말 좋아하는 일에, 우리에게 힘이 되는 일에 써야 한다. 시간을 우리 자신을 위해 쓸 수 있을 때, 나는 그것을 자유라고 부른다. 자유롭고 싶다면 소비에 냉정해져야 한다."라고 명확한 자신의 삶의 철학에 대해서 이야기 하고 있다.[4] 이 책을 통해 다시금 내가 추구하는 삶의 가치와 철학은 무엇인가? 자문하고 답해보는 성찰의 시간을 가져본다. 자신의 삶을 사랑하는 만큼 세상은 더 열려 보이고 깨달은 만큼 더 크게 느끼며 느낀 만큼 더 소중하게 생각하고 감동하며 행동하게 된다. 구글 글라스 같은 안경을 끼고 영어로 된 텍스트의 책을 보면 한국어로 번역되어 읽을 수 있는 '만국어 번역기'를 통해 책을 읽어보는 건 어떨까? 잠시 가까운 미래에 대한 생뚱맞은 상상도 해 본다.

음성인식의 어머니
HMM 알고리즘

음성인식의 기계학습 과정은 사람이 태어나서 옹알이를 하고 말을 배우는 것처럼 학습이라는 과정을 거친다. 이러한 기계학습은 사람의 말소리에 대한 특징과 패턴을 잘 분석하고 모델링하여 학습함으로써 미리 해당 패턴을 저장하고 있다가 유사한 패턴이 들어오면 이에 반응하는 것이다.

EPISODE 10. 최 조교의 멘탈 붕괴 사건

오늘은 HMM 이론 관련 특강이 있는 날이다.

김동규 교수: 최 군. 좀 있다 세미나실로 불투명한 항아리 세 개하고 가림막, 음… 그리고 빨간 공 8개, 파란 공 9개, 녹색 공 8개, 노란 공 3개를 준비해 주게나.

최창민 조교: 네, 교수님.

김 교수는 최 조교에게 지시하고 연구실을 급히 빠져나간다. 최 조교는 왜 그러는지 물어보고 싶었지만 그럴 겨를이 없었다. 최조교는 일단 연구실 비품창고를 둘러보았다.

(혼잣말) 좀 있으면 세미나 시작인데 밖에 나갔다 올 시간은 없고 어디서 항아리를 구하지. 천천히 다시 한 번 비품창고의 이곳저곳을 뒤진다. 투명한 원통형 그릇과 투명한 아크릴 판을 발견한다. 음…, 이거면 되겠지. 근데 공은 어떡하지?

그 순간 좋은 생각이 떠올랐는지 연구실 한쪽 캐비닛으로 재빠르게 움직인다. 동료들하고 치던 탁구라켓이 있고 그 옆에는 하얀 탁구공들이 12개씩 3통이나 있었다.

(혼잣말) OK. 바로 옆 책상 위 연필꽂이에서 여러 가지 색깔 마커보더를 가져와 탁구공 표면을 색칠한다. 세미나 수업이 시작되었다. 김 교수는 학생들에게 HMM 이론에 관해 열심히 깨알 같은 판서까지 해 가면서 설명을 했다. 하지만, 학생들의 반응은 아직도 명쾌하게 이해가 안 간다는 표정들이다.

김 교수: 조교! 준비한 거 가져오게.

잠시 적막이 흐르고…

김 교수: 자네 대체 정신 있는 겐가? 왜 투명한 항아리하고 투명한 아크릴 판을 준비했나? 아까 분명히 불투명한 항아리하고 가림막이라고 했을 텐데. 최 조교는 너무 당황한 나머지 머릿속이 하얗게 되었다. 멘탈 붕괴가 온 것이다.

김 교수는 옆 탁자에 있던 테이블보로 투명 항아리들을 덮어버린다. 김 교수는 어찌되었든 세미나를 마쳐야 했고 이야기를 시작한다.

김 교수: 여기 각각의 항아리에는 네 가지 색의 공들이 들어있습니다. 임의의 항아리를 골라 그 항아리에서 임의의 공을 집어 그 색을 불러줍니다. 그 공은 원래 항아리에 집어넣고 좀 전에 얘기했던 과정을 반복하여 공의 색을 불러줍니다. 그러면 불러준 횟수만큼 공의 색들이 나열되겠지요. 그럼 그 나열된 공의 색깔을 보고 원래 어떤 순서로 항아리를 선택했는지를 찾는 문제가 바로 HMM 이론입니다. 설명이 끝날 무렵 그제서야 최창민 조교는 멘탈 붕괴의 원인을 파악했다.

음성인식의 어머니
HMM(Hidden Markov Model) 알고리즘

　음성인식을 처리하기 위하여 음성·음향학적 지식을 이용하는 방법, 통계적 방법, 인공지능을 이용한 방법, 신경회로망을 이용하는 방법 등이 널리 연구되어 왔다. 여기서 통계적 방법을 이용한 음성인식의 처리과정을 살펴보면 그림과 같이 학습단계에서 추출된 특징벡터를 이용하여 기준이 되는 음향모델 또는 기준패턴을 만들고, 실제 인식단계에서는 Viterbi 알고리즘 또는 DTW와 같은 패턴정합 알고리즘을 이용하여 미리 학습된 패턴 중에서 유사도가 가장 높은 것을 찾아서 인식결과를 출력하게 된다. 이 중에서 특히, HMM은 통계적인 특성을 가지고 있어서 음성인식 결과의 이후 처리에 수반될 언어처리나 의미처리 등의 통계적인 모델과 잘 융합하는 장점을 지니고 있어 최근에는 HMM을 대표로 하는 통계적인 방법이 가장 널리 사용되고 있다.

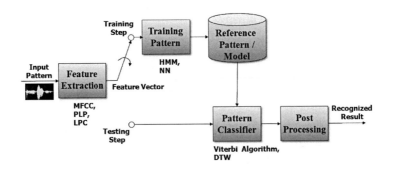

[그림 5-1] 음성인식 과정의 개략도

HMM은 1975년 카네기 멜론(Carnegi-Mellon) 대학의 바커(Baker)와 IBM의 제리네크(Jelinek) 등에 의해 음성신호처리 분야에 처음으로 도입되었다. HMM 알고리즘은 음성이 Markov process로 모델링될 수 있다는 가정 하에 음성의 학습과정에서 Markov 모델의 파라미터를 구하여 기준 Markov 모델을 만들고 입력된 음성과 저장된 기준 Markov 모델을 비교하여 유사도가 가장 높은 기준 Markov 모델을 인식된 어휘로 결정하게 된다. HMM 알고리즘은 관측이 불가능한 프로세스를 관측이 가능한 다른 프로세스를 통해 추정하는 이중 확률처리 기법이며, 기준패턴을 음소, 음절 등으로 설정할 수 있고, 입력음성으로 단어, 문장 등을 사용할 수 있기 때문에 화자독립, 연속 음성인식에 유리하다. HMM은 관측확률이 이산분포 또는 연속분포를 갖느냐에 따라서 이산 HMM, 연속 HMM으로 나누어진다. 이산 HMM은 계산량이 적다는 이점이 있지만, 인식률이 상대적으로 낮고, 정교한 스무딩 과정이 필요하다는 약점 때문에 최근에는 임베디드 시스템(Embeded System)을 위한 소형 음성인식 처리 이외에는 많이 사용되지 않고 있다. 이에 반해 연속 HMM은 계산량은 많지만 인식률이 높아 중·대형 음성인식 처리에 많이 사용되고 있다.

HMM 알고리즘란 무엇인가?

HMM은 일반화된 수식 $\lambda = (A, B, \pi)$로 표현할 수 있다. 여기

서 A는 상태전이(state transition) 확률을, B는 관측심볼(observation symbol)의 출력확률을, π는 초기 상태전이(initial state transition)의 확률을 나타낸다. 여기서 사용된 HMM은 두 가지 가정을 따른다. '첫 번째, 상태전이 Sequence가 Markov Process를 따르고 두 번째, 관측심볼의 출력은 독립적이다.'라는 가정이다. 그렇다면 첫 번째 가정은 무엇을 의미하는가? 이것은 상태전이 Sequence가 현 상태의 확률이 앞 상태의 영향을 받는 확률적 프로세스를 가진다는 말이다.[1] 다음 그림은 날씨를 예측하기 위하여 임의의 전이확률 A의 행렬과 3상태 마코프 체인을 나타낸 것이다.

$$A = a_{ij} = \begin{bmatrix} a_{11} & a_{12} & a_{13} \\ a_{21} & a_{22} & a_{23} \\ a_{31} & a_{32} & a_{33} \end{bmatrix} = \begin{bmatrix} 0.4 & 0.3 & 0.3 \\ 0.2 & 0.6 & 0.2 \\ 0.1 & 0.1 & 0.8 \end{bmatrix}$$

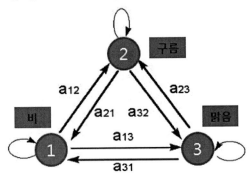

State 1 : 비, State 2 : 구름, Stae 3 : 맑음

[그림 5-2] 날씨 예측을 위한 전이확률의 행렬과 3상태 마코프 체인

여기서 S_1(State 1)은 비, S_2(State 2)는 구름, S_3(State 3)은 맑음일 때, 우리는 오늘 날씨가 맑음이고 다음 7일간의 날씨가 '맑음, 맑음, 비, 비, 맑음, 구름, 맑음'일 확률을 예측해 보자. 우선 우리가 관찰 가능한 관측열 S는 S_3(맑음), S_3(맑음), S_3(맑음), S_1(비), S_1(비), S_3(맑음), S_2(구름), S_3(맑음)이다. 이렇게 되면 초기 상태전이 확률 π_3은 1이고, 상태전이 확률 a_{33}(맑음-맑음)은 0.8, a_{33}(맑음-맑음)은 0.8, a_{31}(맑음-비)은 0.1, a_{11}(비-비)은 0.4, a_{13}(비-맑음)은 0.3, a_{32}(맑음-구름)은 0.1, a_{23}(구름-맑음)은 0.2로 전체 모델에 대한 S의 확률 $P(S/Model)$는 0.0001536이 된다. 이에 대한 수식은 다음과 같이 정리할 수 있다.

$P(S|Model)$
$= P[S_3, S_3, S_3, S_1, S_1, S_3, S_2, S_3, |Model]$
$= P[S_3] * P[S_3|S_3] * P[S_3|S_3] * P[S_1|S_3] * P[S_1|S_1] * P[S_3|S_1] * P[S_2|S_3] * P[S_3|S_2]$
$= \pi_3 * a_{33} * a_{33} * a_{31} * a_{11} * a_{13} * a_{32} * a_{23}$
$= 1 * (0.8)(0.8)(0.1)(0.4)(0.3)(0.1)(0.2)$
$= 1.536 * 10^{-4}$
$(\pi_i = P[= S_i, 1 \le i \le N]$로 초기 상태확률$)$

두 번째 가정은 무엇을 말하는가? 이는 관측심볼의 출력은 각 상태에 대하여 랜덤하게 나타남을 말한다.

그렇다면 HMM은 어떠한 개념을 가지는지 이야기해 보자. 앞서 EPISODE 10에서 얘기한 항아리와 공의 모델을 다시 한 번 생각해 보자. 3개의 항아리에 4가지 색(빨강 R, 파랑 B, 녹색 G, 노랑 Y)의 공이 들어있고 이때 3개의 항아리는 보이지 않는 불투명 베일에 가려져 있다. 임의의 항아리를 선택하고 그 항아리에서 임의의 공을 집어서 그 색을 불러 준다. 그리고 그 공은 다시 원래 항아리에 집어넣는다. 이러한 과정을 반복하여 공의 색을 불러준다. 이러한 공의 색들의 나열을 보고 원래 어떤 순서로 항아리를 선택했는지 찾는 문제이다. 즉 관측이 가능한 공의 확률적 출력 프로세스를 보고 숨어있는 항아리의 확률적 전이 프로세스를 알아내는 이중 랜덤 프로세스라고 할 수 있다.

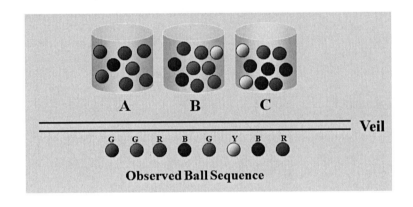

[그림 5-3] 항아리와 공의 모델

여기서 첫 번째, 항아리의 수는 상태의 수(N)를 의미한다. 두 번째, 구별되는 색깔의 수는 구별되는 관측심벌의 수(M)를 나타낸다. 세 번째, 새로운 항아리를 랜덤하게 선택하는 것은 상태전이 확률(A)을 말한다. 네 번째, 각 항아리에 있는 공의 색깔이 선택될 확률은 관측심벌의 확률(B)에 해당한다. 다섯 번째, 최초 항아리에서 선택될 확률은 초기 상태전이 확률(π)에 대응된다. 따라서 HMM에서 사용하는 변수들은 다음과 같이 정의할 수 있다.

[Variables]

T: 관측열의 길이

O: $O_1, \ldots, O_T$, - 관측열(observation sequence)

N: 상태(state) 수

M: 관측심벌 수

Q= $\{q_1, \ldots, q_N\}$, : 상태(state)

V= $\{V_1, \ldots, V_M\}$, : 관측심벌(observation symbol)

A= $\{\alpha_{ij}\}$: 상태 q_i에서 상태 q_j로 전이 확률

B= $\{b_j(k)\}$: 상태 q_j에서 관측심벌 V_k의 출력 확률

π= $\{\pi_i\}$: 초기 상태전이 확률

[그림 5-4] HMM의 변수들

그렇다면 음성인식에 HMM을 어떻게 적용할 수 있을까? 우선 HMM을 음성인식에 적용할 때, 다음과 같은 3가지 문제를 해결해야 한다. 첫 번째, Model에서 Observation Sequence의 발생확률 $P(O|\lambda)$계산의 문제이다. 이는 Foward-Backward Algorithm으로 해결할 수 있다. 두 번째, 최적의 State Sequence를 계산(인식)하는 문제이다. 이는 Viterbi Algorithm으로 해결할 수 있다. 세 번째, $P(O|\lambda)$의 최대화를 위한 A, B, π의 추정(학습)에 관한 문제이다. 이는 Baum-Welch Reestimation Algorithm으로 해결할 수 있다. 또한 음성인식에 적용 시 상태전이는 상태 자체에 시간적 순

서를 포함시킴으로써 시간에 따른 음성의 특성변화를 효과적으로 모델링할 수 있는 Left-to-Right 모델을 사용한다.

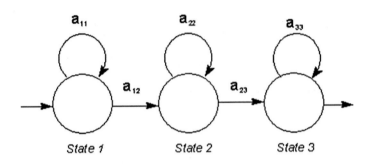

[그림 5-5] 3상태 Left-to-Right 모델

예를 들어 '오다 /oda/'라는 단어를 음성인식에 적용하기 위한 방법을 살펴보기로 하자. 음소단위 모델링을 위해 3개의 상태를 가지고 관측열인 4개 음소에 대한 코드북 인덱스를 가진다고 하자. 매 핑되는 코드북 테이블은 다음과 같다.

CodeBook Index	Phoneme
1	ㅏ /a/
2	ㄱ /g/
3	ㄷ /d/
4	ㅗ /o/

* State 수 : 3 (Phome Model)
* Codebook Size : 4
* 학습단어 : '오다 /oda/'
* 관측열 : 10 (CodeBook Index) 4 4 4 3 3 1 1 1 1 1

[표 5-1] 코드북 테이블

'오다 /oda/'를 학습하는 과정을 살펴보면 '오다 /oda/'의 관측열에 해당하는 10개의 코드북 인덱스는 4 4 4 3 3 1 1 1 1 1 로 나타난다. 상태전이 확률, State 내 관측심벌의 출력확률, 초기 상태전이 확률은 다음과 같다.

상태전이 확률

a_{11} : 0.30 a_{21} : 0.00 a_{31} : 0.00
a_{12} : 0.70 a_{22} : 0.40 a_{32} : 0.00
a_{13} : 0.00 a_{23} : 0.60 a_{33} : 1.00

State 내에서 관측심벌의 출력확률

b_{11} : 0.20 b_{21} : 0.10 b_{31} : 0.20
b_{12} : 0.10 b_{22} : 0.40 b_{32} : 0.10
b_{13} : 0.20 b_{23} : 0.30 b_{33} : 0.30
b_{14} : 0.50 b_{24} : 0.20 b_{34} : 0.40

초기 상태전이 확률

$\pi_1 = 1.00$ $\pi_2 = 0.00$ $\pi_3 = 0.00$

초기 Foward 확률값은 0.000001, Backward 확률값은 0.000001, Viterbi Score는 0.000000, 그리고 State Sequence는 1 1 2 3 3 3 3 3 3 3을 가진다. 첫 번째 Reestimation에서 Viterbi Score는 0.001000, 그리고 State Sequence는 1 1 1 2 3 3 3 3 3 3을 가진다. 두 번째 Reestimation에서 Viterbi Score는 0.002375, 그리고 State Sequence는 1 1 1 1 2 3 3 3 3 3을 가진다. 세 번째 Viterbi Score는 0.007717, 그리고 State Sequence는 1 1 1 1 2 2 3 3 3 3을 가진다. 네 번째 Reestimation에서 Viterbi Score는 0.018218, 그리고 State Sequence는 1 1 1 1 2 2 3 3 3 3을 가진다. 다섯 번째 Reestimation에서 Viterbi Score는 0.027686, 그리고 State Sequence는 1 1 1 1 2 2 3 3 3 3을 가지며 최종 수렴하게 된다.

[그림 5-6] '오다'의 HMM 학습과정

[0 단계: 초기 HMM]

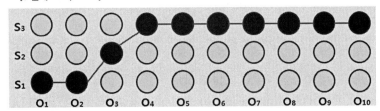

[1 단계: First Reestimation]

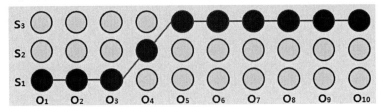

[2 단계: Second Reestimation]

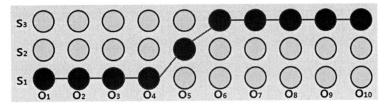

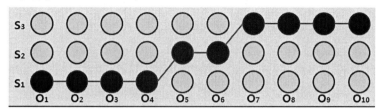

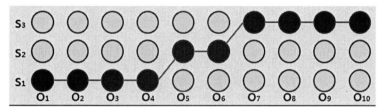

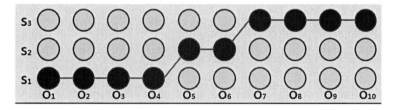

최종 수렴 결과 Model에 대한 확률 $P(O|\lambda)$는 0.03105이고 각 상태전이 확률과 State 내에서 관측심벌의 출력확률은 다음과 같다.

상태전이 확률

a_{11} : 0.650715 a_{21} : 0.000000 a_{31} : 0.000000
a_{12} : 0.349285 a_{22} : 0.497400 a_{32} : 0.000000
a_{13} : 0.000000 a_{23} : 0.502600 a_{33} : 1.000000

State 내에서 관측심벌의 출력확률

$b_{11} : 0.000000$ $b_{21} : 0.000005$ $b_{31} : 0.971370$
$b_{12} : 0.000000$ $b_{22} : 0.000000$ $b_{32} : 0.000000$
$b_{13} : 0.000217$ $b_{23} : 0.930821$ $b_{33} : 0.028630$
$b_{14} : 0.999783$ $b_{24} : 0.069173$ $b_{34} : 0.000000$

이렇게 학습된 '오다 /oda/'의 HMM 모델은 실제 '오다 /oda/'란 음성이 들어오면 이미 학습된 '오다 /oda/'의 Viterbi Score를 비교 하여 근사치의 값을 가진다고 판단되면 해당 모델의 인덱스에 해당 하는 음소인'오다'를 출력하게 되는 것이다. 음성인식의 기계학습 과 정은 사람이 태어나서 옹알이를 하고 말을 배우는 것처럼 학습이 라는 과정을 거친다. 이러한 기계학습은 사람의 말소리에 대한 특 징 패턴을 잘 분석하고 모델링하여 학습함으로써 미리 해당 패턴을 저장하고 있다가 유사한 패턴이 들어오면 이에 반응하는 것이다.

Break Time 07 *! Creative Think*

'항아리와 공의 문제'에서 베일에 가려 보이지 않는 항아리는 우리가 세상 과의 커뮤니케이션을 통해서 찾고자 하는 삶의 철학적 문제에 대한 해답 이라고 가정해 보자. 이 때 베일 밖의 공은 우리가 볼 수 있고 만질 수 있 고 느낄 수 있는 우리의 주변에서 일어나는 일들이다. 따라서 우리가 어느 특정한 순간에 랜덤하게 나타나는 공의 색깔 패턴을 보고 어느 항아리에 서 나왔는지 추정하는 것은 나의 주변에서 일어나는 일, 내가 현재 처한 상황에서 나에게 나타나는 일, 내가 소소한 일상의 커뮤니케이션을 하면 서 느끼는 상념들, 이러한 것들을 통해서 내가 보지 못하는 베일 뒤의 삶의 가치를 찾아가는 과정이다. 이러한 과정은 반복되는 시행착오를 통해 더욱 더 단단해진다. HMM은 자아 커뮤니케이션을 통해 삶을 성찰하는 하나의 커뮤니케이션 방식과 닮아 있다.

다른 각도에서 생각해보자. 당신은 어느 화창한 주말 사랑하는 아내, 아이들과 함께 인근 공원으로 피크닉을 간다는 즐거운 상상을 한다. 넓고 푸른 잔디밭 한 귀퉁이에는 클로버들이 군락을 이루며 바람에 한들한들 잔잔하게 흔들리고 있다. 당신은 아이들과 함께 행운의 상징인 네잎 클로버를 찾는다. 하지만 한참을 둘러봐도 잘 보이지 않는다. 그러는 동안에 주변의 클로버들은 당신의 발에 짓 밟혀버린다. 마침내 네잎 클로버를 발견하고 환호를 하며 기뻐한다. 네잎 클로버를 찾기 위해 주변에 널리 퍼져있는 세잎 클로버들은 이미 만신창이가 된 다음이다. 이제 좀 무언가 떠오르는 깨달음이 있는가? 우리가 흔히 알고 있듯이 네 잎 클로버의 꽃말은 행운이다. 그렇다면 세잎 클로버의 꽃말은 무엇인가? 바로 행복이다. 당신은 행복을 짓밟고 행운을 선택한 것이다. 우리가 일상에서 느끼는 소소한 것들은 행복이다. 그러한 일상에서의 소소함이 쌓여서 행운이 오는 것이지, 행운을 위해 행복을 포기하는 것은 어리석은 가치이다. (세잎 클로버 입장에서 보면 네잎 클로버는 돌연변이에 불과할 뿐이다.) 앞서 이야기한 'HMM의 비유'는 베일 뒤의 보이지 않는 삶의 가치를 찾는 과정의 자아 커뮤니케이션이라면 후자의 '네잎 클로버의 비유'는 일상에서의 보이는 삶의 가치를 깨닫는 과정의 자아 커뮤니케이션이다. 당신이라면 일상의 소소한 행복을 선택할 것인가? 아니면 행복을 가장한 행운인 불행을 선택할 것인가?

철도IT 커뮤니케이션 혁명

제2부

철도IT, 기계와 커뮤니케이션하다

철도IT, 음성인식 활용에 대한 연구 개요

연구는 인내와 기다림의 시간이 필요하다. 때론 원하는 것을 바로 얻을 수도 있지만 대부분 많은 시행착오를 겪는다. 이러한 과정을 통하여 얻는 것, 바로 낡은 과거의 시간에 얽매여 있지 않고 새롭게 변화하는 것, 우리는 이것을 혁신이라 부르며 이를 통해 환골탈태하여 새롭게 만드는 것 이것이 창조다. 또한 창조를 통해 시대의 흐름을 바꾸고 인류를 위해 공헌하는 것 이것이 혁명이다.

EPISODE 11. (만국어 번역기를 통한) 글로벌 커뮤니케이션

서기 2050년 7월 1일 오전 11시.

런던에서 출발한 GROS사 소속 #G2050 열차가 서귀포역 5번홈으로 들어오고 있다. 열차가 멈춰서고 뽀하얀 피부색, 콜라빛 피부색, 갈색 피부색 등 각양각색의 관광객들이 5번 플랫폼 위로 쏟아져 내린다. 영어, 중국말, 러시아말, 그리고 출처를 알 수 없는 말들이 혼재되어 시끄럽다. 영어를 모국어로 사용하는 한 외국인 관광객이 인포메이션으로 가더니 창구 직원에게 인근의 가장 가까운 숙소를 안내해 달라고 요청한다. 창구 직원은 한국어로 친절하게 인근 숙소며, 먹거리 등을 알기 쉽게 설명을 한다. 서로 말하는 언어는 달라도 자국의 일상어를 사용하여 편하게 만국어 번역기를 통해 커뮤니케이션하고 있는 것이다. 외국인은 작은 이어폰을 끼고 있다. 만국어 번역기다. 고객이 영어로 이야기하면 창구 직원의 이어폰으로 영어 음성이 전달되고 이는 음성인식 과정을 통해 한국어로 자동 번역되어 창구 직원의 귀에 한국어 음성으로 전달된다. 반대로 창구 직원이 한국어로 이야기하면 고객의 이어폰으로 한국어 음성이 전달되고 이는 음성인식 과정을 통해 영어로 자동 번역되어 고객의 귀에 영어 음성으로 전달된다. 만국어 번역기 하나면 세계의 누구하고도 편하게 커뮤니케이션이 가능한 것이다. 또한 만국어 글라스를 끼고 한국어로 표기된 안내서를 읽으면 증강화면에 영어로 번역되어 표출된다. 그 반대의 경우도 마찬가지이다. 성서의 바벨탑 이야기를 잠깐 빌리자면 "동일한 언어를 사용하던 사람들은 하늘에 닿을 탑을 쌓으려 하자 이에 분노한 여호와께서 언어를 혼잡하게 하자 무산되었다."라는 이야기가 있다. 이렇게 쪼개진 만국어의 불통이 철도IT 커뮤니케이션의 기술적 수단인 음성인식을 통해 복원되는 것이다.

한국의 기차역명 음성인식을 위한 모델링 단위

철도를 이용하기 위한 전화망을 통한 예약서비스(IVR), 자동티켓발매기(ATIM), 역정보안내서비스(KIOSK) 등 고객 접점의 자동화서비스에 음성인식을 적용하기 위하여 가장 먼저 고려해야 할 대상이

'기차역에 대한 역명 인식'을 위한 음성인식 DB를 구축하는 것이다. 이를 위하여 현재 철도기관에서 운영하는 광역지하철역을 포함한 640개의 기차역명은 가장 기본적인 어휘이다. 이러한 기차역명 어휘에 대하여 음성인식 모델링의 단위를 무엇으로 할 것인가를 고려하는 것은 매우 중요한 문제이다.

일반적으로 음성인식을 위한 모델링의 기본단위로 단어, 음절, 음소, PLU(유사음소 단위: Phoneme-Likely Unit) 등을 사용할 수 있다. 음성언어 인식 측면에서 보면 기본 발음 단위가 하나의 인식 단위로 사용이 가능하다. 따라서 한국어는 독립해서 발음할 수 있는 최소 단위인 음절을 기본 발음단위로 생각할 수 있으며, 또한 형태소적으로 음소 단위에서 결합이 가능하여 음소를 기본 발음단위로 볼 수도 있다. 하지만 한국어의 경우 음절의 종류와 수가 많고 초성, 중성, 종성의 결합이 다양하여 음절을 인식단위로 사용하기는 거의 불가능하다. 이러한 인식 단위 외에 외국어에서 많이 쓰이는 다이폰이나 트라이폰이 있지만, 기본 음소의 조합으로 이루어져 그 개수가 음소 개수의 제곱, 세제곱에 이르므로 한국어의 음성인식 시스템에 적용하기 위해서는 매우 많은 학습용 음성 데이터가 필요하다. 이 중 트라이폰(Triphone)의 유사음소 단위의 문맥 종속 단위가 우수한 인식 단위로 알려져 있다. 음소(Phoneme)는 단어에서 뜻을 구분할 수 있는 음운의 최소단위로서 한국어의 경우 자음 19개, 모음 20개로 구성된다. 음소는 환경에 따라 다른 음소로 바뀌거나 없어지는 등 변동을 겪는데 이러한 음소의 변동을 음운 현상이라고 하며 변화 양상에 따라 첫 번째, 한 음소가 다른 음소로 바뀌는

'대치(비음화, 유음화, 경음화 등)', 두 번째, 한 음소가 없어지는 '탈락(자음군 단순화, 후음 탈락, 유음 탈락 등)', 세 번째, 없던 음소가 새로 끼어드는 '첨가(ㄴ-첨가, 활음 첨가)', 네 번째, 두 음소가 합쳐져 다른 음소로 바뀌는 '축약(유기음화, 모음축약)', 다섯 번째, 두 음소가 서로 자리를 바꾸는 '도치(자음 도치, 모음 도치)'로 분류할 수 있다.

한국어에 존재하는 이러한 다섯 가지 유형의 음운 현상에 의해서 하나의 형태소가 여러 발음을 가질 수 있고, 여러 형태소가 하나의 발음이 될 수 있다. 이러한 형태소와 발음과의 사상(Mapping)에는 단순한 사상(Mapping) 이상의 정보가 필요하다. 따라서 한국어 문서의 형태소 분석에 사용되는 형태소 사전을 음성인식에 그대로 적용할 수 없고 음소의 변동을 표시할 수 있는 사전구조가 필요하다.[1]

2006년 Lee는 <한국어 대어휘 음성인식을 위한 형태·음운론적 발음 변화 모델링>에서 한국어를 대상으로 한 범용적으로 사용할 수 있는 음소단위인 50PLU를 제안하였다.[2] 하지만 기차역명의 경우 우리가 일상적으로 사용하는 말과는 다른 통계적 특징 및 지명학적 특징을 가지고 있으므로 일상어에서 사용하는 음소단위가 아닌 한국의 기차역명 음성학적·음운론적 특성을 고려한 적절한 PLU의 선정 및 제한적인 범위에서의 음소 간의 연쇄특성을 반영한 발음사전의 구성이 필요하다. 그렇다면 한국의 기차역명 음성인식을 위한 효율적 PLU는 어떻게 선정하고 발음사전은 어떻게 구성해야 하는가? 우리는 이러한 문제를 해결하기 위하여 기차역명의 음성학적·음운론적 특성을 고려한 Station-Rule #1: 초성·종성의 자음과 단모음의 인식 단위 구분, Station-Rule #2: 음절 끝소리 규칙, Station-

Rule #3: 비음동화, Station-Rule #4: 비음화, Station-Rule #5: 경음화, Station-Rule #6: 연음법칙(격음화 포함), Station-Rule #7: 수의적 변동의 7-Station Rules 정립방법과 이를 반영한 효율적 PLU 선정 과정 그리고 발음사전 구성에 대하여 살펴볼 필요가 있다.[3]

우리는 일상생활 및 업무를 처리하다 보면 얘기치 않은 문제에 부딪힐 때가 있다. 이러한 문제와 맞닥뜨리면 반응은 크게 두 가지다. 적극적으로 해결하던지 아니면 회피하던지이다. 물론 전자가 바람직한 방향이라는 건 두말할 나위가 없다. 철도IT 업무의 특성상 이러한 문제를 해결하는 노력은 목표를 달성하는 데 있어 매우 중요한 요소이다. 문제를 해결하기 위해서는 심도 있는 고민, 즉 연구가 필요하다. 연구의 사전적 의미를 살펴보면 '어떤 일이나 사물에 대하여 깊이 있게 조사하고 생각하여 진리를 따져 보는 일'로 정의되어 있다.

우리가 생각하는 연구는 거창하게 실험실에서 하얀 가운을 입고 특수한 실험 장비를 이용하여 뭔가를 섞고 분리하고 합치고 하는 영화 속의 한 장면을 상상하게 된다. 하지만 현실 속의 연구는 문제를 해결하는 것 자체가 연구인 것이다. 연구는 인내와 기다림의 시간이 필요하다. 때로는 원하는 것을 바로 얻을 수도 있지만, 대부분은 많은 시행착오를 겪는다. 이러한 과정을 통하여 얻는 것, 바로 낡은 과거의 시간에 얽매여 있지 않고 새롭게 변화하는 것, 우린 이것을 혁신이라 부르며 이를 통해 환골탈태하여 새롭게 만드는 것 이것이 창조다. 또한 창조를 통해 시대의 흐름을 바꾸고 인류를 위해 공헌하는 것 이것이 혁명이다. 우리가 일상적으로 부딪히는 작은 문제들과 이를 해결하려는 의지와 고민, 궁리…, 이러한 끊임없는 내면의 커뮤니케이션들이 모여 어느 날 봇물 터지듯 크리에이티브한 생각들을 쏟아내는 것이다. 이 때 아르키메데스가 깨달음의 순간 말했던 유레카 (Eureka)를 외칠 수 있는 것이다.

창조는 어느 한순간에 이루어지는 것이 아니다. 현재 내가 맞다고 확신하는 것을 의심하고 재심하여 살펴보는 것에서 시작된다. 따라서 연구는 사고의 전환을 통한 창조의 시작이며 혁신을 통해 혁명을 달성하는 수단이다. 우리에게 닥친 현실적인 철도IT 관련 문제를 어떻게 하면 효율적으로 해결할 수 있을까? 하는 궁리가 바로 우리 철도IT 분야의 연구이다. 이러한 실용적인 철도IT 분야의 기여를 위하여 지금도 우리는 연구에 매진하고 있는 것이다.

효율적 기계학습을 위한 통계적 기법 적용

한국의 기차역명 음성인식을 위하여 트라이폰 단위의 음향 모델링 시 훈련 데이터의 부족으로 Unseen Data에 대한 문제가 발생하게 된다. 우리는 이러한 문제를 효율적으로 해결하기 위하여 트라이폰 단위의 음소 결정 트리(Phonetic Decision Tree)를 이용한 상태 공유 방법을 사용하게 된다.

이 방법은 결정 트리의 분류와 예측으로 훈련 데이터에서 나타나지 않은 모델의 합성을 가능하게 하고 결정 트리 기반의 상태공유를 위한 노드 분할 과정과 모델 선택 과정을 통해 모델의 복잡성을 완화시키고 한정된 훈련 데이터로부터 강건한 모델 파라미터 추정을 가능하게 하여 필요한 파라미터 양과의 균형을 유지할 수 있는 장점을 가지고 있다. 음소 결정 트리에서 중심음소를 기준으로 음성학적 질의에 의해 새롭게 생성된 음향모델은 군집화된 어느 하나의 덩어리에 포함되어 상태를 공유하게 되며 미지의 음소에 대하여 군집화된 대표 상태를 공유하게 됨으로써 인식률의 향상을 가져올 수 있다.

이러한 군집화의 정도의 결정에 영향을 줄 수 있는 노드 분할 과정에서 사용되는 임계치의 설정은 대부분 실험치에 의하여 일괄 적용하거나 음소단위로 가변적으로 적용한다. 하지만 실험치에 의해 이러한 부분을 정확히 가늠하기는 쉽지가 않다. 음소의 개수에 대한 상태별 군집화 정도를 판단해야 하기 때문이다. 또한 이것이 반드시 인식률 향상을 가져온다고 볼 수 없다. 군집화의 정도가 너무 크거나 너무 작으면 변별력이 떨어져 인식률이 오히려 감소할 수 있다.

따라서 이러한 임계치의 자동 결정을 위하여 앞서 언급한 음소별 상태별 군집화율에 대하여 PLU 빈도수와 군집화율의 상관관계를 분석하고 이를 바탕으로 회귀분석을 통하여 도출된 회귀식에 의해 기차역명에서의 음소의 빈도수에 대한 자료를 바탕으로 군집화율을 추정하고 추정된 군집화율에 따라 임계치를 자동으로 결정하도록 할 필요가 있다.[4]

사람과 사람이 소통할 수 있는 가장 자연스러운 원초적인 수단은 음성언어, 즉 사람이 발성기관을 통해 생성하는 말소리이다. 그렇다면 사람과 기계가 소통할 수 있는 가장 자연스러운 원초적인 수단은 무엇인가? 이것 또한 사람의 말소리, 즉 음성언어이다. 이처럼 사람과 기계와의 커뮤니케이션을 가능하게 하는 기술적 수단이 음성인식이다. 가까운 미래에는 단순히 사람이 말하는 소리에 반응하는 정도를 넘어 사람과 기계가 대화가 가능한 정도의 수준이 될 것이다. 이렇게 되면 단순히 음성인식은 사람이 가지고 있는 발성기관, 말소리 등의 특징을 잘 모방하여 모델링함으로써 기계가 잘 알아듣게 한다는 공학적 영역을 넘어 기계가 사람이 묻는 말, 즉 질문에 어떻게 답변할 것인가에 대한 인문학적 영역으로까지 확장될 수 있는 것이다.

철도IT는 이미 성큼 다가온, 이미 도래하고 있는 미래에 대비해 음성인식의 활용에 대하여 실용적인 연구와 내실 있는 고민이 필요한 때이다. 이러한 일련의 작업들은 철도IT, 미래 커뮤니케이션 혁명의 수단이 될 음성인식 기술의 밑거름이 될 것이다.

2부에서는 한국의 기차역명 음성인식 적용을 위하여 음성인식 모델링 단위는 어떻게 선정할 것인가? 또한 이로 인하여 기계학습 시 발생할 수 있는 Unseen Data의 문제는 어떻게 효율적으로 해결할 것인가? 그리고 음성인식 시스템의 구현 과정은 무엇인가에 대하여 좀 더 심도 있게 살펴보고자 한다.

우리는 엄마의 자궁에 있을 때부터 엄마와 아빠의 말소리를 듣는다. 태어 나서 부터는 엄마와 아빠의 말을 모방하고 학습하면서 옹알이를 거쳐 비 로소 말을 하게 된다. 엄마? 엄마? 옴머, 아니…, 엄마? 엄마? 엄마? 옴 마. 아니야. 엄마? 엄마? 엄마? 엄마? 엄머. 아니야. 조금만 더! 엄마? 엄마? 엄마? 엄마? 엄마? 엄마. 그렇지. 와우! 우리 아기 잘하네. 이렇게 말이다.

음성인식 측면에서 생각해 보자. 기계가 학습할 수 있는 음소 재료는 'ㅁ', 'ㅗ', 'ㅓ'만 있다고 가정하자. (위에서 필자는 하나의 음소를 중심으로 음소 문맥의 좌우를 같이 고려한 3중 음소를 트라이폰 단위라고 부른다고 했 다.) 이 음소 재료만을 가지고 정확히 '엄마'라는 단어는 만들 수 없다. 여 기서 'ㅏ'는 보이지 않는 데이터, 미지의 데이터, 학습되지 않은 데이터인 'Unseen Data'가 되는 것이다.

그렇다면 기계는 어떻게 제한된 음소 재료만을 가지고 기계학습을 통해 '엄마'라는 말을 알아들을 수 있을까? 그것은 가장 유사한 음가를 가지는, 가장 유사하게 들리는 '옴머, 옴마, 엄머'의 조합을 '엄마'로 미리 정의하 고 학습하는 것이다. 이것은 기계학습 시 기존의 제약된 음소 재료를 가지 고 추정이 가능한 미지의 음소 재료를 미리 가지고 있다고 정의하고 학습 하는 것이다. 따라서 기계의 입장에서는 더 많은 데이터를 가지고 학습을 할 때 그 성능이 향상될 확률이 높아지는 것이다. 사람의 경우도 마찬가지 다. 아기가 엄마, 아빠를 통해 더 많은 말소리에 노출이 될 때 말을 배우는 속도와 정확도는 향상되는 것이다. 우리는 세상과의 보다 완숙한 커뮤니 케이션을 위하여 더 많은 사람과 만나고 커뮤니케이션해야 한다. 그래야 만 충만한 감정으로 마음을 채울 수 있는 확률이 높아지는 것이다.

한국의 기차역명의
특징에 관하여 살펴보다[1]

모음은 홀로 나는 홀소리이지만 자음은 홀로 쓰일 수 없고 모음과 같이 쓰이는 닿소리이며 모음은 조음기관의 장애가 없이 발성되는 울림소리이나 자음이 더해짐으로써 장애를 받으며 같이 쓰이는 장애물인 자음의 종류에 따라 그 포먼트 주파수를 달리하고 있음을 확인할 수 있다. 모음은 자음의 모습을 비추는 거울이며 자음의 종류에 따라 그 비춰지는 형상이 다르게 나타난다.

EPISODE 12. 청음에 관하여(칵테일 파티 효과, Cocktail Party Effect)

(사람은 듣고 싶은 말만 듣는다.)

최명훈은 매일 부평역에 오전 7시 30분에 도착하는 지하철을 타고 종각역으로 간다. 출근 시간이라 항상 사람이 많다. 앉아서 간다는 건 거의 일 년에 한두 번 있을까 말까한 일이다. 5만 원짜리 로또에 당첨되는 것보다 힘든 확률이다. 그냥 지하철 출입문 바로 의자 끝 옆 쇠파이프 프레임에 등을 살짝 기대는 정도가 50분 동안 버티고 갈 수 있는 동력이다. 이마저 공간이 허락되지 않으면 두 발에 의지하여 지그시 눈을 감고 팔짱을 낀 채 버티고 가는 것이 유일한 방법이다. 3년을 내리 다녔더니 이젠 이골이 난다. 신도림역(환승역)에 도착하면 들고나는 사람들로 매우 혼잡한 정도가 아니라 시끄럽기까지 하다. 갑자기 '최명훈'하고 누가 부르는 느낌이 들어 고개를 뒤로 살짝 돌렸다. 대학교 졸업하고 10년 만에 보는 친구 승환이다. 사람들로 밀집된 틈을 비집고 간신히 승환이가 있는 중간정도의 위치로 이동한다. 명훈이 반색을 하며 말을 건낸다. "승환아, 오랜만이다. 그동안 어떻게 지냈니."

최명훈은 오후 2시경 IT관련 신기술 세미나가 있어서 참석 중이다. 오늘 발표는 '칵테일 파티 효과와 음성인식'에 대하여 도경환 교수가 발표를 하고 있다.

*칵테일 파티 효과: 주변 환경에 개의치 않고 자신에게 의미 있는 정보만을 선택적으로 받아들이는 심리적 현상

최명훈은 잠시 생각에 잠긴다. 아침 출근 길, 시끄러운 지하철 안에서 '최명훈'이라는 이름 석 자에 반응한 게 칵테일 파티 효과군. 그렇다면 듣는 사람 입장에서는 정보를 선택적으로 듣는다는 얘기군. 또한 미리 인지되고 학습된 정보(잘 아는 정보)는 잘 들린다는 것이고, 거기다 한국말의 발음특성인 음운현상 등을 잘 모델링하고 사전학습을 하게 한다면 기계가 더 잘 알아듣는다는 얘기군.

최명훈은 무릎을 탁 치며 감탄해 마지않는다. (혼잣말) 가까운 미래에는 기계와 일상어로 커뮤니케이션하는 시대가 오겠군.

기차역명의 지명적 특징

역명에는 여러 종류가 있으며 소단위로 지하철 역명이 있고, 중간 단위로 국철 역명이 있고, 가장 큰 단위로 고속철도 역명이 있다. 우리는 전통적으로 역명을 지을 때 속지주의 원칙에 따른 지명을 취해왔다. 열차를 가장 많이 타고 내리는 승객이 그 역이 위치한 지역의 거주민이 때문에 역이 속한 지명을 역명으로 사용하게 된다. 그리고 타 지역의 사람들도 여러 가지 목적으로 이곳을 왕래하기 위하여 타고 내리기 때문에 이곳 지명을 역명으로 사용해야 손쉽게 찾아올 수 있는 장점이 있기 때문이기도 하다. 광역지하철역명의 경우 그 정차장이 기존 역의 지하일 경우에는 서울역, 청량리역, 용산역 등과 같이 기존 역명을 그대로 쓰고 있다. 그렇지 않을 경우에는 대개 종로3가역, 을지로3가, 충무로역 등과 같이 소(小) 지명을 택한다. 국철 역명의 경우 면 단위 이상의 중(中)·대(大) 지명을 쓰며 고속철도의 경우 광역지명(大)을 쓰게 된다. 즉 사실상 역명은 모두 지명인 고유명사이다.[2]

한국의 기차역명의 경우 위 사례에서와 같이 대부분이 중단위 지명이며 2자(음절)가 79.22%, 3자가 17.03%, 4자가 2.81%, 5자가 0.78%, 6자 이상이 0.16%을 차지하고 있다. 또한 초성이 자음으로 시작되는 역명이 79.69%이고 초성이 모음으로 시작하는 역명이 20.31%를 차지하고 있다. 그리고 몇 개의 음소가 모여서 이루어지는 음절의 구조는 다양하지만, 기차역명의 경우 음절구성을 위한 음소배열 유형을 살펴보면 CVC(자음+모음+자음 배열)가 53.90%, CV(자음+모음 배열)가 30.09%, VC(모음+자음 배열)가 12.56%, V(모음)가 3.45%를 나타낸다.

한 언어에서 가장 자연스러운 음소연쇄는 일반적으로 하나의 자음에 하나의 모음으로 구성된 것이다. 따라서 개별언어인 한국어도 CV가 가장 자연스러운 형태이다. 15세기 당시 표음문자인 훈민정음을 표기하는 데 있어 연철 방식을 택한 것을 보아도 CV가 가장 안정적이고 자연스러운 형태임이 분명하다.[3] 하지만 영어와 달리 한국어는 '야탑, 오류동, 오리, 오이도, 이수, 이촌' 등과 같이 모음 하나만을 가지고 음절을 이룰 수 있기 때문에 두 번째로 자연스러운 음절은 V이며 폐음절을 만드는(C)VC가 그 다음이다. 따라서 선호도가 가장 낮은에서 에 오는 미파음은 음향학적 자질보다는 어휘부에 저장된 어휘와 음운규칙에 의거해 인지하게 되는 것이다. 하지만 위에서 살펴보았듯이 한국의 기차역명의 경우의 선호도는 'CVC 〉CV 〉VC 〉V'이다. 이것은 역명이 지명인 고유명사인 이유도 있긴 하지만, 첫 음절의 종성에 위치하는 자음과 그 다음 음절에 오는 초성이 자음인 경우가 많음을 의미하며 음향학적인 자질보다는 음운론적 자질의 영향을 받을 수 있음을 알 수 있다. 따라서 기차역명의 발음 시 발생하는 자음의 초성, 종성 구분 및 음운론적 자질을 고려하여 음소 기반의 인식 단위를 선정할 필요가 있다.

기차역명의 통계적 특징

2001년 Byun의 〈한국어의 발음 음소별 빈도로 본 한국어 PB Word 타당성 연구〉[4]에서 제시한 한국어의 일상어에 대한 음소별 빈도수와 한국의 기차역명에 대한 7-Station Rules가 고려된 음소의 빈도수를 비교한 결과는 아래의 [표 7-1], [그림 7-1~7-3]과 같다.

초성 자음의 경우에 그 빈도수를 살펴보면 /ㄹ/이 낮게 나타났다. 이는 한국어에서 일상어의 경우 외래어에서 유래한 '라면', '라디오', '로켓', '로봇' 등이 첫 음절에 많이 존재하는 것과는 달리 첫 음절이 /ㄹ/로 시작되는 경우가 아닌 두 번째 음절에서 시작되는 '노량진[노량진]', '밀양[미량]', '도라산[도라산]' 등과 같이 지명에서 유래한 고유명사의 특징이 있음을 알 수 있다. 또한 '석불[석뿔]', '소요산[소요산]', '음성[음성]' 등에 쓰인 치조 마찰음인 /ㅅ/, '마차리[마차리]', '천안[처난]', '여천[여천]' 등에 쓰인 경구개 파찰음인 /ㅊ/이 차지하는 비율이 높았다.

모음의 경우에는 /ㅏ/ 가 일상어와 마찬가지로 높게 나타나고 있고, /ㅓ/, /ㅗ/가 상대적으로 높은 빈도를 보이고 있다. 반면에 /ㅜ/, /ㅡ/, /ㅣ/는 상대적으로 낮은 빈도를 보이고 있다. 이는 '고마워요', '-습니다', '-입니다' 등에 쓰인 서술어가 일상어에서 많이 나타나고 기차역명에서 적게 나타나는 것으로 이해할 수 있다.

종성 자음의 경우에는 전체적으로 /가야/, /고사리/, /아우라지/ 등과 같이 종성이 없는 CV, V형이 일상어보다 낮게 나타나고 있고, /ㄷ/은 쓰이지 않고 있으며 /ㄱ/, /ㄴ/, /ㅇ/이 상대적으로 높은 빈도를 보이고 있다.

이와 같이 한국의 기차역명은 일상어에서 사용하는 빈도의 패턴과 전반적인 모습은 유사하나 지명에서 유래한 고유명사의 특징을 가지고 있어 초성·중성·종성에서 나타나는 음소의 빈도패턴은 일상어에서 나타나는 빈도패턴과는 다른 차이가 있음을 알 수 있다.

따라서 한국어에서 차지하는 지명인 기차역명의 경우 한국어를 대상으로 한 범용적으로 제시되고 있는 음소단위가 아닌 한국의 기차역명의 음향학적·음운론적 특성을 고려한 제한적인 범위에서의 음소 간의 연쇄특성이 고려되어야 할 필요가 있다.

Ci	Byun(%)	Author(%)	V	Byun(%)	Author(%)	Cf	Byun(%)	Author(%)
ㄱ	12.8	12.3	ㅏ	22.4	23.2	None	64.9	29
ㄲ	1.8	0.7	ㅐ	4.3	6.5	ㄱ	2.2	18.4
ㄴ	10.5	7.7	ㅑ	1.1	2.8	ㄴ	12.1	18.4
ㄷ	8.3	8.4	ㅒ	0.1	0	ㄷ	2.3	0
ㄸ	1.8	0.4	ㅓ	11.5	14.9	ㄹ	6.2	2.4
ㄹ	8.2	2.5	ㅔ	4.1	0.7	ㅁ	3.7	4.1
ㅁ	6.3	5.7	ㅕ	4.4	5.7	ㅂ	0.8	4.8
ㅂ	4.3	5.8	ㅖ	1.0	1	ㅇ	7.7	22.9
ㅃ	0.4	0.1	ㅗ	9.9	17.4			
ㅅ	9.0	14.4	ㅘ	1.5	3.7			
ㅆ	2.0	2.3	ㅙ	0.2	0.1			
ㅇ*	15.2	16.6	ㅚ	0.6	0.6			
ㅈ	7.9	10.5	ㅛ	0.8	1.9			
ㅉ	0.9	0.4	ㅜ	7.0	2.7			
ㅊ	2.3	7.9	ㅝ	0.8	2.7			
ㅋ	1.1	0.4	ㅞ	0.0	0			
ㅌ	1.5	1.6	ㅟ	0.5	0.2			
ㅍ	1.1	3.4	ㅠ	0.7	0.6			
ㅎ	4.7	6.3	ㅡ	11.7	3			
			ㅢ	1.4	0.4			
			ㅣ	16.0	11.8			
Tot	100	100	Tot	100	100	Tot	100	100

*: Actually no initial consonant
Ci: Initial consonant ; V: Vowel ; Cf: Final consonant
- Byun이 사용한 어음재료 -
Modern Drama(77,949 syllables) ; Historical Drama(55885 syllables) ;
News Script(34,990 syllables)

[표 7-1] 한국어에서의 기차역명 음소 빈도

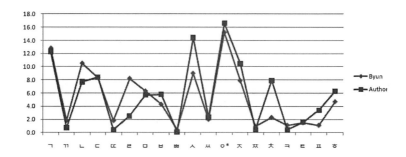

[그림 7-1] 한국어에서의 기차역명을 위한 초성 자음의 빈도

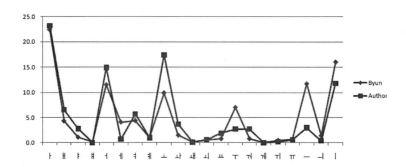

[그림 7-2] 한국어에서의 기차역명을 위한 모음의 빈도

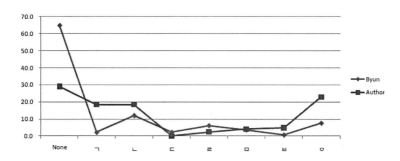

[그림 7-3] 한국어에서의 기차역명을 위한 종성 자음의 빈도

위에서 한국어에서 차지하고 있는 기차역명의 빈도수를 살펴보았다. 한국의 기차역명의 음소에 대한 빈도수 및 그 분포를 좀 더 자세히 분석해 보면 그 결과는 아래 [그림 7-4], [표 7-2]와 같다. nx/ㅇ/의 경우가 빈도수가 제일 높으며 전체 중 10.68%를 차지하고 있고, yi/ㅢ/가 0.14%로 가장 낮다. 이 중 발성 시 초성·종성 자음의 인식 단위 구분에 영향을 줄 수 있는 종성 gq/ㄱ/, 종성 nq/ㄴ/, 종성l/ㄹ/, 초성 m/ㅁ/, 종성 mq/ㅁ/, 초성 b/ㅂ/, 종성 bq/ㅂ/의 경우 17.43%이고 비음동화·비음화·경음화 등 음운현상을 발생시킬 수 있는 g/ㄱ/, n/ㄴ/, r/ㄹ/, k/ㅋ/, p/ㅍ/, gg/ㄲ/, dd/ㄸ/, bb/ㅃ/, ss/ㅆ/, zz/ㅉ/이 차지하는 비율이 11.51%를 나타내고 있다. 이는 초성·종성 자음의 인식 단위 구분과 비음동화·비음화·경음화·격음화 등 음운현상이 인식률에 영향을 미치는 정도가 28.94% 정도임을 추정할 수 있다. 따라서 한국의 기차역명의 음성인식을 위한 음소단위 선정 및 발음사전 구성 시 음운론적 특성을 고려할 필요가 있다.

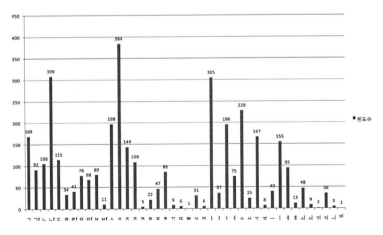

[그림 7-4] 한국의 기차역명에서의 음소의 빈도

음소	ㄱ	ㄱ$_f$	ㄴ	ㄴ$_f$	ㄷ	ㄹ	ㄹ$_f$	ㅁ	ㅁ$_f$	ㅂ
빈도수	169	92	106	309	115	34	41	78	68	80
분포	4.70	2.56	2.95	8.59	3.20	0.95	1.14	2.17	1.89	2.22
음소	ㅂ$_f$	ㅅ	ㅇ	ㅈ	ㅊ	ㅋ	ㅌ	ㅍ	ㅎ	ㄲ
빈도수	80	198	384	144	109	5	22	47	86	9
분포	2.22	5.50	10.68	4.00	3.03	0.14	0.61	1.31	2.39	0.25
음소	ㄸ	ㅃ	ㅆ	ㅉ	ㅏ	ㅑ	ㅓ	ㅕ	ㅗ	ㅛ
빈도수	6	1	31	6	305	37	196	75	229	25
분포	0.17	0.03	0.86	0.17	8.48	1.03	5.45	2.09	6.37	0.70
음소	ㅜ	ㅠ	ㅡ	ㅣ	ㅔ	ㅖ	ㅘ	ㅚ	ㅟ	ㅝ
빈도수	167	8	40	155	95	13	48	9	2	36
분포	4.64	0.22	1.11	4.31	2.64	0.36	1.33	0.25	0.06	1.00
음소	ㅢ	sil								
빈도수	5	1								
분포	0.14	0.95								

[표 7-2] 한국의 기차역명에서의 음소의 빈도

Break Time ⑩   *! Creative Think*

지명은 그 지역의 역사와 문화를 대표하는 명칭이다. 우리가 알고 있는 기차역명은 대부분 그 지역의 지명을 역명으로 사용한다. 또한 지명은 연속적인 시간위에 놓인 공간을 지도 위에 표시하여 고유한 위치와 방향을 기준점삼아 같은 시각으로 바라보며 커뮤니케이션하게 한다. 이러한 우리의 옛 지명과 위치를 지도라는 그림에 정확히 표기한 고지도가 있다. 바로 〈대동여지도(大東輿地圖, 보물 제850호)〉이다. 이에 대하여 간단히 그 의미를 살펴보기로 하자.

고산자 김정호(1804~1866?)가 1861년(철종 12년) 전국을 답사하며 제작했다(이 부분에 대해서는 학자들끼리 엇갈린 주장이 있다)고 알려져 있는 〈대동여지도〉는 조선을 남북 22폭으로 나누어 만든 목판본 대축척

조선 지도책이다. 1864년(고종 1년)에는 일부분을 수정하여 재판하였으며 목판의 일부가 국립중앙박물관과 숭실대박물관 등에 현존하고 있다. 각 폭은 가로 80리, 세로 120리 간격의 동일한 크기로 접혀 있으며, 위와 아래를 모두 연결하면 동서 약 3m, 남북 약 7m의 초대형 조선전도가 된다. 거리와 방향, 위치의 정확성을 추구한 조선시대 전도 중에서 가장 규모가 큰 지도라고 할 수 있다.[5] 이 지도의 정밀도에 대해서는 "1898년 일본 육군이 경부선을 부설할 목적으로 조선의 지리를 몰래 측정하기 위해 일본인 측량기술자 1200명과 조선인 2~3백 명을 비밀리에 고용하여 전국을 측량하여 5만분의 1 지도를 3백 부 만들었다. 그 뒤 대동여지도의 존재를 알게 된 그들은 그 지도가 자신이 힘들어 제작한 지도와 별 차이가 없음을 알고 놀랐다."라는 일화가 전해진다.[6] 특히, 김정호는 지도(地圖)와 지지(地誌)가 서로 불가분의 관계라고 인식하였으며 지도로써 천하의 형세를 살필 수 있고 지지로써 역대의 제도와 문물을 헤아려 볼 수 있으므로 지도와 지지는 떼려야 뗄 수 없는 관계로 위국(爲國), 곧 치국(治國)의 대경(大經)이라고 지도와 지지의 관계를 강조하였다. 그의 뜻을 기리기 위하여 청량리 인근의 한 도로명을 고산자로 명명하기도 했다. 우리는 지금, GPS 기반의 기술을 통하여 위치를 10cm 간격까지 정확히 측정할 수 있는 시대에 살고 있다(김정호 선생이 이러한 광경을 목도한다면 어떠한 생각을 했을까?). 이러한 현재의 기술은 과거에 연결점을 두고 지속적으로 커뮤니케이션하면서 쌓아온 결과물이다. 우리는 이러한 현재의 기술이 과거의 선현들이 물려준 유산의 밑바탕 위에 세워졌음을 잊지 말아야 한다.

EPISODE 13. 잃어버린 왕자를 찾다

아주 오랜 옛날 그로스 지역을 다스리는 모음왕국의 아왕이 살고 있었다. 아왕은 덕이 높고 배려심이 깊어 아래로는 미천한 백정으로부터 위로는 신하에 이르기까지 존경을 한몸에 받았다. 땅은 윤택하여 곡식은 풍성하였으며 백성들의 마음은 항상 충만감으로 가득 찼다. 그야말로 태평성대를 살고 있는 백성들이었으며 이를 잘 다스리는 아왕이었다. 그런 아왕에게도 뼈 아픈 상처가 하나 있었다. 20년 전 전쟁 중 갓난아기인 막내아들 'ㄱ'을 잃어버린 것이다. 아왕은 아들을 찾기 위해 백방으로 수소문하였으나 소용이 없었다. 하지만 포기할 수 없었다. 다시 왕자를 찾는 방을 붙이고 왕비가 태어났던 이웃 자음왕국에도 협조를 구했다.

그러던 어느 날 건장한 세 명의 청년들이 궁으로 아왕을 찾아와 자신이 아왕이 잃어버렸던 'ㄱ'왕자라고 주장했다. 아왕은 무척 기뻤다. 하지만 누가 진정 내 아들 'ㄱ'인지 알 길이 없었다. 몇 날 며칠을 고민에 고민을 거듭하던 아왕은 세 청년을 다시 궁으로 불렀다.

"여보게, 청년들 여기 세 개의 거울이 있네. 하나는 'ㅏ'거울, 그리고 'ㅣ'거울 또 하나는 'ㅜ'거울이네. 이 거울은 우리 선대부터 대대로 내려오는 거울이라네. 자, 각자 거울 앞에 서서 자신의 모습을 비춰 주게나."

세 청년이 거울 앞에 차례로 자신의 모습을 비춘다. 첫 번째 청년이 'ㅏ'거울 앞에 서자 거울에서는 '바'라고 소리를 낸다. 다시 'ㅣ'거울 앞에 서자 '비'라고 소리를 낸다. 'ㅜ'거울 앞에 서니 '부'라고 소리를 낸다. 두 번째 청년도 거울 앞에 자신의 모습을 차례로 비추자 '차', '치', '추'라고 소리를 낸다. 마지막으로 세 번째 청년이 거울 앞에 선다. 그러자 거울은 '가', '기', '구'라 소리를 낸다. 아왕은 깜짝 놀라 감격에 겨워 세 번째 청년을 껴안았다. "아들 'ㄱ' 아!" "아버지!"

모음은 자음의 모습을 비추는 거울이다. 자음의 종류에 따라 그 비춰지는 형상이 다르게 나타난다.

기차역명의 모음 분석

한국의 기차역명의 경우 표준어 규정의 표준 발음법에서 규정하고 있는 /이/, /에/, /애/, /위/, /외/, /으/, /어/, /아/, /우/, /오/의 10개의 기본모음에 /야/, /여/, /요/, /유/, /예/, /와/, /워/, /의/의 8개의 모음을 고려할 수 있으나 /에/와 /애/의 경우 변별력이 떨어지기 때문에 이 둘의 경우 같은 음가의 모음으로 간주하여 총 17개의 모음을 분류하여 사용하였다. 우리가 모음을 발성할 때 성도(Vocal Tract)의 모양은 혀의 위치나 입술 모양과 같은 조음기관의 움직임에 따라 변한다. 이처럼 성도의 모양 변화에 따라 서로 구별되는 모음이 만들어지게 되는데, 이러한 변화는 음향학적 특성인 음성 스펙트로그램 확인이 가능하며 스펙트로그램의 포먼트(Formant) 주파수 측정을 통하여 상응하는 조음활동의 특징을 추정할 수 있다. 저모음일수록 이 높고, 고모음일수록 이 낮으며, 전설모음일수록 가 높고, 후설모음일수록 가 낮고 성도의 길이가 길수록 평균 포먼트 주파수는 낮아지고 은 , 보다 성도의 길이에 더 관련이 있다고 보고되었다.[7] 따라서 한국의 기차역명에 대한 모음의 포먼트 주파수의 특징을 분석하여 기차역명에서의 모음의 분포를 살펴보고자 한다. 이러한 분석을 위하여 녹음된 640개 역명(남:10명, 여:10명)에 대하여 분류된 모음의 포먼트 주파수(, ,)에 대한 평균치를 계산하여 그 분포를 살펴보았다. 그 분포는 [그림 7-5], [표 7-3]과 같다.

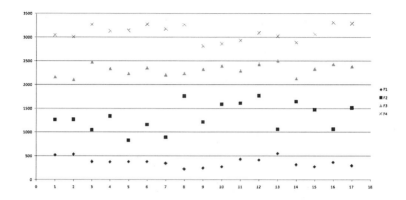

[그림 7-5] 한국의 기차역명에서의 모음 포먼트 주파수

모음	PLU	F_1	F_2	F_3	F_4
ㅏ	a	522	1263	2165	3044
ㅑ	ja	536	1267	2107	3009
ㅓ	v	379	1044	2479	3269
ㅕ	jv	378	1337	2337	3133
ㅗ	o	382	825	2234	3140
ㅛ	jo	383	1160	2353	3273
ㅜ	u	347	891	2203	3170
ㅠ	ju	228	1761	2234	3263
ㅡ	y	246	1216	2325	2816
ㅣ	i	279	1586	2397	2862
ㅔ(ㅐ)	e	433	1608	2291	2932
ㅖ	je	420	1768	2429	3091
ㅘ	wa	552	1061	2505	3020
ㅚ	we	315	1646	2131	2890
ㅟ	wi	276	1477	2330	3063
ㅝ	wv	370	1063	2431	3304
ㅢ	yi	296	1514	2382	3289

[표 7-3] 한국의 기차역명에서의 모음 포먼트 주파수

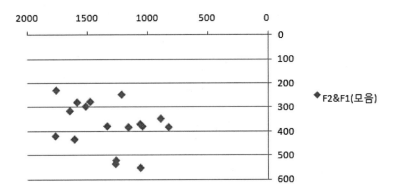

F2&F1(모음)

◆ F2&F1(모음)

[그림 7-6] 한국의 기차역명에서의 모음 분포

위 [그림 7-5]에서 , 를 가지고 재구성한 기차역명의 모음 분포를 살펴보면 [그림 7-6]과 같다. 이것은 2003년 Jo의 〈현대 국어의 모음 체계에 대한 음향음성학적인 연구〉[8] 에서 제시한 각 모음의 상대적인 값에 대한 분포도와 크게 벗어나지 않음을 알 수 있다. 하지만 기차역명에서의 연쇄된 음소에서의 포먼트 주파수의 값은 차이를 보임을 알 수 있다. 이는 음소의 연쇄에서 발음된 포먼트 주파수가 선행 및 후행 자음에 영향을 받고 있음을 추정할 수 있다. 따라서 기차역명에서는 효율적인 PLU 선정을 위하여 [표 7-3]과 같이 a/ㅏ/, ja/ㅑ/, v/ㅓ/ jv/ㅕ/, o/ㅗ/, jo/ㅛ/, u/ㅜ/, ju/ㅠ/, y/ㅡ/, i/ㅣ/, e/ㅔ(ㅐ)/, je/ㅖ/, wa/ㅘ/, we/ㅚ/, wi/ㅟ/, wv/ㅝ/, yi/ㅢ/를 고려한다.

공명(共鳴, 울림)은 특정 진동수(주파수)에서 큰 진폭으로 진동하는 현상을 말한다. 이 때의 특정 진동수를 공명 진동수라고 하며, 공명 진동수에서는 작은 힘의 작용에도 큰 진폭 및 에너지를 전달할 수 있게 된다. 모든 물체는 각각의 고유한 진동수를 가지고 진동하며 이 때 물체의 진동수를 고유 진동수라고 한다. 물체는 여러 개의 고유 진동수를 가질 수 있으며 고유 진동수와 같은 진동수의 외부의 힘이 주기적으로 전달되어 진폭이 크게 증가하는 현상을 공명 현상이라고 한다. 이때의 진동수가 공명 진동수가 되는 것이다.

실제로 1940년 11월 7일 미국 워싱턴 주 타코마 해협(Tacoma Narrows)에 놓인 현수교(Suspension Bridge) 다리가 무너졌다. 190km/h의 강풍에도 견딜 수 있도록 설계된 타코마 다리는 구조물의 고유 진동수와 일치하는 바람에 의해 붕괴되었다. 바람의 풍속이 70km/h에 불과했음에도 불구하고 고유 진동수에 의한 진동으로 인해 길이 840m의 거대 철 구조물이 붕괴된 것이다. 이 또한 공명 현상의 원리로 설명할 수 있다.[9] 그렇다면 포먼트 주파수(Formant Frequency)란 무엇인가?

포먼트 주파수는 사람의 성대와 비도에서 발생하는 공명(공진) 주파수로서 성도의 기하학적 모양에 따라 달라지며 낮은 주파수부터 제1 포먼트(F_1), 제2 포먼트(F_2), 제3 포먼트(F_3), 제4 포먼트(F_4) 주파수라고 하며 유성음 중 모음을 구별하는 특징을 가진다. 여기서 모음을 발성할 때 성도의 모양은 혀의 위치나 입술 모양과 같은 조음기관의 움직임에 따라 변한다. 이처럼 성도의 모양 변화에 따라 서로 구별되는 모음의 특정 진동수인 포먼트 주파수가 만들어진다. 따라서 포먼트 주파수의 측정을 통해 모음을 구별할 수 있는 것이다. 반면에 목소리로 사람을 구분할 수 있는 특징으로는 피치(Pitch, 소리의 높낮이)가 있다.

기차역명의 모음의 음향학적 특징

앞서 이야기한 기차역명의 모음의 분석을 종합해 볼 때 [그림 7-7]에서 볼 수 있듯이 중설 저모음에 해당하는 기준모음 아/ㅏ/를 기준으로 더해지는 선·후행 자음의 후행모음 /ㅏ/의 포먼트 주파수 변화를 살펴보면 F_1의 경우 기준모음보다 낮게 분포되고 있음을 관찰할수 있다. 이는 기준모음이 자음과 함께 발성될 때 혀의 높이가 낮아지고 있음을 알 수 있고 입의 벌림 정도가 기준모음을 발성할 때보다는 덜 하다는 것으로 이해할 수 있다. 그리고 F_2의 경우도 전반적으로 기준모음보다 낮게 분포가 되고 있는 것으로 보아 기준모음이 자음과 함께 발성될 때 혀의 위치가 뒤로 더 들어가고 있음을 알 수 있다. 또한, F_3, F_4는 기준모음과 함께 발성되는 선행자음의 종류에 따라 그 분포가 다름을 관찰할 수 있다. 그리고 [그림 7-9]에서 볼 수 있듯이 전설 고모음에 해당하는 기준모음 이/ㅣ/를 기준으로 더해지는 선·후행 자음의 후행모음 /ㅣ/의 포먼트 주파수 변화를 살펴보면 F_1의 경우 기준모음보다 약간 높게 분포하나 변화가 거의 없고 F_2의 경우에도 비슷하거나 약간 높게 분포하고 있다. 이는 기준모음이 자음과 함께 발성될 때 혀의 높이와 입의 벌림 정도에는 변화가 거의 없고 혀의 위치가 약간 앞으로 더 나오고 있음을 알 수 있다. 반면에, F_3, F_4는 기준모음보다 낮게 분포하고 있는 모습을 관찰할 수 있다.

또한 [그림 7-11]에서 볼 수 있듯이 후설 고모음에 해당하는 기준모음 우/ㅜ/를 기준으로 더해지는 선·후행 자음의 후행모음 /ㅜ/의 포먼트 주파수 변화를 살펴보면 F_1의 경우 기준모음과 비교하여 변화가 거의 없고 F_2가 높게 분포하고 있다. 이는 기준모음이 자음과 함께 발성될 때 혀의 높이와 입의 벌림 정도에는 변화가 없고 혀의 위치가 앞으로 더 나오고 있음을 알 수 있다. 반면에 , F_3, F_4는 기준모음 보다 낮게 분포하고 있는 모습을 관찰할 수 있다.

[그림 7-8],[그림 7-10],[그림 7-12]에서 볼 수 있듯이 후행모음의 지속시간을 살펴볼 때 전반적으로 짧아지고 있음을 알 수 있다. 다시 말해서 고모음의 경우에는 입의 벌림 정도를 어느 정도 고정시켜 놓고 자음의 조합에 따라 혀의 위치를 변경해 가며 발성하는 형태이다. 저모음의 경우에는 입의 벌림 정도를 줄여가며 혀의 위치를 변경하여 발성하는 형태이고 전반적인 지속시간 또한 짧아지는 것으로 이해할 수 있다. 모음은 홀로 나는 홀소리이지만, 자음은 홀로 쓰일 수 없고 모음과 같이 쓰이는 닿소리이며 모음은 조음기관의 장애가 없이 발성되는 울림소리이나 자음이 더해짐으로써 장애를 받으며 같이 쓰이는 장애물인 자음의 종류에 따라 그 포먼트 주파수를 달리하고 있음을 다시 한 번 확인할 수 있다.

모음은 자음의 모습을 비추는 거울이다. 자음의 종류에 따라 그 비춰지는 형상이 다르게 나타난다. 따라서 이러한 자음 앞뒤의 선·후행모음의 포먼트 주파수의 분포를 살펴볼 때 선·후행모음의 포먼트 주파수 변화에 따라 자음의 종류를 판단할 수 있는 음향학적 자질이 있음을 알 수 있다.

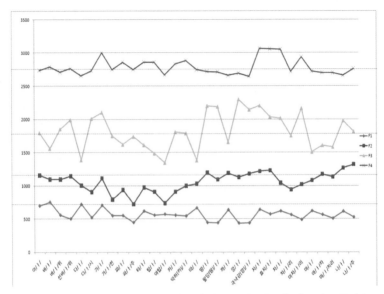

[그림 7-7] 한국의 기차역명에서의 자음에 따른 후행모음 a/ㅏ/의 포먼트 주파수

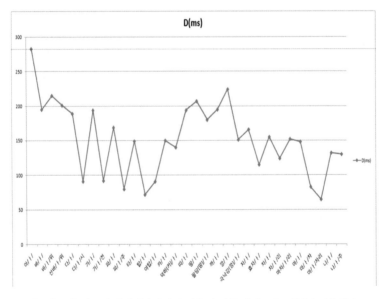

[그림 7-8] 한국의 기차역명에서의 자음에 따른 후행모음 a/ㅏ/의 지속시간

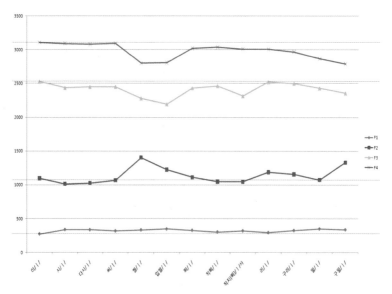

[그림 7-9] 한국의 기차역명에서의 자음에 따른 후행 모음 i/ㅣ/의 포먼트 주파수

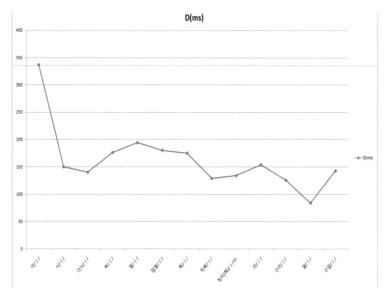

[그림 7-10] 한국의 기차역명에서의 자음에 따른 후행 모음 i/ㅣ/의 지속시간

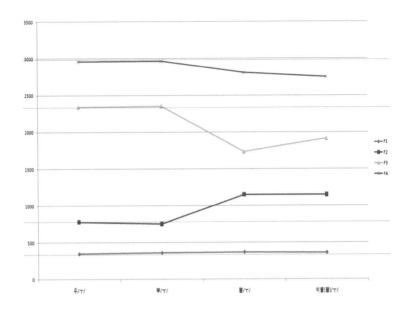

[그림 7-11] 한국의 기차역명에서의 자음에 따른 후행 모음 u/ㅜ/의 포먼트 주파수

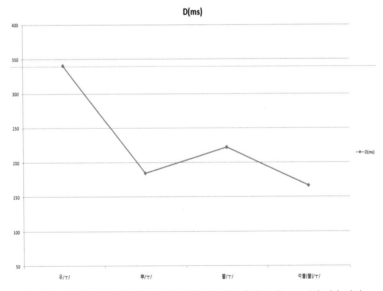

[그림 7-12] 한국의 기차역명에서의 자음에 따른 후행 모음 u/ㅜ/의 지속시간

지금까지 초성에 쓰인 자음과 종성에 쓰인 자음의 구분, 음운론적 자질, 선·후행모음의 지속시간 등 기차역명의 음성인식을 위한 모음과 자음의 효율적인 PLU 선정 시 토대가 될 음향학적 특징에 대하여 살펴보았다. 이러한 변별적 자질이 큰 적정한 수준의 음소 단위를 선정하는 것은 매우 중요하다. 이는 음소 기반의 음성인식 시스템 구축 시 모델링의 단위가 되기 때문이다.

우리가 대나무를 이용해 피리 같은 악기를 만든다고 가정하자, 먼저 대나무를 적당한 크기로 자른다. 이때 자른 대나무의 한쪽 끝을 막고 또 한쪽은 입을 대고 힘차게 공기를 내뿜어 보자. 무슨 소리가 들리는가? 아무 소리도 들리지 않을 것이다. 그렇다면 막고 있던 대나무 한쪽 끝을 1/3만 열고 힘차게 불어보자 무슨 소리가 들리는가? '뿌' 하는 소리가 들릴 것이다. 그럼 이번에 절반만 막고 불어보자 무슨 소리가 들리는가? '뿌우' 하고 좀 더 깊이 있는 소리가 들릴 것이다. 마지막으로 막고 있던 손을 열고 힘차게 불어보자 무슨 소리가 들리는가? 힘차게 공기가 빠져나가며 내는 '뿌우우' 하는 소리가 들릴 것이다. 그리고 대나무에 구멍을 얼마나 뚫을 것인가에 따라 그 소리가 달라질 것이고, 뚫린 구멍을 얼마나 열었다 닫을 것인가에 따라 소리와 화음은 달라질 것이다. 또한 사용하는 대나무 통의 크기와 모양이 일정하지 않다면 그 소리 또한 차이가 날 것이다. 이제 곰곰이 생각해보자. 대나무 통은 우리의 발성기관인 성도, 구강, 비강이라고 가정하자. 그리고 막고 열고 하는 것은 우리의 치아며 입술이 하는 역할에 해당한다고 하자. 좀 전에 예를 들었던 대나무 통에서 소리가 나는 메커니즘과 크게 다를 게 없지 않은가? 그럼 서로 다른 음색은 어떻게 설명할 수 있을까? 그건 사람마다 가지고 있는 발성기관인 울림통의 크기와 모양이 제각각이기 때문일 것이다. 이제 설명이 되고 좀 이해가 되는 것 같다. 그렇다면 각 나라마다 다른 음성언어에 대한 음운론적 특색은 어떻게 설명해야 되나? 이렇게 생각해보자 각 나라마다 자라는 대나무는 그 종류와 특성이 다르고 자라고 성장한 주변 자연 환경의 영향을 받고 있다. 그래서 각 나라마다의 고유한 특성인 음운론적 자질을 가지고 있는 것이다. 이렇게 이해하면 어떨까? 여기에서 좀 더 부연하고자 하는 것이 있다. 다름 아닌 자음의 역할이다. 대나무인 울림통에서 아무 장애 없이 그대로 내는 소리를 모음이라고 하자 그럼 구멍을 막았다 풀었다 함으로써 생기는 것, 그것이 바로 자음이다. 이 자음 때문에 우리가 구분할 수 있는 말소리가 완성되는 것이다. 그래서 필자는 "모음은 자음을 비추는 거울이다."라고 이야기하는 것이다. 이러한 음운론적 자질을 잘 반영할수록 음성인식이 잘 되지 않겠는가? 아---(안 막고), 가---(한 개 막고), 아---(안 막고), 나---(두 개 막고) 이렇게 말이다. 이제 좀 명확해지지 않는가? 결국 음성언어를 다룬다는 것은 사람의 발성기관을 잘 모방해서 모델링하는 것이고, 음성인식을 다룬다는 것은 이것을 듣는 사람의 청각기관을 잘 모방해서 모델링하는 것이 되는 것이다. 해결의 실마리는 결국 사람에 있다.

Chapter

08

한국의 기차역명의
음운론적 규칙을 정립하다[1]

모음은 홀로 나는 홀소리이지만 자음은 홀로 쓰일 수 없고 모음
과 같이 쓰이는 닿소리이며 모음은 조음기관의 장애가 없이 발
성되는 울림소리이나 자음이 더해짐으로써 장애를 받으며 같이
쓰이는 장애물인 자음의 종류에 따라 그 포먼트 주파수를 달리
하고 있음을 확인할 수 있다. 모음은 자음의 모습을 비추는 거울
이며 자음의 종류에 따라 그 비춰지는 형상이 다르게 나타난다.

EPISODE 14. 위대한 훈민정음의 창제(한글 창제의 비밀)

한국어학회 세미나가 중국 베이징에서 진행 중이다. 많은 세계 석학들이 모인 가운데 박훈민 교수가 기조연설을 하고 있다.

1443년(세종25년) 세종대왕(조선의 넷째 임금, 1397~1450)은 정인지 등에 명하여 훈민정음 28자를 연구 창제하게 하고 3년 동안의 시험기간을 거쳐 1446년(세종28년) 음력 9월에 이를 반포하면서 훈민정음 해례본을 통하여 제자원리를 설명하고 있습니다.

해례본의 일부를 잠깐 살펴보면 "이제 훈민정음을 만드는 것은 처음부터 슬기로 마련하고, 애써서 찾은 것이 아니라 다만 그 원래에 있는 성음의 원리를 바탕으로 이치를 다한 것뿐입니다. 음양의 이치가 이미 둘이 아니니 어찌 천지 자연, 변화를 주관하는 귀신과 그 사용을 같이 하지 않을 수 있겠는가? 훈민정음 스물 여덟 자는 각각 그 모양을 본떠서 만들었다."라고 설명하고 있습니다.[2] 여기서 모음은 음양의 원리를 기본으로 만들어졌는데 기본 모음 •는 양인 하늘, —은 음인 땅, ㅣ는 음과 양의 중간인 인간의 형상을 본떠 만들어졌습니다. 또한 자음의 경우 사람의 발음기관을 본떠 만들었으며 이 모든 것이 음양오행의 원리와 일치하도록 독창적이며 과학적으로 설계되었습니다. 한글의 우수성은 전 세계적으로 인류의 가장 우수한 문자로 평가받고 있으며 국보 제 70호인 훈민정음 해례본은 1997년 10월 유네스크 기록문화유산으로 등재된 바 있습니다. 인도네시아 섬 찌이찌아족(6만여 명)은 우리의 한글을 사용하여 자국말의 소리를 표기하고 있는 등 소수민족의 국어로서 한글의 확대가 시도되고 있으며 영화, 드라마, 음악 등 한류 문화의 확산과 더불어 세계에 널리 보급될 것입니다.

박훈민 교수는 한글 창제의 우수성에 대하여 목에 힘주어 개요를 설명하고, 당당하게 자리로 들어간다. 이를 경청하고 있던 음성인식 공학자 심민한 교수는 잠시 깊은 생각에 잠긴다.

(혼잣말) 이러한 한글의 창제 원리는 기계가 한국어 음성을 이해하는 데 필수적으로 고려되어야 할 사항이군. 그리고 한글의 세계화라.

기차역명의 자음의 음성인식 단위

한국어 자음의 경우 19개의 초성과 27개의 종성으로 구성되나 음절구조 제약에 의해 종성의 자리에 /ㄱ, ㄴ, ㄷ, ㄹ, ㅁ, ㅂ, ㅇ/ 만이 올 수 있으며(음절의 끝소리 규칙) 인접 음소에 따라 초성과 같은 음가로 공유된다. 자음은 공기가 입 안에서 장애를 받아 만들어지는 소리이며 발음할 때에는 마찰이나 폐쇄 등 다양한 장애가 일어난다. 또한 홀로 발음되지 못하고 모음에 의지해서 발음되는 닿소리이며, 이것은 스스로 음절을 이룰 수 없음을 의미한다. 따라서 초성·종성 자음의 인식 단위를 달리하는 부분에 대해서는 /ㄱ, ㄴ, ㄹ, ㅁ, ㅂ/을 고려한다. [그림 8-1]~[그림 8-5]는 초성·종성 자음의 인식 단위를 달리하는 /고잔-옥수/, /노안-온수/, /구리-구일/, /모화-임기/, /부개-입실/의 파형과 스펙트로그램이다.

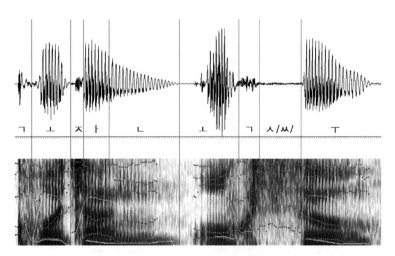

[그림 8-1] /고잔-옥수/의 파형과 스펙트로그램

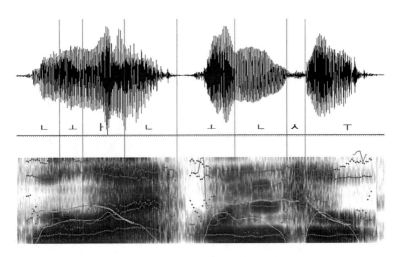

[그림 8-2] /노안-온수/의 파형과 스펙트로그램

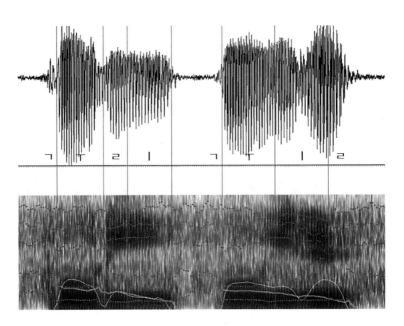

[그림 8-3] /구리-구일/의 파형과 스펙트로그램

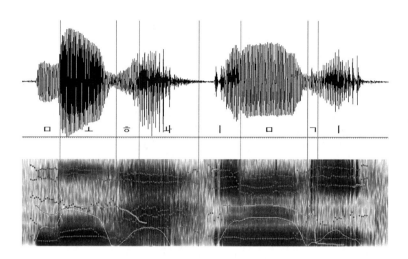

[그림 8-4] /모화-임기/의 파형과 스펙트로그램

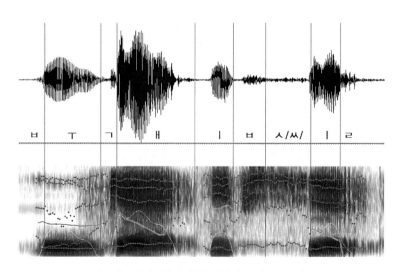

[그림 8-5] /부개-입실/의 파형과 스펙트로그램

한 언어에서 가장 자연스러운 음소연쇄는 '자음+모음+자음+모음…'과 같이 자음과 모음이 번갈아가면서 나타나는 것이다. 자음과 모음은 서로 최대한 구분되는 소리이므로 두 소리가 교대로 나타나는 것이 대립을 극대화하는 이상적인 모습이다. 대립의 극대화는 커뮤니케이션의 측면에서 보면 청자가 발화의 의미를 구분해서 듣게 해 준다는 의미를 지닌다. 또한 음성인식의 측면에서 보면 음향적 특징의 구분이 명확해짐으로써 인식률의 향상을 가져온다. 그러나 자음과 자음이 직접 만나거나 모음과 모음이 직접 만나면서 충돌을 일으킨다. 즉 음소와 음소가 만나면 충돌이 일어난다. 서로 다른 특성을 지닌 음소들의 만남으로 충돌이 일어나는 것은 당연하다. 이때 음운현상은 음소들의 충돌을 무마하는 역할을 한다. 음운현상이 일어남으로써 음소연쇄는 조화로운 상태를 유지할 수 있는 것이다. 아래 [그림 8-6]의 좌측은 /독/, /립/, /문/을 각각 발음하여 /독립문/을 합성한 것이고 우측은 /독립문/을 발음한 파형이다. 이 경우 인위적으로 합성한 경우 음소간의 충돌을 무마하지 못하여 /독이븐/(4명), /독이플/(3명), /독이뿔/(3명)로 들렸다(10명의 20·30대 남녀에게 들려주었을 때의 인지 실험). 하지만 정상적으로 발음한 경우 /독립문/→/동닙문/으로 비음화되어 들리는 것을 알 수 있다.[3] 이는 음소 문맥 사이의 음소의 변동을 반영하는 것이 음성·음운·음향학적 상관관계를 명쾌하게 설명하기는 힘들지만 음성을 인식함에 있어 영향을 줄 수 있음을 알 수 있다.

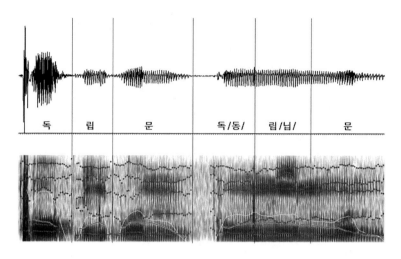

[그림 8-6] /독립문-동닙문/의 파형과 스펙트로그램

PLU 선정을 위한 7가지 규칙

효율적인 PLU를 선정하기 위하여 앞서 살펴본 한국의 기차역명의 음향학·음성학적 특징 분석을 기반으로 640개의 기차역명에서 발생할 수 있는 초성·종성 자음의 인식 단위 구분 및 음운현상을 고려한 규칙들을 정의한다. 특별히 한국의 기차역명을 위한 음소단위 선정을 위하여 정의한 7개의 규칙들을 7(Seven) Station-Rules 라고 부르기로 하며 그 내용은 다음과 같다.

❶ Station-Rule #1:
  초성·종성의 자음과 단모음의 인식 단위 구분

/ㄱ, ㄴ, ㄹ, ㅁ, ㅂ/의 5개 음소의 초성·종성과 /ㅏ, ㅣ, ㅜ, ㅗ/의 4개의 단모음에 대한 음향 모델링 단위를 달리하며 기차역명에서의 예는 [표 8-1]과 같다.

음소	표기	IPA	예시	설명
ㄱ	g	g	가능 g a n y nx 가산디지털단지 g a s a nq d i z i t v l d a nq z i	초성 /ㄱ/
ㄱ	gq	g	간석 g a nq s v gq 감곡 g a mq g o gq	종성 /ㄱ/
ㄴ	n	n	나한정 n a h a nq z v nx 노량진 n o r j a nx z i nq	초성 /ㄴ/
ㄴ	nq	n	내판 n e p a nq 수원 s u wv nq	종성 /ㄴ/
ㄹ	r	r, l	고사리 g o s a r i 세류 s e r ju	초성 /ㄹ/
ㄹ	l	r, l	물금 m u l g y mq 벌교 b v l g jo	종성 /ㄹ/
ㅁ	m	m	명학 m jv nx h a gq 문수 m u nq s u	초성 /ㅁ/
ㅁ	mq	m	금교 g y mq g jo 임피 i mq p i	종성 /ㅁ/
ㅂ	b	b	사방 s a b a nx 성북 s v nx b u gq	초성 /ㅂ/
ㅂ	bq	b	야탑 ja t a bq 업동 v bq dd o nx	종성 /ㅂ/
ㅏ	aa	a	아우라지 aa uu r a z i	단모음 /ㅏ/
ㅣ	ii	i	이원 ii wv nq	단모음 /ㅣ/
ㅜ	uu	u	우일 uu i l	단모음 /ㅜ/
ㅗ	oo	ɾ	오이도 oo ii d o	단모음 /ㅗ/

[표 8-1] Station-Rule #1

❷ Station-Rule #2: 음절 끝소리 규칙

음절구조 제약에 의해 종성의 자리에 /ㄱ, ㄴ, ㄷ, ㄹ, ㅁ, ㅂ, ㅇ/만
이 올 수 있으며 기차역명에서의 예는 [표 8-2]와 같다.

음소	표기	IPA	예시	설명
ㅂ	bq	b	동묘앞[동묘압] d o n x m j o a **bq** 외대앞[외대압] w e d e a **bq** 한대앞[한대압] h a n q d e a **bq**	끝소리

[표 8-2] Station-Rule #2

❸ Station-Rule #3: 비음동화

평파열음 'ㅂ, ㄷ, ㄱ'이 비음 앞에서 비음으로 바뀌는 음운현상이
다. 비음동화는 자음의 조음 위치는 그대로이되 조음 방법만 바뀐
다. 이 현상은 음절 배열 제약을 만족시키기 위해 일어난다.[4] 일반
적인 예를 살펴보면 '법+만→범만', '굽+는→굼는', '믿+는→민는',
'국+만→궁만', '적+는→정는' 등이 있고 기차역명에서의 예는 [표
8-3]과 같다.

음소	표기	IPA	예시	설명
ㅇ	nx	ŋ	옥마[옹마] o n x m a	비음동화

[표 8-3] Station-Rule #3

❹ Station-Rule #4: 비음화

'ㄹ'을 제외한 자음 뒤에 'ㄹ'이 올 때 'ㄹ'이 'ㄴ'으로 바뀌는 음운현상이다. 비음화는 'ㄹ'만 입력부로 하기 때문에 'ㄹ의 비음화'라고 부르는 경우도 많다. 비음화는 'ㄹ' 앞에 'ㄹ'보다 울림도가 작은 자음이 올 때 적용되므로 음절 배열 제약과 관련된다.[5] 일반적인 예를 살펴보면 '음운+론→음운논', '능+력→능+녁', '담+력→담녁', '국+력→(국녁)→궁녁', '독+립→(독닙)→동닙' 등이 있고 기차역명에서의 예는 [표 8-4]와 같다.

음소	표기	IPA	예시	설명
ㄴ	n	n	서정리[서정니] s v z ʌ nx **n** i 소정리[소정니] s o z ʌ nx **n** i 추풍령[추풍녕] c u p u nx **n** jʌ nx	끝소리

[표 8-4] Station-Rule #4

❺ Station-Rule #5: 경음화

평장애음이 경음으로 바뀌는 음운현상이며 환경에 따라 음소 배열 제약과 관련이 있는 평파열음 뒤의 경음화와 음운론적 제약과는 관련이 없는 비음 뒤의 경음화로 구분할 수 있다.[6] 일반적인 예를 살펴보면 '입+고→입꼬', '닫+자→다짜', '작+다→작따' 와 '감+고→감꼬', '안+다→안따', '안+지→안찌' 등이 있고 기차역명에서의 예는 [표 8-5]와 같다.

음소	표기	IPA	예시	설명
ㄲ	gg	kʼ	각계[가께] g a **gg** e 극락강[긍낙깡] g y nx n a gq **gg** a nx	경음화 /ㄲ/
ㄸ	dd	tʼ	낙동강[낙똥강] n a gq **dd** o nx g a nx 팔당[팔땅] p a l **dd** a nx	경음화 /ㄸ/
ㅃ	bb	pʼ	석불[석뿔] s v gq **bb** u l	경음화 /ㅃ/
ㅆ	ss	sʼ	덕산[덕싼] d v gq **ss** a nq 흥국사[흥국싸] h y nx g u gq **ss** a	경음화 /ㅆ/
ㅉ	zz	ʧʼ	덕정[덕쩡] d v gq **zz** v nx 직지사[직찌사] z i gq **zz** i s a	경음화 /ㅉ/

[표 8-5] Station-Rule #5

❻ Station-Rule #6: 연음법칙(격음화 포함)

자음으로 끝나는 음절 뒤에 모음으로 시작되는 음절이 오면 앞 음절의 끝소리가 뒤 음절 첫소리가 되는 음운현상을 말하며 기차 역명에서의 예는 [표 8-6]과 같다.

음소	표기	IPA	예시	설명
ㄱ	g	g	백양사[배걍사] b e **g** ja nx s a 인덕원[인더권] i nq d v **g** wv nq	연음 /ㄱ/
ㄴ	n	n	천안[처난] c v **n** a nq 신이문[시니문] s i n i m u nq	연음 /ㄴ/
ㄹ	r	r, l	밀양[미량] m i r ja nx 별어곡[벼러곡] b jv **r** v g o gq	연음 /ㄹ/
ㅍ	p	p, f	갑현[가편] g a **p** jv nq	격음 /ㅍ/
ㅋ	k	k	묵호항[무코항] m u **k** o h a nx 덕하[더카] d v **k** a	격음 /ㅋ/

[표 8-6] Station-Rule #6

❼ Station-Rule #7: 수의적 변동

동일한 조건에서도 임의적으로 소리가 변하는 것을 의미하며 기차역명에서의 예는 [표 8-7]과 같다.

음소	표기	IPA	예시	설명
ㅈ	z	z	역 명: 동점[동점] d o nx **z** v mq (O) 점 수: 동점[동쩜] d o nx **zz** v mq (X)	수의적
ㄴ	n	n	역 명: 안락[안낙] a nq **n** a gq (O) 편안한: 안락[알낙] a l **n** a gq (X)	수의적

[표 8-7] Station-Rule #7

통계적 기법을 이용한 추정에 대하여 이야기하다[1]

통계적 추정이란 표본(Sample)정보를 바탕으로 알지 못하는 모집단의 특성인 모수(Parameter)를 파악하는 통계적 분석이며, 음성인식을 위한 기계학습 시 사용하는 상관분석과 회귀분석의 통계적 기법은 음소단위의 효율적 모델링을 가능하게 한다.

EPISODE 15. 평균으로의 회귀에 대한 논쟁

GROS 대학교에서 IT 통계학에 관한 세미나가 진행 중이다. 도종환 교수가 평균의로의 회귀에 대하여 설명하고 있다.

"지금 우리가 많이 사용하는 통계분석 기법 중 회귀분석의 회귀란 용어는 19세기 영국의 유전학자 프랜시스 골턴(Francis Galton)으로부터 시작된 말입니다. 그는 부모들의 키가 크면 자식들의 키가 클 것이라는 상식을 뒤엎고 키가 큰 선대 부모들이 낳은 자손들의 키가 점점 더 커지기는커녕 후대로 갈수록 평균 수준의 키로 회귀하는 경향이 있다고 주장했습니다."

강의를 듣고 있던 한 학생이 손을 들어 이야기한다.

"그럼 선천적으로 키가 작은 난쟁이는 후대로 갈수록 평균 수준의 키로 회귀한다면 더 작아진다는 건가요?"

그러자 학생들이 고개를 갸웃둥 하며 웃는다.

"좋은 질문이네. 그건 이렇게 생각하면 되지 않을까? 선대에도 현대에도 후대에도 키가 고만고만하다면 그래서 평균으로 회귀한다면 그 키는 고만고만하지 않을까!"

앞자리에 있던 한 학생이 손을 들고 질문을 한다.

"그렇다면 평균을 가지고 예측을 어떻게 하죠?"

도종환 교수가 답변을 한다.

"음… 간단히 말하면 전체 평균값을 가지고 알지 못하는 누군가의 키를 예측해 볼 수 있습니다. 예를 들어 어떤 여학생이 GROS 대학교 IT 통계학과 남학생과 소개팅을 하는데 요즘 남자의 평균 키가 170은 되니 키가 170 정도의 남학생이 나올 것이라 예측한다는 거지요. 다시 회귀분석 얘길 하면, 독립변수가 종속변수에 미치는 정도의 크기를 파악하여 독립변수의 특정한 값에 대응하는 값을 예측하는 것이 지금 우리가 사용하는 회귀분석의 개념입니다."

강의실의 학생들은 명쾌한 도종환 교수의 설명에 일제히 고개를 끄떡인다. 또 한 학생이 질문을 한다.

"요즘 빅데이터 분석 시 회귀분석을 많이 사용 하는데, 상관관계가 크므로 유의 하다고들 합니다. 이게 다 맞는 말인지요?"

도종환 교수가 말을 이어간다.

"상관관계가 크다고 꼭 맞는 것은 아닙니다. 예를 들어 외국의 모 연구에서 빅데이터를 분석해 봤더니 초콜릿을 많이 먹는 나라일수록 노벨상 수상자가 많이 나왔다는 결과가 있습니다. 정말로 그럴까요? 납득할 만한 인과관계가 맞아야 하겠지요."

이후에도 열띤 토론이 이어졌다.

통계적 추정이란 무엇인가?

　통계적 추정이란 표본(Sample)정보를 바탕으로 알지 못하는 모집단의 특성, 즉 모수(Parameter)를 파악하는 통계적 분석을 의미한다. 음성인식을 위한 기계학습 시 음소단위의 효율적 모델링을 위하여 사용한 상관분석과 회귀분석에 관하여 간단히 살펴보자.

　상관분석이란 무엇인가? 상관분석이란 간격척도 이상의 두 변수 간의 선형적 관계를 규명하는 기법으로, 관계의 강도는 일반적으로 피어슨상관계수(Pearson's Correlation Coefficient)를 이용한다. 피어슨상관계수는 기본적으로 두 변수 간의 공분산에 근간을 두고 있다. 여기서 공분산(Covariance)이란 한 변수 X의 증감에 따른 다른 한 변수 Y의 반응하는 척도이다. 상관계수 r은 변수 X와 Y의 선형관계의 강도를 나타내는 지표로서 -1부터 +1까지의 범위를 가지게 된다. 두 변수가 완전한 선형관계에 있을 때 기울기가 (+)이면 두 변수의 상관관계는 +1이고, 기울기가 (-)이면 -1이다. 또한 두 변수 사이의 선형관계가 없을 때 상관계수는 0이다. 따라서 상관계수의 절대값이 1에 가까우면 선형관계가 강하다고 이야기할 수 있으며, 0에 가까우면 약하다고 말할 수 있다. 일반적으로 0.4이상이면 상관관계가 있고, 0.7이상이면 상관관계가 '크다'라고 설명할 수 있다.[2]

$$r_{XY} = \frac{Cov(X,Y)}{s_X s_Y} = \frac{\sum_{i=1}^{n}(X_i - \overline{X})(Y_i - \overline{Y})}{\sqrt{\sum_{i=1}^{n}(X_i - \overline{X})^2 \sum_{i=1}^{n}(Y_i - \overline{Y})^2}}$$

[수식 9-1]

그렇다면 회귀분석이란 무엇인가? 위에서 이야기한 상관관계는 선형관계의 강도를 나타낼 뿐이지 인과관계를 설명하지는 못한다. 반면에 회귀분석은 원인이 되는 변수들을 독립변수로, 결과가 되는 한 변수를 종속변수로 하여 간격척도 이상인 변수들 간의 1차함수를 규명하고 독립변수를 이용하여 종속변수를 예측할 수 있다. 따라서 회귀분석의 궁극적인 목적은 독립변수를 이용하여 종속변수를 예측하는 것이다. 표본회귀식에서 사용하는 편회귀계수를 추정하는 방법에는 여러 가지가 있으나 일반적으로 잔차제곱(sum of squared residual)을 최소화하는 최소제곱법(Least squared method)을 많이 사용한다.[3]

$$\sum_{i=1}^{n} e_i^2 = \sum_{i=1}^{n} [Y_i - (a + b_1 X_{i1} + b_2 X_{i2} + \cdots + b_p X_{ip})]^2$$

(단, n = 케이스수)

[수식 9-2]

플라톤은 〈국가〉에서 동굴의 비유를 통해 다음과 같이 이야기하였다.

"동굴 안에는 어릴 때부터 결박당한 채로 동굴 벽만 바라보고 있는 다수의 죄수들이 있다. 다수의 죄수들은 동굴 안의 모닥불에 비추어진 인형의 그림자 형상만을 바라본다. 그런데 한 죄수가 목을 돌리고 쇠사슬을 풀어 동굴 밖으로 나가 그림자의 원천인 태양을 바라보고 동굴 안으로 돌아와 다수의 죄수들에게 이야기하지만 믿지 않고 심지어 죽임을 당하기까지 한다."

철학적 의미는 배제하고 통계와 커뮤니케이션이라는 새로운 시각에서 바라보자. 동굴 안의 다수의 죄수들은 동굴 벽만 바라보고 있다. 그들의 경험치(경험 데이터)는 동굴 벽만 바라보고 느끼는 것들이다. 그러나 한 죄수가 동굴 밖을 나가서 태양을 바라보고 느꼈다. 다시 동굴 안으로 돌아와서 다수의 죄수들에게 동굴 밖에 대하여 이야기한다. 하지만 아무도 동굴 밖의 진실에 대하여 믿지를 않는다. 여기서 통계적 관점에서 생각해 보자. 동굴 안의 다수의 죄수들은 그들이 바라보는 그림자가 진실이든 거짓이든 그 경험 데이터만 축적하게 된다. 동굴 밖에 나갔던 죄수는 혼자다. 그가 쌓은 경험 데이터는 하나다. 하나의 경험 데이터는 다수의 경험 데이터에 섞여 희석되어버린다. 동굴 안의 경험 데이터를 동굴 밖의 경험 데이터로 바꾸는 길은 오직 다수의 죄수들을 동굴 밖으로 데리고 나가 새로운 경험 데이터를 축적하게 하는 방법뿐이다. 그래야 동굴 안의 경험 데이터는 평균치 이상으로 동굴 밖의 경험 데이터로 바뀔 확률이 높아지는 것이다. 이렇게 되면 동굴 안의 경험 데이터는 동굴 밖의 새롭게 갱신된 경험 데이터와 합쳐져 평균이상의 동굴 밖의 경험 데이터를 가지게 되며 동굴 안의 데이터를 가지고 동굴 밖의 상황을 추정할 수 있게 된다. 그럼으로써 다른 죄수들은 이 데이터에 대하여 신뢰하고 납득하게 되는 것이다.

반대로 커뮤니케이션의 관점에서 생각해 보자. 동굴 안의 다수의 죄수들은 평균적 수준으로 관계를 가지고 커뮤니케이션한다. 다수의 커뮤니케이션을 통해서 생성된 상황만을 믿고 있는 것이다. 동굴 밖을 경험한 죄수들은 평균적 수준으로 관계를 가지고 커뮤니케이션한다. 다수의 커뮤니케이션을 통해서 생성된 상황만을 믿고 있는 것이다. 동굴 밖을 경험한 죄수는 혼자다. 다수의 커뮤니케이션을 통해 형성된 평균적 수준의 상황을 믿는 다수의 죄수들을 설득하려면 어떻게 해야 하는가? 이 또한 다수의 죄수들을 동굴 밖으로 데리고 나가 진실을 마주하게 함으로써 새로운 다수의 경험 커뮤니케이션을 통해 낡은 평균적 수준의 상황을 새로운 평균적 수준의 상황으로 바꾸어 놓는 방법뿐이다. 그렇다면 동굴 밖을 경험한 죄수가 동굴 안의 죄수들에게 영향을 줄 수 있는 커뮤니케이션 파워를 가진 '리더(현자)'라고 가정하면 어떨까? 이렇게 되면 상황은 바뀔 것이다. 다수의 커뮤니케이션을 통해서 형성된 평균적 수준의 상황은 핵심 인사인 리더의 커뮤니케이션을 통해 앞에서 언급한 통계적 경험 데이터와는 상관없이 그 자체만으로 평균적 수준의 상황을 무너뜨리고 새로운 수준의 상황을 만들 수 있는 것이다. 굳이 통계적 관점으로 이야기 한다면 리더의 경험 데이터에는 가중치가 있는 것이라고 고쳐 생각할 수 있다.

통계적 추정은 과거와 현재의 표본정보를 기반으로 알지 못하는 모집단의 특성을 파악함으로써 미래를 예측한다. 여기서 표본정보는 모집단의 특성을 파악할 수 있는 정도의 양과 질을 가진 데이터이어야 한다. 그래야만 진실에 접근할 확률이 높아지는 것이다.

통계적 기법을 이용한 군집화율의 추정

기차역명의 트라이폰 단위의 음소기반의 음성인식을 위하여 앞서 선정한 46 PLU를 사용한다. 하지만 기차역명의 트라이폰 단위의 음성인식을 위한 음향 모델링 시 훈련 데이터의 부족으로 Unseen Data에 대한 문제가 발생한다. 이러한 문제를 효율적으로 해결하기 위하여 트라이폰 단위의 음소 결정 트리(Phonetic Decision Tree)를 이용한 상태공유 방법을 사용한다. 이 방법은 결정 트리의 분류와 예측으로 훈련 데이터에서 나타나지 않은 모델의 합성을 가능하게 하고 결정 트리 기반의 상태공유를 위한 노드 분할 과정과 모델 선택 과정을 통해 모델의 복잡성을 완화시키고 한정된 훈련 데이터로부터 강건한 모델 파라미터 추정을 가능하게 하여 필요한 파라미터 양과의 균형을 유지할 수 있는 장점을 가지고 있다.

음소 결정 트리에서는 중심음소를 기준으로 음성학적 질의에 의해 새롭게 생성된 음향모델은 군집화된 어느 하나의 덩어리에 포함되어 상태를 공유하며 미지의 음소에 대하여 군집화된 대표 상태를 공유하게 됨으로써 인식률의 향상을 가져올 수 있다. 이러한 군집화 정도의 결정에 영향을 줄 수 있는 노드 분할 과정에서 사용되는 임계치의 설정은 대부분 실험치에 의하여 일괄 적용하거나 음소 단위로 가변적으로 적용한다. 하지만 실험치에 의해 이러한 부분을 정확히 가늠하기는 쉽지가 않다. 음소의 개수에 대한 상태별 군집화 정도를 판단해야 하기 때문이다. 또한 이것이 반드시 인식률 향상을 가져온다고 볼 수 없다.

군집화의 정도가 너무 크거나 너무 작으면 변별력이 떨어져 인식률이 오히려 감소할 수 있다. 따라서 이러한 임계치의 자동 결정을 위하여 앞서 언급한 음소별 상태별 군집화율에 대하여 PLU 빈도수와 군집화율의 상관관계를 분석하고 이를 바탕으로 회귀분석을 통하여 도출된 회귀식에 의해 기차역명에서의 음소의 빈도수에 대한 자료를 바탕으로 군집화율을 추정하고 추정된 군집화율에 따라 임계치를 자동으로 결정하는 방법에 대하여 이야기 해 보자.

[표 9-1]과 같이 기차역명에서의 음소의 빈도수(P_Count), 훈련 데이터의 음소의 상태별 점유 빈도수(S_Count), 음소 결정 트리에서의 임계치 증가에 따른 음소별 군집화율의 평균치(C_Rate)를 가지고 그 상관관계를 분석하고 각 빈도수에 따른 군집화율을 추정한다.

[그림 9-1]에서 알 수 있듯이 640개의 기차역명에서 음소의 빈도수가 높을수록 군집화율이 감소하고 있는 것을 알 수 있다. X축의 음소별 빈도수 대비 Y축의 군집화율의 상관관계를 분석해보면 State[2]~State[4]의 총 빈도수 대비 군집화율에서 Pearson 상관계수는 -0.501의 부의 상관관계를 가진다. 이는 State Tying 시 음소의 빈도수가 적은 경우에 Unseen Data에 대하여 질의에 의해 더 많은 상태공유를 가진다는 것으로 이해할 수 있다. 그리고 훈련 데이터의 음소의 상태별 점유 빈도수와 앞서 분석한 음소의 빈도수와의 상관관계를 보면 Pearson 상관계수 0.949의 정의 강한 상관관계를 가지고 있음을 알 수 있다. 이는 기차역명의 음소의 출현 빈도수가 클수록 훈련 데이터의 음소의 상태별 점유 빈도수가 커지고 있는 것으로 이해할 수 있다. 또한 음소의 상태별 점유 빈도수와 군집화율의 상관관계를 보면 Pearson 상관계수 -0.550으로 음소별 상관관계와 같이 부의 상관관계를 가지고 있음을 알 수 있다. 이 또한 훈련 데이터의 음소의 상태별 점유 빈도수가 커질수록 군집화율이 감소하는 것으로 이해할 수 있다. 따라서 음소의 빈도수, 훈련 데이터의 음소의 상태별 점유 빈도수에 따른 군집화율에 대

하여 회귀분석하게 되면 다음과 같은 회귀모형을 고려할 수 있다.

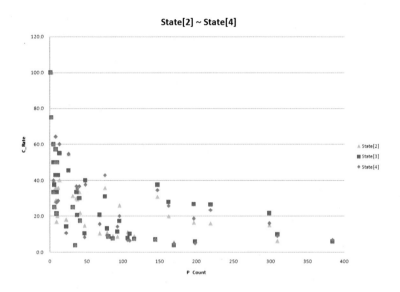

[그림 9-1] 음소의 출현 빈도수에 따른 군집화율

Model1의 경우는 음소의 빈도수만을 가진 단순 회귀모형, Model2의 경우에는 훈련 데이터의 음소의 상태별 점유 빈도수를 가진 단순 회귀모형, Model3의 경우에는 Model1과 Model2의 변수를 모두 포함한 다중 회귀모형이다.

[표 9-2]를 살펴보면 분산분석(ANOVA) 결과 Model1과 Model2의 경우 P값이 0.000으로 5% 신뢰수준일 때의 P값의 임계치 0.05보다 작기 때문에 귀무가설을 기각하여 편회귀계수는 0이 아니라고 할 수 있다. 하지만 Model3의 경우 t 검정에서 훈련 데이터의 음소의 상태별 점유 빈도수는 P값이 0.001로 5% 신뢰수준일 때의 P값의

임계치 0.05보다 작기 때문에 유의하였으나 음소의 빈도수는 P값이 0.366으로 5% 신뢰수준일 때의 P값의 임계치 0.05보다 크기 때문에 유의하지 않았다. 또한 다중 공선성을 진단할 수 있는 통계량인 Tolerance(공차한계)의 값이 0.100, VIF(Variance Inflation Factor: 분산팽창계수)의 값이 10.048로 독립변수간의 약간의 다중 공선성의 문제가 있음을 알 수 있다. 따라서 Model3은 적합하지 않다. 본 연구에서는 Model1과 Model2의 회귀모형을 고려하였다. 회귀분석에 의해 결정된 Model1과 Model2의 [수식 9-3], [수식 9-4]와 같으며 각각 음소의 빈도수(P_Count), 상태별 점유빈도수(S_Count)가 1단위 증가할 때 군집화율 C(C_Rate)가 0.116, 0.038 감소함을 의미하며 상수 36.7, 40.2는 절편을 나타낸다. 또한 [수식 9-5]의 경우에도 같은 의미를 가진다.

Ph-one	State [2]	P_Count	S_Count	C_Rate	State [3]	P_Count	S_Count	C_Rate	State [4]	P_Count	S_Count	C_Rate
ㄱ	g[2]	169	780	5.4	g[3]	169	780	3.8	g[4]	169	780	4.6
ㄱₗ	gq[2]	92	420	8.6	gq[3]	92	420	11.4	gq[4]	92	420	14.3
ㄲ	gg[2]	9	84	28.6	gg[3]	9	84	21.4	gg[4]	9	84	21.4
ㄴ	n[2]	106	540	11.1	n[3]	106	540	7.8	n[4]	106	540	6.7
ㄴₗ	nq[2]	309	792	6.1	nq[3]	309	792	9.8	nq[4]	309	792	9.1
ㄷ	d[2]	115	408	8.8	d[3]	115	408	7.4	d[4]	115	408	7.4
ㄸ	dd[2]	6	48	37.5	dd[3]	6	48	37.5	dd[4]	6	48	25
ㄹ	r[2]	34	312	3.8	r[3]	34	312	3.8	r[4]	34	312	3.8
ㄹₗ	l[2]	41	276	21.7	l[3]	41	276	17.4	l[4]	41	276	17.4
ㅁ	m[2]	78	456	10.5	m[3]	78	456	13.2	m[4]	78	456	9.2
ㅁₗ	mq[2]	68	348	10.3	mq[3]	68	348	20.7	mq[4]	68	348	15.5
ㅂ	b[2]	80	348	8.6	b[3]	80	348	8.6	b[4]	80	348	8.6
ㅂₗ	bq[2]	11	84	35.7	bq[3]	11	84	42.9	bq[4]	11	84	28.6
ㅃ	bb[2]	1	12	100	bb[3]	1	12	100	bb[4]	1	12	100
ㅅ	s[2]	198	612	5.9	s[3]	198	612	5.9	s[4]	198	612	4.9
ㅆ	ss[2]	31	96	31.3	ss[3]	31	96	25	ss[4]	31	96	25
ㅇ	nx[2]	384	1212	5.9	nx[3]	384	1212	5.9	nx[4]	384	1212	6.9
ㅈ	z[2]	144	516	7	z[3]	144	516	7	z[4]	144	516	7
ㅉ	zz[2]	6	48	25	zz[3]	6	48	25	zz[4]	6	48	25

Ph-one	State [2]	P_ Count	S_ Count	C_ Rate	State [3]	P_ Count	S_ Count	C_ Rate	State [4]	P_ Count	S_ Count	C_ Rate
ㅊ	c[2]	109	468	10.3	c[3]	109	468	10.3	c[4]	109	468	6.4
ㅋ	k[2]	5	36	33.3	k[3]	5	36	33.3	k[4]	5	36	33.3
ㅌ	t[2]	22	168	17.9	t[3]	22	168	14.3	t[4]	22	168	10.7
ㅍ	p[2]	47	288	14.6	p[3]	47	288	10.4	p[4]	47	288	8.3
ㅎ	h[2]	86	396	9.1	h[3]	86	396	7.6	h[4]	86	396	7.6
ㅏ	a[2]	298	1164	14.9	a[3]	298	1164	21.6	a[4]	298	1164	16
ㅏ:	aa[2]	7	72	25	aa[3]	7	72	50	aa[4]	7	72	50
ㅑ	ja[2]	37	204	29.4	ja[3]	37	204	20.6	ja[4]	37	204	35.3
ㅓ	v[2]	196	516	16.3	v[3]	196	516	26.7	v[4]	196	516	18.6
ㅔ	e[2]	95	624	26	e[3]	95	624	17.3	e[4]	95	624	20.2
ㅕ	jv[2]	75	252	35.7	jv[3]	75	252	31	jv[4]	75	252	42.9
ㅖ	je[2]	13	120	40	je[3]	13	120	55	je[4]	13	120	60
ㅗ	o[2]	219	948	15.8	o[3]	219	948	26.6	o[4]	219	948	23.4
ㅗ:	oo[2]	10	60	20	oo[3]	10	60	50	oo[4]	10	60	50
ㅘ	wa[2]	48	240	40	wa[3]	48	240	40	wa[4]	48	240	37.5
ㅚ	we[2]	9	108	16.7	we[3]	9	108	33.3	we[4]	9	108	27.8
ㅛ	jo[2]	25	132	54.5	jo[3]	25	132	45.5	jo[4]	25	132	54.5
ㅜ	u[2]	162	816	19.9	u[3]	162	816	27.9	u[4]	162	816	25.7
ㅜ:	uu[2]	5	60	40	uu[3]	5	60	60	uu[4]	5	60	40
ㅝ	wv[2]	36	180	30	wv[3]	36	180	33.3	wv[4]	36	180	36.7
ㅟ	wi[2]	2	24	100	wi[3]	2	24	75	wi[4]	2	24	75
ㅠ	ju[2]	8	84	28.6	ju[3]	8	84	42.9	ju[4]	8	84	64.3
―	y[2]	40	180	33.3	y[3]	40	180	30	y[4]	40	180	36.7
ㅢ	yi[2]	5	60	40	yi[3]	5	60	50	yi[4]	5	60	60
ㅣ	i[2]	147	624	30.8	i[3]	147	624	37.5	i[4]	147	624	34.6
ㅣ:	ii[2]	8	84	35.7	ii[3]	8	84	57.1	ii[4]	8	84	57.1

[표 9-1] 상태 점유빈도수에 따른 군집화율

$$Model1 : C = 36.7 - (0.116 \times P\_Count)$$

[수식 9-3]

$$Model2 : C = 40.2 - (0.051 \times S\_Count)$$

[수식 9-4]

[표 9-2] 회귀분석 표

Model1

	R	R Square	Adjusted R Square	Std. Error of the Estimate	Durbin-Watson
	0.501	0.251	0.245	18.16081	1.807
	Sum of Squares	df	Mean Square	F	P(=Sig.)
Regression	14688.790	1	14688.790	44.536	0.000
Residual	43865.412	133	329.815	-	-
Total	58554.202	134	-	-	-
	Unstandized Coefficients		Standized Coefficients	t / t	P(=Sig.) / P(=Sig.)
	B	Std. Error	Beta		
(Constant)	36.687	2.089	-	17.563	0.000
P_Count	-0.116	0.017	-0.501	-6.674	0.000

Model2

	R	R Square	Adjusted R Square	Std. Error of the Estimate	Durbin-Watson
	0.550	0.302	0.297	17.52813	1.883
	Sum of Squares	df	Mean Square	F	P(=Sig.)
Regression	17691.923	1	17691.923	57.584	0.000
Residual	40862.279	133	307.235	-	-
Total	58554.202	134	-	-	-
	Unstandized Coefficients		Standized Coefficients	t / t	P(=Sig.) / P(=Sig.)
	B	Std. Error	Beta		
(Constant)	40.204	2.259	-	17.793	0.000
S_Count	-0.038	0.005	-0.550	-7.588	0.000

Model3

	R	R Square	Adjusted R Square	Std. Error of the Estimate	Durbin-Watson
	0.554	0.306	0.296	17.53976	1.908
	Sum of Squares	df	Mean Square	F	P(=Sig.)
Regression	17945.303	2	8972.651	29.166	0.000
Residual	40608.899	132	307.643	Tolerance	VIF
Total	58554.202	134	-	0.100	10.048
	Unstandized Coefficients		Standized Coefficients	t / t	P(=Sig.) / P(=Sig.)
	B	Std. Error	Beta		
(Constant)	40.949	2.405	-	17.023	0.000
P_Count	0.048	0.053	0.209	0.908	0.366
S_Count	-0.051	0.016	-0.748	-3.254	0.001

Model4

	R	R Square	Adjusted R Square	Std. Error of the Estimate	Durbin-Watson
	0.582	0.339	0.334	0.28741	1.568
	Sum of Squares	df	Mean Square	F	P(=Sig.)
Regression	5.627	1	68.116	68.116	0.000
Residual	10.986	133	0.083	-	-
Total	16.613	134	-	-	-
	Unstandized Coefficients		Standized Coefficients	t / t	P(=Sig.) / P(=Sig.)
	B	Std. Error	Beta		
(Constant)	1.538	0.037	-	41.500	0.000
S_Count	-0.001	0.000	-0.582	-8.253	0.000

[표 9-2]에서와 같이 Model2의 R Square는 0.302로, Model1의 R Square의 0.251보다 0.051 더 높으므로 Model2의 독립변수가 종속변수에 대하여 설명력이 더 큼을 알 수 있다. 본 연구에서는 Model2의 경우를 선택하기로 한다. Model2의 종속변수인 C_Rate에 대하여 Log10 함수로 변환하여 회귀분석을 하게 되면 변환된 모형인 Model4의 R Square는 0.339이다. 이는 변환하지 않은 모형인 Model2의 0.302에 비해 큰 값이며, 분산분석 결과인 F값 또한 68.116으로 Model2의 57.584보다 큰 값이다. 따라서 변환한 모형이 변환하지 않은 모형보다 종속변수에 대한 설명력이 크다고 할 수 있다. 또한 [그림 9-2]에서 알 수 있듯이 Model4의 히스토그램은 Model2의 잔차의 도표에 비해 훨씬 근접해 있으며 정규확률 산점도의 경우에도 Model2의 산점도에 비해 45도선에 거의 근접해 있음을 보여주고 있다. 그리고 종속변수는 Model2의 산점도에 비해 예측값의 크기에 관계없이 잔차의 대부분이 일정한 범위 내에서 균등하게 분포되어 있다. 따라서 종속변수인 C_Rate에 Log값을 취하여 변환한 모형이 변환하지 않은 모형보다 더 좋은 결과를 나타내고 있음을 알 수 있다. Model4는 [수식 9-5]와 같다.

$$Model4 : C = 1.538 - (0.001 \times S\_Count)$$

[수식 9-5]

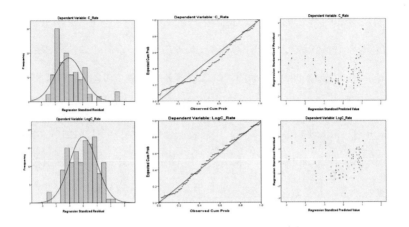

[그림 9-2] 잔차 그래프

군집화율에 따른 임계치 결정

일괄 적용된 임계치 증가에 따른 인식률을 보면 Th(Threshold) 50.0에서 95.2%, Th 100.0에서 95.3%, Th 200.0에서 95.8%, Th 300.0에서 94.9%, Th 400.0에서 95.0%, Th 500.0에서 94.4%로, Th 200.0에서 95.8% 최고치를 가지며 계속 증가 할수록 감소 또는 소폭 반등하고 있음을 알 수 있다. 이는 반드시 임계치의 값이 높다고 인식률이 높은 것은 아님을 알 수 있으며 적정한 수준(실험치)에서 임계치를 결정해야 함을 알 수 있다. 하지만 일괄 적용된 임계치보다는 음소의 상태별 임계치를 적용하는 것이 최적의 선택이나 이 또한 많은 실험과 시행착오를 통해서만 결정이 가능하며 많은 시간이 필요이다. 따라서 적정수준의 군집화율에서 임계치를 결정하는 것이 중요하다.

[그림 9-3]에서 그래프를 살펴보면 X축의 Log를 취한 평균 군집화율 LogC_Rate와 Y축의 임계치 Th의 상관관계를 분석해보면 Pearson 상관계수 -0.957의 부의 강한 상관관계를 가진다. 이는 LogC_Rate가 증가할수록 거의 선형적으로 Th가 감소하고 있음을 의미한다. 따라서 임계치별 평균 군집화율에 따른 Th 결정을 최적이라고 가정하고 이를 음소의 상태별 임계치로 사용하고자 하였으며 관측된 값의 곡선(추세선)을 추정하기 위하여 선형모형, 2차모형, S-모형, 지수모형, 로지스틱모형 중 가장 근접한 2차모형을 선택한다. $Th = -995.7 \times \ln(C) + 396.17$ 은 2차모형에서 로그를 적용한 추세선의 수식이다. 여기서 C(X축의 값)는 로그를 취한 군집화율을 의미하며 Th(Y축의 값)는 결정되는 임계치의 값을 의미한다. 따라서 앞서 설명한 Model4의 [수식 9-5]에서 상태별 빈도수에 따라 결정된 군집화율인 C가 입력값이 되며 이에 따라 Th값(임계치)이 결정된다. 또한 실험을 통하여 기존의 일반적인 방법의 PDT(Baseline), Phone-State Dependent Threshold 보다 유효성이 있음을 확인할 수 있다. 여기서 임계치를 자동으로 결정하는 알고리즘을 'Station-PDT 알고리즘'이라고 부르기로 한다.

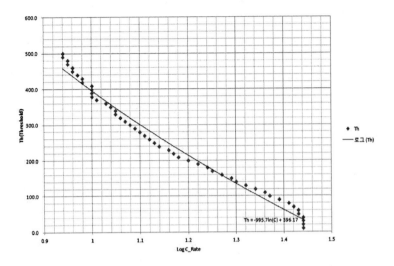

[그림 9-3] 군집화율에 따른 임계치

```
FUNCTION(State[i])
FOR  j = 1  TO  45
    C = 1.538 − (0.001 × S_j);
    IF  C ≤ 0.94  THEN
        Th = 500.0;
    ELSE IF  C ≥ 1.44  THEN
        Th = 10.0;
    ELSE
        Th = − 995.7 × ln (C) + 396.17;
        /*추세선 위의 값*/
    PRINT(State[i], P[j], Th);
    j = j + 1;
END
```

[그림 9-4] 알고리즘 의사코드

[그림 9-4]는 $State[2]$ ～ $State[4]$까지의 45개의 PLU(sil은 제외)에 대한 Th를 결정하기 위한 알고리즘의 *PSEUDO CODE*이다. $State[2]$에서 $j = 1$일 때 군집화율 C는 절편 1.538에서 기울기 0.001과 $State[2]$에서의 상태별 점유 빈도수 S_1(첫번째 PLU에 대한 상태별 점유 빈도수)을 곱한 값을 빼서 결정된다. 이렇게 계산된 군집화율 C가 0.94 이하일 경우에는 Th는 500.0으로 고정하고 1.44 이상일 경우에는 10.0으로 고정한다. 그렇지 않을 경우에는 [그림 9-3]의 Th 결정수식인 추세선에 해당하는 로그 수식을 이용하여 앞서 계산된 군집화율 C를 입력값으로 하여 계산되는 값을 임계치로 결정한다. 결과는 $State[2]$, $P[1]$: 첫 번째 PLU, Th:임계치 순으로 출력한다. $State[2]$에 대하여 $P[45]$(45번째 PLU)까지 반복수행하며 $State[3], State[4]$에 대해서도 같은 과정을 수행하게 된다.

Break Time ⓮ _____ *! Creative Think*

당신은 지금 이상한 나라의 미로 입구 앞에 서 있다. 이 길은 A-Z까지의 나뭇가지의 분기점을 가지고 분화한다. 이 미로를 빠르게 통과하여 제한 시간 내에 반대편 출구로 나와야 한다고 가정하자. 먼저 A-B 그리고 막다른 C에서 D와 E로 가는 두 가지 경로가 있다. 어디로 가야할까? 다행이도 C 분기점 푯말에는 과거에 많이 다녔던 사람이 지나간 흔적들이 숫자로 표시되어 있다. 좌측의 D 300번, 우측의 E는 540번 이렇게 말이다. 당신은 어디로 가야 할까? 확률적으로 우측의 E로 가는 게 맞을 것이다. E-F 그리고 막다른 G의 분기점에서 좌측의 H 200번, 우측의 I 700번 이렇게 표시가 되어 있다. 당연히 확률이 높은 I를 택할 것이다. 이러한 과정을 반복해서 당신은 마침내 출구인 Z를 빠르게 빠져 나온다.

이러한 지나간 과거의 흔적인 확률은 특정한 임계치(Threshold) 내에서의 훈련이라는 과정을 거친다. 어떠한 임계치에 이르렀을 때 이러한 경로를 알 수 있는 확률이 최대가 되는가? 이것을 결정하는 것이 우리가 지금까지 살펴보았던'음소 결정 트리에서의 효율적인 학습에 관한 문제라고 할 수 있다.

그렇다면 여기서 말하는 임계치란 무엇인가? 물이 끓는 온도는 100℃이고 물이 어는 온도는 0℃이다. 그리고 컵에 물을 담을 때 컵의 크기보다 과하면 물은 넘치기 마련이다. 이러한 과하지도 부족하지도 않은 평정의 상태인 경계값, 문턱값 또는 한계값 이것이 임계치이다. 따라서 최적의 경로를 찾는 문제를 해결함에 있어 적정한 임계치를 찾는 것은 가장 중요한 핵심이 되는 것이다.

이러한 문제를 해결하는 과정 또한 '우리가 세상을 살아감에 있어 부딪히는 다양한 삶의 문제를 어느 수준의 임계치에서 풀어가는 것이 최선인가?'를 선택하는 삶의 가치를 찾아가는 과정과 닮아있다. 따라서 우리는 이러한 삶의 철학을 찾기 위하여 깊은 내면의 심원에서 들려오는 진실한 커뮤니케이션에 귀를 기울여야 한다.

기차역명 음성인식시스템의 구현 과정[1]

음성인식의 과정은 입력부에 해당하는 과정인 전처리 단계, 인
식부에 해당하는 과정인 입력된 특징벡터를 이용하여 훈련 및
인식을 하는 단계, 출력부에 해당하는 과정인 인식된 결과를 화
면에 출력하는 단계로 나눌 수 있다.

EPISODE 16. 음성인식 DB구축에 관한 좌담회

한국어 음성인식 학회에서 주최하는 춘계학술대회에서 음성인식 DB구축에 관한 좌담회가 진행중 이다. 패널로 S대 김하열 교수, K대 박성수 교수, Y대 이수만 교수, 그리고 국책연구기관인 E연구소의 하태호 책임연구원이 대담에 참여하고 있다. 먼저 좌장인 S대 김하열 교수가 서두를 꺼낸다.

김하열 교수: 과거도 그렇고 지금도 그렇고 음성인식 시스템의 구현의 8할은 음성인식 DB구축입니다. 각각 개별적으로 필요한 음성을 채집하여 사용하는 것은 제약이 많으며 낭비요소도 큽니다.

이수만 교수: 맞는 말입니다. 이러한 문제를 해소하기 위하여 공동으로 활용할 수 있는 음성인식 DB구축이 필요합니다.

박성수 교수: 뿐만 아니라 최근의 IT 트렌드로 보면 구글, 애플 등 글로벌 기업들이 앞다투어 음성인식과 융합한 콘텐츠를 내놓으면서 세계 각지의 대량의 음성언어 시료는 자동으로 그들이 운영하는 서버에 저장되며 이를 활용한 음성인식의 성능 또한 나날이 발전하고 있습니다. 사용자들에게는 음성인식 기능 애플리케이션을 서비스하고 이들로부터 채집된 음성인 시료는 글로벌 회사가 독점하고 있지요. PC, 스마트폰, 스마트 패드, IPTV 등 다양한 기기에서 음성인식 기능을 이용할 수 있는 거지요. 게다가 개발자에게 이러한 기능 구현을 위한 API까지 제공하고 있는 상황입니다.

하태호 연구원: 맞습니다. 얼마 전 저희 연구소에서도 영어, 일어, 중국어, 한국어 등의 지원이 가능한 다국어 통역기를 선보였지만 성능 향상을 위하여 지속적인 음성인식 DB갱신이 필요한 상황입니다. 물론 국내 대기업들도 IPTV 등의 음성인식 기능을 선보이고 있지만 아직은 초기단계라고 봐야 합니다.

김하열 교수: 한국어 음성인식의 시료인 한국어 음성을 글로벌 기업에게 자신도 모르는 사이에 퍼주고 있는 게 맞는 건가요? 이제 우리도 공동으로 활용할 수 있는 음성인식 DB구축환경 조성을 위해 국내 기업들이 음성인식을 활용하여 저장되는 장소는 하나로 단일화하도록 하고 이에 대한 프로세스를 정립하는 게 필요한 시점이라고 생각합니다.

김하열 교수는 좌담의 내용을 요약 정리하며 이야기하는 것으로 좌담회는 마무리 했지만, 왠지 찜찜한 마음은 가시질 않는다. '아직도 갈길이 한참 남았군.' 이런 생각을 하며 회의장을 빠져나갔다.

음성인식의 과정에 대하여 이야기하다

　음성인식의 과정은 크게 입력부(전처리 단계), 인식부(훈련 및 인식 단계), 출력부(결과 출력 단계)로 나눌 수 있다. 첫 번째, 음성인식 과정 중 입력부에 해당하는 과정 중 전처리 단계를 살펴보자. 음성의 끝 구간을 검출하고 검출된 데이터를 이용하여 특징벡터 MFCC를 추출과정은 [그림 10-1]과 같이 나타낼 수 있다. 음성신호는 anti-aliasing filter를 거친 다음, A/D변환을 거쳐서 디지털 신호로 변환된다. 이 신호는 고대역 통과 특성을 갖는 디지털 프리엠퍼시스 필터를 거친다. 프리엠퍼시스된 신호는 해밍 윈도우를 씌워서 블록 단위의 프레임으로 나누어진다. 이후부터의 처리는 모두 프레임 단위로 이루어진다. 프레임의 크기는 20ms이며 프레임 이동은 10ms를 사용한다. 한 프레임의 음성신호는 FFT를 이용하여 주파수 영역으로 변환된다. 주파수 대역을 여러 개의 필터뱅크로 나누고 각 뱅크에서의 에너지를 구한다. 밴드 에너지에 로그를 취한 후 DCT(discrete cosine transform)를 하면 최종적인 MFCC가 얻어진다. MFCC 계수는 $c_1 \sim c_{12}$ 까지의 12개를 사용하며 이와는 별도로 구한 프레임 로그 에너지가 추가적으로 사용되어 13MFCC가 된다. 여기에 델타, 델타 델타까지 확장하여 39MFCC를 음성신호 입력을 위한 특징벡터로 사용한다.

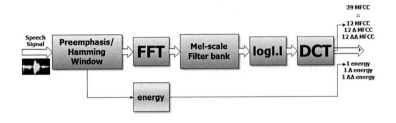

[그림 10-1] 음성신호로부터 39차 MFCC를 추출하는 과정

두 번째, 인식부에 해당하는 과정인 입력된 특징벡터를 이용하여 훈련 및 인식을 하는 단계를 살펴보자. HMM 학습을 위한 인식 단위로 음소 모델링(sub-word unit modeling) 중 앞뒤에 오는 음소를 모두 고려한 문맥 종속 트라이폰 모델을 사용하고 학습데이터의 부족 현상을 해결하기 위하여 1276개의 tied-state 트라이폰을 구성하며 음소 기반의 5 state(with 2 dummy State) left-to-right model 을 정의한다. 또한 모델의 각 상태에 대해 Gaussian 연속밀도함수에 기반하여 8개의 mixture와 39개의 평균(mean)·공분산(covariance)을 추출하여 파라미터로 사용하며 각 음소 음향모델로부터 고립단어를 인식하는 과정은 [그림 10-2]와 같다. 먼저 훈련 데이터로부터 Baum-Welch 재추정(re-estimation) 알고리즘을 이용하여 음소단위의 HMM을 학습하게 된다. 인식단계에서는 발음사전을 참조하고 음소모델을 이용하여 인식하고자 하는 단어의 모델을 조립한다. 예를 들어 '동대구'라는 단어의 HMM은 'd' ,'o', 'nx', 'd', 'e', 'g', 'u' 모델들을 연결함으로써 얻을 수 있다. 단어모델이 구성되면 입력된

전향 알고리즘을 이용하여 입력된 특징벡터열에 대한 관측확률을 계산하여 가장 확률이 높은 모델을 찾아 인식결과를 출력하게 되는 것이다.

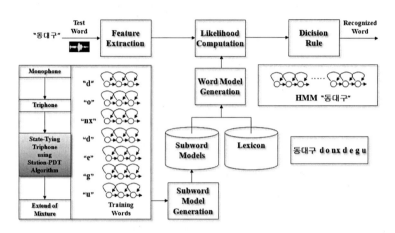

[그림 10-2] 음소 단위의 음성인식 과정

세 번째, 출력부에 해당하는 과정인 인식된 결과를 화면에 표출하는 결과 출력 단계를 살펴보면 [그림 10-3]과 같이 인식결과를 텍스트로 화면에 표출하게 된다.

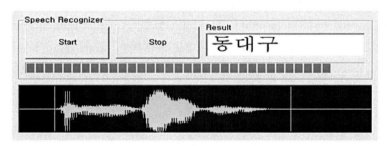

[그림 10-3] 인식결과 출력 화면

효율적 PLU의 선정을 위한
발음사전의 구성 및 실험결과

　인식 단위를 음소로 할 경우 단어나 음절에 비하여 그 수가 적고 학습에 필요한 충분한 자료를 모으기가 용이한 반면에 음소 앞뒤에 위치하는 음소에 영향을 많이 받으므로 이를 고려하여 세분화된 문맥종속 음소모델(sub-word unit modeling)을 구성하여야 한다. 이전 연구들에서는 문맥독립 음소는 문맥종속 음소에 비하여 많은 변이를 포함하고 있으므로 모델링이 어려워지고 인식률도 낮게 나타났다. 따라서 문맥독립 음소모델을 사용할 경우 인식 단위에 대한 정확한 모델링뿐만 아니라 분별학습, 후처리 등의 충분한 뒷받침 없이는 높은 인식률을 기대하기 어렵다. 반면 문맥종속 음소모델은 문맥독립 음소모델에 비해 음향의 가지 수는 많지만 음소에 의한 변이음을 고려한 모델로서 강건한 음향모델을 생성하는 방법으로 많이 사용되고 있다. 유사음소 단위는 최소 인식단위로 많이 사용되며 기본적인 음소에 변이음을 포함하고 있는 음소이다. 음향학적 및 음성학적 유사성이 큰 경우에는 음소와 유사음소 단위는 동일하게 취급될 수 있지만 그렇지 않은 경우에는 큰 차이가 있다. 효율적인 PLU 선정을 위한 구성 실험을 위해 유사음소 단위 집합을 [표 10-1]과 같이 3가지의 경우로 구분하여 음향모델을 작성하고 PLU set을 [표 10-2~표 10-4]와 같이 3가지 Case 별로 구성하여 모노폰, 트라이폰 단위의 학습용 발음열과 발음사전을 구성하고 인식률 실험을 진행하되 모노폰, 트라이폰 기준으로 실험을 진행하며 인식률 평가를 위해 학습에 참여하지 않은 화자가 녹음한 음성파일을 사용한다. 인식결과는 [그림 10-4], [표 10-5]와 같다.

구 분	내 용	비 고
Case1(C1)	본 연구에서 한국의 기차역명 음성인식을 위하여 Baseline으로 사용한 변이음을 포함하지 않는 음소정의에 가까운 32 PLU set으로 초성·종성의 자음의 구분 및 음운현상이 고려되지 않고 모음 ae/ㅐ/, wae/ㅙ/가 구분되지 않음(7 Station-Rules 미적용)	[표 10-2]
Case2(C2)	본 연구에서 제안하는 한국의 기차역명 음성인식을 위하여 정의한 46 PLU set으로 초성·종성 자음의 구분과 음운현상을 모두 고려함(7 Station-Rules 모두 적용)	[표 10-3]
Case3(C3)	K.N. Lee(2006)가 제안한 한국어 대어휘 음성인식을 위한 50 PLU set으로 자음의 구분의 세분화, 경음화 등의 음운현상 고려와 EY/ㅔ/, EH/ㅐ/, WE/ㅞ,ㅚ/, WH/ㅙ/가 구분됨(7 Station-Rules 부분 적용)	[표 10-4]

[표 10-1] 3가지 경우의 PLU set

32 PLU set(Baseline)				
구 분	초성(자음)	종성(자음)	중성(모음)	묵음
PLU	g/ㄱ/		a/ㅏ/	sil
	n/ㄴ/		ja/ㅑ/	-
	d/ㄷ/	-	v/ㅓ/	-
	r/ㄹ/		jv/ㅕ/	-
	m/ㅁ/		o/ㅗ/	-
	b/ㅂ/		jo/ㅛ/	-
	s/ㅅ/	-	u/ㅜ/	-
	-	nx/ㅇ/	ju/ㅠ/	-
	z/ㅈ/	-	y/ㅡ/	-
	c/ㅊ/	-	i/ㅣ/	-
	k/ㅋ/	-	e/ㅔ,ㅐ/	-
	t/ㅌ/	-	je/ㅖ/	-
	p/ㅍ/	-	wa/ㅘ/	-
	h/ㅎ/	-	we/ㅚ/	-
	-	-	wi/ㅟ/	-
	-	-	wv/ㅝ/	-
	-	-	yi/ㅢ/	-
소계1	13	1	17	1
소계2	14		17	1
총계	32			

[표 10-2] Case1의 32 PLU set

46 PLU set(Proposed)			
구 분	**초성(자음)**	**종성(자음)**	**중성(모음)**	**묵음**
PLU	/ㄱ/	gq/ㄱ/	aa/아/,a/ㅏ/	sil
	n/ㄴ/	nq/ㄴ/	ja/ㅑ/	-
	d/ㄷ/	-	v/ㅓ/	-
	r/ㄹ/	l/ㄹ/	jv/ㅕ/	-
	m/ㅁ/	mq/ㅁ/	oo/오/,o/ㅗ/	-
	b/ㅂ/	bq/ㅂ/	jo/ㅛ/	-
	s/ㅅ/	-	uu/우/,u/ㅜ/	-
	-	nx/ㅇ/	ju/ㅠ/	-
	z/ㅈ/	-	y/ㅡ/	-
	c/ㅊ/	-	ii/이/,i/ㅣ/	-
	k/ㅋ/	-	e/ㅔ/,ㅐ/	-
	t/ㅌ/	-	je/ㅖ/	-
	p/ㅍ/	-	wa/ㅘ/	-
	h/ㅎ/	-	we/ㅚ/	-
	gg/ㄲ/	-	wi/ㅟ/	-
	dd/ㄸ/	-	wv/ㅝ/	-
	bb/ㅃ/	-	yi/ㅢ/	-
	ss/ㅆ/	-	-	-
	zz/ㅉ/	-	-	-
소계1	18	6	21	1
소계2	24		21	1
총계	46			

[표 10-3] Case2의 46 PLU set

50 PLU set(Lee)[2]			
구 분	**초성(자음)**	**종성(자음)**	**중성(모음)**	**묵음**
PLU	K/ㄱ/,G/ㄱ/[유성음화]	KQ/ㄱ/	AA/ㅏ/	sil
	N/ㄴ/		JA/ㅑ/	Q
	T/ㄷ/,D/ㄷ/[유성음화]	TQ/ㄷ/	AX/ㅓ/	-
	R/ㄹ/	L/ㄹ/	JX/ㅕ/	-
	M/ㅁ/		OW/ㅗ/	-
	P/ㅂ/,B/ㅂ/[유성음화]	PQ/ㅂ/	JO/ㅛ/	-
	S/ㅅ/	-	UW/ㅜ/	-
	-	NG/ㅇ/	JU/ㅠ/	-
	Z/ㅈ/,ZH/ㅈ/[유성음화]	-	WW/ㅡ/	-
	CH/ㅊ/	-	IY/ㅣ/	-
	KH/ㅋ/	-	EY/ㅔ/,EH/ㅐ/	-
	TH/ㅌ/	-	JE/ㅖ/,JH/ㅒ/	-
	PH/ㅍ/	-	WA/ㅘ/	-
	H/ㅎ/,HI/ㅎ/[유성음화]	-	WE/ㅞ/,ㅚ/,WH/ㅙ/	-
	KK/ㄲ/	-	UI/ㅟ/	-
	TT/ㄸ/	-	WX/ㅝ/	-
	PP/ㅃ/	-	WI/ㅢ/	-
	SS/ㅆ/	-	-	-
	ZZ/ㅉ/	-	-	-
소계1	23	5	20	2
소계2	28		20	2
총계	50			

[표 10-4] Case3의 50 PLU set

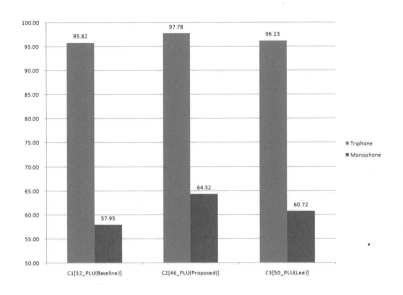

[그림 10-4] Case1 ~ Case3의 인식률

Recog.Units			
Case	C1(32_PLU)	C2(46_PLU)	C3(50_PLU)
Triphone	95.82	97.78	96.23
Monophone	57.95	64.32	60.72

[표 10-5] Case1 ~ Case3의 인식률

Station-PDT 알고리즘의 성능평가 결과

음소 결정 트리에서의 효율적인 임계치 결정을 위해 제안한 Station-PDT 알고리즘의 유효성을 확인하기 위하여 각 Model 별 구성을 [표 10-6]과 같이 5가지의 경우로 구성하여 음향모델을 작성하여 트라이폰 단위의 학습용 발음열과 발음사전을 구성하여 인식률 실험을 진행한다. 회귀모형에 따라서 결정된 음소의 상태별 임계치에 대하여 인식률을 보면 기존 일괄 적용을 Baseline(기준선:ML-PDT)으로 볼 때 Model1, Model2, Model4에서의 결정된 Th를 사용하는 것이 Baseline보다 1.42~2.30%의 수준에서 인식률이 향상되고 있음을 알 수 있다. 이는 추정된 군집화율에 따라 임계치를 결정하는 것이 기존의 방법보다 아주 큰 폭의 차이는 없지만 좀 더 세밀한 임계치를 줄 수 있고 음성인식에 있어서 유효성이 있음을 알 수 있다. 모델에 따른 인식률은 [그림 10-5], [표 10-6]과 같고 Phone State Dependent Threshold의 PDT의 경우에는 97.45%, Model4(Station-PDT)의 경우에는 98.12%로 Phone State Dependent Threshold의 PDT 보다 0.67% 향상된 인식률을 보인다.

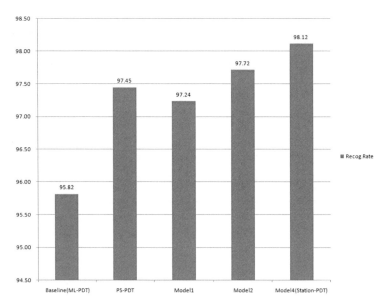

[그림 10-5] Model별 인식률

Model	Baseline (ML-PDT)	PS-PDT	Model1	Model2	Model4 (Station-PDT)
Recog.Rate	95.82	97.45	97.24	97.72	98.12

◆ ML(Maximum Log Likelihood-PDT: 일반적인 방법의 PDT[3]
PS(Phone State-PDT): Phone State Dependent Threshold의 PDT[4]
Station-PDT: 제안하는 임계치 자동 결정 알고리즘의 PDT

[표 10-6] Model별 인식률

Break Time ⓭ _____ *! Creative Think*

내가 세운 가설이 맞는지 검증하기 위해 우리는 실험을 한다. 수많은 시행착오를 거치면서 잘못된 가설을 지우고 새로운 가정을 하고 이렇게 반복적인 과정을 거쳐 확인하고 확신을 거쳐 자신의 주장을 객관적으로 증명한다. 이러한 반복적인 고심의 흔적이 쌓이고 쌓여 어느 순간 창의적인 생각은 폭발한다. 그렇다면 이러한 창의적인 생각이 잘 발현되는 공간이 따로 있을까? 이와 관련하여 최근 보도된 뉴스 기사를 살펴보자.

"〈앵커 멘트〉 아파트나 일반 사무실의 천장 높이는 대개 2.3미터 정도인데요. 이 천장의 높이가 30센티미터 높아질 때마다 창의력도 2배씩 높아진다는 연구결과가 있다고 합니다. 〈리포트〉 세계 유수의 명문대 도서관들은 천장이 높고 확 트여 있는데요. 천장 높이와 창의력 사이에 밀접한 관계가 있다고 합니다. 〈인터뷰〉 ○○○(○○대학교 건축학과 교수), 천장 높이와 창의력의 관계를 보여준 것은 미국의 조너스 소크 박사인데요. 천장이 높은 성당에서 소아마비 백신 개발의 실마리를 찾은 소크 박사는 높은 천장일 때 창의적인 아이디어가 나온다고 믿었습니다. (중략) 미국 미네소타 대학교의 조안 마이어스 레비 교수팀에서도 천장의 높이가 인지 사고 능력에 영향을 끼칠 수 있다는 것을 증명했는데요. (중략) 집중력 향상을 위해서는 낮고 좁은 곳, 창의력 향상을 위해서는 높고 넓은 곳, 기억하셨다가 상황에 맞게 공간을 연출해 보시기 바랍니다."라고 소개하고 있다.[5]

이처럼 창의적인 생각은 어떠한 공간에 있는가에 따라 영향을 받을 수 있다는 좋은 사례이다. 어떠한 사안에 대하여 몰입하며 깊은 심원의 내면과 커뮤니케이션하고 있을 때 실마리가 잘 풀리지 않는다면 공간을 바꿔 보는 것도 사고의 전환을 위한 좋은 방법일 것이다. 그렇다면 사람과 사람이 원활하게 커뮤니케이션을 하는 것도 어떠한 공간에 있는가에 따라 영향을 받는 것일까? 사이버 공간? 아니면 실제적 공간? 실제적 공간이라면 선술집, 카페, 디스코텍, 회의실, 공원 등, 물론 이러한 모든 공간들은 다양한 커뮤니케이션의 목적에 부합하게 만들어진 것들이다. 이러한 생각에 대한 해답은 후일을 기약하고 '창의적인 생각을 위한 아이디어 회의를 천장 높은 디스코텍에서 그루브를 타며 추임새를 넣어가며 하면 어떨까?' 아니면 '서울에서 부산까지 회의전용열차를 타고 짬짬이 차창 밖으로 지나쳐가는 풍경도 보면서 토의를 하는 건 어떨까?' 하는 엉뚱한 생각도 해본다.

철도IT 커뮤니케이션 혁명

제3부

철도IT, 응용연구 사례에 대하여 이야기하다

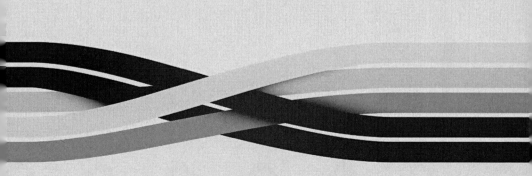

Chapter

11

철도IT, 음성에 VoiceXML을 입히다[1]

철도예약서비스를 위한 텔레포니 환경에서 음성신호처리를 위하여 VoiceXML을 활용한 인터페이스 방식은 언제 어디서나 시간과 공간에 제약을 받지 않는 음성 인터페이스를 제공하며 이를 기반으로 구축한 파일럿 시스템은 연구자 또는 개발자로 하여금 텔레포니와 인터넷 기술을 손쉽게 연동할 수 있고 음성인식 시스템에만 집중할 수 있는 여건을 제공할 뿐만 아니라 대규모 시스템 도입 전 실제 환경에서의 사전 평가를 통하여 예측되는 리스크를 최소화할 수 있도록 한다.

철도IT, 텔레포니 음성인식 처리에 VoiceXML을 접목하다

마우스나 키보드를 쓰지 않고 사람과 이야기하는 것처럼 컴퓨터와 의사소통을 할 수 있는 시스템을 구현한다고 생각해 보자. 이것을 가능하게 하는 것은 컴퓨터와 자연스럽게 대화할 수 있는 인터페이스인 음성을 도구로 한 음성인식 방법이며, 이를 이용하여 언제 어디서나 시간과 공간의 제약을 받지 않고 기계와 소통할 수 있는 방법을 제공하기 위한 것이 텔레포니(유선전화, 모바일 폰, 인터넷 폰 등)를 통한 음성인식이다.

텔레포니와 결합한 음성인식 서비스는 국내 최초로 1995년 대우증권에서 원하는 종목의 주가를 음성으로 확인할 수 있는 서비스를 시작하였으며, 1999년 코레일에서는 음성철도정보안내서비스를 시범운영한 바 있고, 2000년 아시아나항공에서는 항공예약을 위한 핵심어 인식 기능을 가진 음성인식 서비스를, 2007년 과천시설공단은 민원 내용을 대표전화로 얘기하면 음성인식으로 해당 부서나 담당자를 찾아 자동으로 연결해 주는 민원서비스를, 2009년 남부터미널에서는 목소리로 버스운행정보를 알 수 있는 음성인식 서비스를, 2010년 5월 현대카드에서는 구어체가 적용된 음성인식 서비스를 시작하였다. 그리고 코레일에서는 2010년 6월부터 음성인식 ARS를 이용한 철도예약서비스를 운영하고 있다.

대부분 버튼방식으로 입력하기 어려운 부분을 음성으로 대체하는 제한적인 범위의 서비스를 제공하고 있다. 코레일의 ARS를 이용한 철도예약서비스의 경우 출발역, 도착역, 열차종류, 열차의 호실은 음성으로 입력가능하며, 승차일, 승차시간, 이용인원은 기존과 동일하게 버튼으로 입력하는 방식이다. 이러한 철도예약을 위한 텔레포니 환경에서의 음성인식 시스템의 구축에 있어 기존 ARS 시스템의 확장에 따른 추가 비용이 발생하고 인식률에 대한 사전평가가 불가능하여 구축 후 상당한 기간의 튜닝을 통한 안정화 기간은 필수적이다. 또한 구축된 시스템에 대한 다이얼로그의 시나리오 변경, 음성인식 대상 항목의 확대 등 추가사항 발생 시 유연성이 떨어지는 단점이 있다. 이러한 문제점을 보다 효율적으로 해결하기 위하여 하나의 PC에 모든 포팅이 가능한 In-House 방식의 다이얼로그의 시나리오 작성이 유연한 VoiceXML 기반의 음성인식 시스템을 제안하고 대규모 시스템 도입 전 실제 텔레포니 환경에서의 사전 테스트가 가능한 파일럿 시스템(Pilot System)을 구축하여 그 성능을 평가한다.

VoiceXML 기반의
IVR(Interactive Voice Response) 시스템

VoiceXML은 음성 명령어 표준으로 1999년 8월 VoiceXML 포럼에서 제안되었고 W3C(World Wide Web Consortium)에서 표준화가 진행되었다. HTML이 텍스트를 표현하는 마크업 언어인 것처럼 VoiceXML은 전화기와 같이 음성 입출력을 사용하는 디바이스를 통해 사람과 컴퓨터가 소통하게 하는 마크업 언어이다. 향상된 IVR(Interactive Voice Response) 시스템은 VoiceXML을 기반으로 한다. 지금까지는 텔레뱅킹이나 고객지원서비스를 위한 IVR 시스템을 구축하기 위해서는 상당한 전문적인 지식과 장비가 필요했지만

VoiceXML은 IVR 시스템을 쉽게 구축할 수 있고 그 분야의 전문가가 아닌 사람도 손쉽게 다룰 수 있는 기반을 제공한다. 여기에는 기존 IVR 시스템을 대체하거나 새롭게 구축하는 데 있어 충분한 기능을 제공하고 Voice Application 기능의 장점도 추가 되었다. 사용자는 IVR 시스템에 전화를 걸고 음성 Command(음성인식을 통하여 처리) 또는 DTMF(Dual Tone Multi Frequency)를 입력하여 원하는 정보를 음성 기반 Dialog 시나리오에 의해 미리 녹음된 오디오 파일의 재생 또는 TTS(Text-To-Speech)에 의해 전달받게 된다. 아래 [그림 11-1]은 일반적인 VoiceXML 기반에서의 IVR 시스템의 구성을 보여주고 있다.

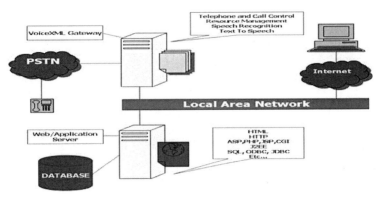

[그림 11-1] 전통적인 VoiceXML 기반의 IVR

제안하는 실제 텔레포니 환경에서 사용할 수 있는 테스트 베드(Test Bed)로서의 역할을 할 파일럿 시스템(Pilot System)은 크게 3개의 서버 모듈로 구성된다. 첫 번째, PSTN 또는 인터넷을 거쳐 들어오는 음성신호의 Dialog를 처리하기 위한 Dialog 서버, 두 번째,

Dialog 서버에서 전달된 음성신호를 처리하기 위한 APP 서버, 세 번째, 음성신호를 인식하기 위한 음성인식 시스템이다. 전체적인 아키텍처의 구성은 아래 [그림 11-2]와 같다. 이러한 텔레포니를 통한 VoiceXML 기반의 자동 음성인식 시스템을 VASR(VoiceXML based Automatic Speech Recognition) 이라 부르기로 한다.

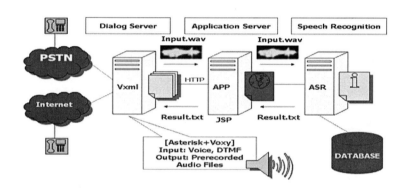

[그림 11-2] VASR 시스템 아키텍처

VoiceXML 기반의 음성인식 시스템

첫 번째, Dialog 서버의 대화 처리는 어떻게 구현되는지 살펴보자. 이러한 시스템의 구현을 위하여 오픈소스 기반의 VoiceXML 인터프리터인 Voxy와 텔레포니 플랫폼인 Asterisk를 사용하여 구축한다. 이 시스템에서 [그림 11-3]과 같이 Dialog 서버는 Voice 브라우저와 전화망 사이의 인터페이스를 위하여 Asterisk를 가진 VoiceXML Gateway를 제공한다.

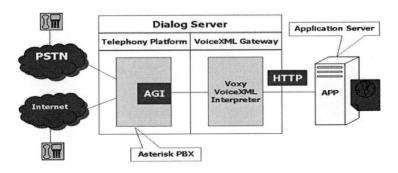

[그림 11-3] Dialog 서버의 아키텍처

PSTN 또는 인터넷을 거쳐 들어오는 음성신호의 Dialog를 처리하기 위하여 [그림 11-4]와 같이 시나리오를 구성하여 [그림 11-5]와 같은 Dialog Flow에 의해 동작하도록 설계한다. 또한 이 시나리오의 Dialog를 처리하기 위하여 VoiceXML Code를 [그림 11-6]과 같이 크게 두 가지 관점에서 작성한다. 첫 번째 단계는 사용자에게 안내 또는 대화를 유도하기 위한 Dialog이고 두 번째 단계는 사용자가 Computer에게 이야기 또는 요청하는 Dialog이다.

```
Computer: C, User: U
Step    1> C: 안녕하세요?
             코레일에 오신 것을 환영합니다.
Step    2> C: 가실 역명을 말씀해 주시기 바랍니다.
Step    3> U: 서울역!
Step    4> C: (서울역이) 인식되었습니다. 맞습니까?
             예, 아니오로 말씀해 주시기 바랍니다.
Step    5> U: 예
Step    6> C: 이용해 주셔서 감사합니다.(종료)
Step    7> U: 아니오
(Step   2> ~ Step 7> 반복)
```

[그림 11-4] Dialog 시나리오

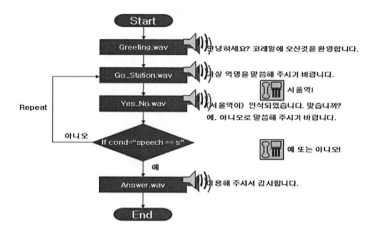

[그림 11-5] Dialog 흐름도

```
<form id="dialog_1">
<block>
<prompt>
<audio src="http://localhost:8080/Greeting.wav"/>
<audio src="http://localhost:8080/Go_Station.wav"/>
</prompt>
<goto next="#Record_1"/>
</block>
</form>
<form id="dialog_2">
<subdialog name="doTRbase"
src="http://localhost:8080/Result.jsp">
<filled>
<if cond="doTRbase.result =='서울역'">
<prompt>
<audio src="http://localhost:8080/Yes_No.wav"/>
</prompt>
<goto next="#Record_2" />
</if>
</filled>
</subdialog>
</form>
<form id="dialog_3">
<subdialog     name="doTRbase"     src="http://localhost:8080/Result.jsp">
<filled>
<if cond="doTRbase.result == '예'">
<prompt>
<audio src="http://localhost:8080/Answer.wav"/>
</prompt>
<else/>
<prompt>
<audio src="http://localhost:8080/Go_Station.wav"/>
</prompt>
<goto next="#Record_1" />
</if>
</filled>
</subdialog>
</form>
```

[그림 11-6] Dialog VoiceXML 코드

두 번째, APP 서버의 음성 처리는 어떻게 실행되는지 살펴보자. Dialog 서버에서 작성된 VoiceXML Code에서 음성신호의 인식을 처리하기 위하여 〈record〉 tag를 사용한다. 이 tag는 사용자가 말한 메시지를 음성 파일로 녹음한다. 녹음형식은 8khz/8bit의 .wav 파일이며 이렇게 녹음된 파일은 녹음과 동시에 실시간 전송 데몬 프로그램을 통하여 음성인식 시스템에 전송된다. 여기에서 데몬 프로그램은 녹음되는 음성파일이 생성될 때마다 이를 감지하여 음성인식 시스템의 입력신호로 전달하는 역할을 한다. 음성신호를 음성인식 시스템에 전달하기 위하여 전달된 음성신호를 녹음한 파일을 음성인식 시스템의 입력으로 하는 방법과 전달된 음성신호를 재생하여 음성인식 시스템의 입력으로 하는 방식을 사용한다. 전자의 경우 녹음되는 파일의 형식에 따라 인식기의 샘플링 및 양자화 레벨이 정해진다. 일반적인 경우에 전화망에서의 음성신호는 8kHz/8bit 형식을 가지며 구축된 인식기의 경우에도 이 포맷과 일치해야 한다. 만일 구축된 인식기의 포맷이 녹음되는 파일 형식과 다를 경우에는 인식기의 포맷에 맞게 변환하는 과정을 거쳐 입력하는 방식을 취한다. 반면에 후자의 경우 인식기의 입력포맷과 상관없이 재생되는 음성신호를 그대로 인식기의 입력으로 하는 방식으로 이러한 제약에서 자유롭다. 여기서는 후자의 방식을 선택하였으며 이를 위하여 VAC(Virtual Audio Cable, 가상 오디오 케이블)을 사용한다. 전화망을 통해 전송된 음성이 VAC를 통해 인식기에 입력되는 음성신호의 파형(발성된 발음: 서울역)은 [그림 11-7]과 같고 그 구성은 [그림 11-8]과 같다.

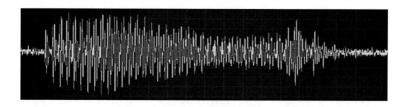

[그림 11-7] VAC에서의'서울역'파형

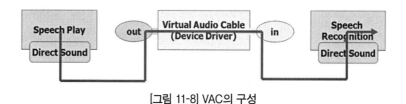

[그림 11-8] VAC의 구성

음성인식 시스템은 인식결과를 Result 파일에 Write하며 APP 프로그램은 결과 파일을 읽어서 Dialog의 〈subdialog〉 tag에 return하고 Dialog 모듈은 PSTN 또는 인터넷을 통하여 사용자에게 시나리오에 따라 미리 녹음된 음성 또는 TTS를 통하여 재생하여 전달해 준다. 이를 위하여 pre-recorded audio files를 사용하고 APP 프로그램을 구동하기 위하여 Apache Tomcat 서버와 JSP를 연동하여 사용한다. APP 프로그램의 처리 프로세스는 [그림 11-9]와 같고 결과 값을 Return하기 위한 코드는 [그림 11-10]과 같이 작성한다. 여기서 Result Class는 음성인식된 텍스트 결과를 읽어들이기 위한 기능을 하게 된다.

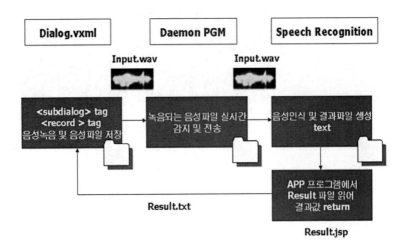

[그림 11-9] APP 프로그램 흐름도

```
<?xml version="1.0" encoding="utf-8" ?>
<vxml version="2.0" >
<form id="trbase">
<var name="result" />
<%@ page import="read.result"%>
<%
    result r = new result();
    String s = r.readstring();
%>
<block>
<script>
    var result="<%=s%>"
</script>
<return namelist="result"/>
</block>
</form>
</vxml>
```

[그림 11-10] APP VoiceXML 코드

세 번째, 음성인식 시스템은 어떠한 구성을 가지는지 간략히 살펴보자. 음성인식 시스템은 입력된 음성신호를 처리하는 입력부, CHMM을 이용한 기차역명의 인식을 처리하는 인식부, 인식된 어휘를 화면에 표출하는 출력부로 나누어지며 전체적인 구성도는 [그림 11-11]과 같다.

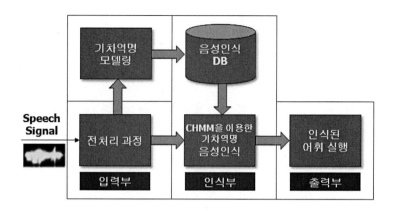

[그림 11-11] 음성인식 시스템 구성도

여기서 인식부에서 음성인식 처리를 위하여 사용한 CHMM은 음성신호에서 추출한 특징벡터를 그대로 사용하며 모델의 파라미터를 추정하기 위하여 관측된 신호들에 대한 Maximum Likelihood를 구하기 위한 방법으로 Gaussian Mixture Model을 사용한다. CHMM의 경우 상태 j, 시간 t에서 입력벡터를 관측할 확률은 다음 식과 같이 가우시안 혼합모델(Gaussian Mixture Model, GMM)로 표현된다.

$$b_j(O_t) = \sum_{k=1}^{M} c_{jk} N(O_t, \mu_{jk}, U_{jk}), 1 \le j \le N$$

[수식 11-1]

여기서 M은 GMM을 구성하는 가우시안 mixture의 개수를, c_{jk}는 상태 j에서 k번째 가우시안 mixture의 가중치(weight)를, μ_{jk}와

U_{jk}는 각각 상태 j에서 k번째 가우시안 mixture의 평균벡터(mean vecter)와 공분산 행렬(covariance matrix)이고 N은 전체 상태(state) 수를 나타낸다.

지금까지 철도예약서비스를 위한 텔레포니 환경에서 음성신호 처리를 위하여 VoiceXML의 Record Tag 기능을 이용하여 음성신호를 녹음하고 이를 실시간 재생하여 VAC를 통하여 음성인식 시스템으로 전송하는 방식에 대하여 이야기하였다. 제안하는 방식의 장점은 Local 환경에서의 종속적인 인터페이스 제공을 뛰어넘어 원격 환경, 즉 언제 어디서나 시간과 공간에 제약을 받지 않는 음성 인터페이스를 제공한다는 것이다. 또한 이러한 방식으로 구축된 파일럿 시스템은 연구자 또는 개발자로 하여금 텔레포니와 인터넷 기술을 손쉽게 연동할 수 있고 음성인식 시스템에만 집중할 수 있는 여건을 제공할 뿐만 아니라 대규모 시스템 도입 전 실제 환경에서의 사전 평가를 통하여 예측되는 리스크를 최소화할 수 있다. 향후 철도예약을 위한 음성 DB 구축 시 역명인식뿐만 아니라 승차일, 승차시간, 이용인원 등 보다 확장된 DB 구축 및 대화체 음성인식 적용도 필요하며 Dialog의 구성을 좀 더 세밀하고 인성이 가미된 보다 향상된 시스템을 구축해야 할 필요가 있다.

영화 〈철도원(후루하타 야스오 감독, 다카쿠라 켄 주연)〉은 아사다 지로의 단편소설 〈철도원〉을 원작으로 일본에서는 1999년 6월 5일 우리나라에는 2000년 2월 4일에 개봉된 일본 영화이다. 잠깐 감상해 보자.

평생 호로마이 역을 지켜온 철도원 오토(다카쿠라 켄) 역장은 눈이 내리면 고개를 들어 눈송이를 쏟아내는 먼 하늘을 하염없이 바라본다.

지난 날 잃어버린 소중한 사람들의 흔적을 찾고 싶어서일까? 17년 전 겨울 어느 날, 철도 위에서 오토가 열차를 점검하고 있을 때 우유 빛처럼 하얗고 뽀얀 얼굴의 아내가 그에게 달려왔다. 아기를 가졌다며 기쁨에 어쩔 줄 몰라 하며 행복해하는 천진난만한 아내 시즈에(오오타케 시노부), 오타의 넓은 어깨에 안겨 너무나 행복해하는 그녀를 오토는 포근하게 안아주었다. 오랜 기다림 끝에 태어난 딸에게 오토와 시즈에는 '눈의 아이'라는 뜻의 유키코란 이름을 지어주었다. 하지만 행복도 잠시 유키코가 태어난 지 두 달쯤 된 어느 날. 급작스러운 열병에 걸린 어린 아이를 데리고 병원에 갔던 아내는 눈처럼 차갑게 식어버린 딸의 주검을 안고 돌아왔고, 딸의 죽음을 지켜보지 못한 채 어김없이 역을 지키고 있던 오타의 가슴엔 깊은 상처가 자리잡았다. 그리고 얼마 안 가 아내 시즈에마저 깊은 병을 얻어 큰 병원에 입원하는 날에도 오토는 역에 남아 슬프도록 맑은 눈으로 자신을 바라보는 아내를 홀로 보내고 말았다. 그렇게 떠난 아내마저 쓸쓸히 유키코가 있는 하늘로 가버리고 오토의 정년퇴임을 앞둔 새해 아침. 눈 쌓인 플랫폼을 치우고 있던 오토에게 낯선 여자아이 하나가 인사를 한다. 가슴에 인형을 안고 천진난만하게 웃고 있는 소녀(히로스에 료코)는 처음부터 그를 알고 있었다는 듯 성큼 다가온다.[3]

우리의 가슴을 애절한 슬픔과 잔잔한 감동에 젖게 하는 영화다. 이 글을 읽는 독자들도 철도를 소재로 한 명작을 통해 내면의 나, 나아가 세상과 커뮤니케이션하기 바란다.

철도수송수요를 예측하다[1]

미래를 예측한다는 것은 미래에 대한 커뮤니케이션의 문제이다. 적정한 수준의 철도 장래 수요예측은 경영계획의 수립, 투자의사 결정 등에 있어 중요한 역할을 하며 잘못된 수요예측에 따른 과잉투자 또는 기회비용의 손실 등은 경영상의 문제를 발생시킨다. 중앙선의 여객수송수요를 효율적으로 예측하기 위한 방법으로 계절성 요인을 고려하여 구축된 ARIMA 모형은 중안선의 단기수요를 예측하는 데 활용이 가능할 것이다.

NewsScrab 02. 개통 100일! 중부내륙 관광지도를 바꾸다[2]

O·V트레인 약 6만 명 체험…, 지역경제에도 활기

중부내륙관광열차 개통으로 강원 남부, 충청북도 북부, 경상북도 북부로 이어지는 중부내륙의 지역 경제와 관광 지형이 바뀌고 있다.

코레일(사장 직무대행 ○○○)은 중부내륙관광열차 개통 100일째가 되는 6월 22일 현재 O트레인(중부내륙순환열차) 31,053명, V트레인(백두대간협곡열차) 27,955명 등 모두 59,008명이 이용했다고 밝혔다.

*중부내륙관광열차 개통일 3월 15일 *영업운행 시작일 4월 12일

지난 4월 12일 이후 영업운행을 통해 하루 1천 명의 관광객을 실어 나른 셈이다. 특히 지난 석가탄신일 연휴(5.17~5.19)에는 하루에만 2천여 명이 이용할 정도로 인기를 끌었다.

현재도 예약자만 2만 명이 넘었으며, 주말의 경우엔 사전 예매가 필수가 됐다. O트레인 티켓을 구하지 못한 관광객들은 관광버스로 분천역까지 와서 V트레인을 체험하는 이색적인 풍경이 벌어지기도 한다.

코레일은 이러한 추세대로라면 연간 이용객이 37만 명에 달하고, 총 60억 원의 운행수입을 올릴 것으로 기대하고 있다.

(중략)

▲ 세계 언론도 백두대간의 풍경과 함께 관광열차를 집중 조명

백두대간의 속살을 열어준 관광열차가 운행되면서 국내 언론은 물론 외신들의 관심도 이어지고 있다.

전 세계 화교방송인 NTD(3.20, 5.20), 중국 유력지 환구시보(5. 22. 중국)에 이어, 일본의 NHK BS(5. 30.) 미국 Voice of America(5.13.) 등이 V트레인(백두대간협곡열차)의 운행 내용을 자세하게 보도했으며, 다큐멘터리 채널 내셔널지오그래픽, 독일 ARTE 등이 촬영을 마치고 올 하반기와 내년 초 방영을 계획하고 있다.

○○○ 코레일 사장 직무대행은 "고택체험, 템플스테이, 트레킹 등 연계 관광 콘텐츠를 지속적으로 개발하고, 중부내륙을 시작으로 남도해양벨트, DMZ평화생명벨트, 서해골드벨트, 동남블루벨트 등 전국을 연계하는 5대 철도 관광벨트를 구축해 철도관광의 새 장을 열겠다."고 말했다.

【출처: 코레일 뉴스, 2013년 6월 23일】

철도수송수요 예측에 대한 개요

적정한 수준의 철도 장래 수요예측은 경영계획의 수립, 투자의사 결정 등에 있어 중요한 역할을 한다. 따라서 잘못된 수요예측에 따른 과잉투자 또는 기회비용의 손실 등은 경영상의 문제를 발생시킨다. 기존의 철도 수요예측 연구에서는 중·장기 예측을 위한 전통적인 4단계 모형, 단기 예측을 위한 시계열 분석 및 직접수요모형을 주로 사용하였다. 이 중 단기 예측을 위한 ARIMA 모형은 적은 자료만으로 빠른 시간 내에 정확도가 높은 장래 수요예측이 가능하다. ARIMA 모형의 적용에 관한 연구를 살펴보면 Kim과 Hwang은 ARIMA 모형을 이용하여 제주공항 여객 수요를 예측[3]하였고, Kwon과 Lee는 ARIMA 모형을 이용하여 범용적으로 쓸 수 있는 지역 간 철도수송수요 예측모형을 구축[4]하였다. 또한 Lee et al.은 ARIMA 모형을 이용하여 전력수요를 효율적으로 예측[5]하여 활용하고자 하였고, Hur et al.은 다변량 시계열 ARIMA 모형을 이용하여 항공 수요를 예측[6]하였다. 이처럼 ARIMA 모형은 여러 분야에서 다양하게 응용되고 있다. 무엇보다도 각 분야의 특성에 맞는 최적 모형의 개발이 필요하다. 본 장에서는 중앙선을 대상으로 최근의 관광수요(O-train, V-train)를 포함한 여객수송수요를 효율적으로 예측하기 위하여 계절 ARIMA 모형을 구축하는 방법에 대하여 살펴보기로 한다.

계절 ARIMA 모형은 무엇인가?

계절 ARIMA 모형은 시계열이 일정한 계절주기를 가지고 변할 때 주로 사용하며 시계열의 구성성분들이 확률적이거나 다른 성분들과 상관이 있는 경우에 사용할 수 있다. 시계열 가계절주기가 s인 ARIMA(p,d,q)(P,D,Q)s 과정을 따를 때 아래의 수식 형태의 모형으로 표현한다. 여기서 B는 후행연산자(Backshift Operator), $\phi(B)$와 $\Phi(B^s)$는 각각 비계절적 및 계절적 AR연산자, $\theta(B)$와 $\Theta(B^s)$는 각각 비계절적 및 계절적 MA 연산자, d와 D는 각각 비계절적 및 계절적 차분 차수, p와 P는 각각 비계절적 및 계절적 AR차수, q와 Q는 각각 비계절적 및 계절적 MA차수, δ는 평균에 관련된 상수이다.

$$\phi_p(B)\Phi_p(B^s)(1-B)^d(1-B^s)^D Z_t = \delta + \theta_q(B)\Theta_Q(B^s)\varepsilon_t, \varepsilon_t \sim iid\, N(0,\sigma_\varepsilon^2)$$
[수식 12-1]

계절 ARIMA 모형의 전반적인 구축 절차를 살펴보면 [그림 12-1]과 같으며 내용은 다음과 같다. 첫 번째로 시계열 자료에 대하여 일정한 주기로 나누었을 때, 각 주기에 해당하는 평균과 분산이 일정한 정상성(Stationarity)을 만족시켜 주어야 한다. 만일 시계열 자료의 평균과 분산이 비정상적일 경우, 각각 변수변환 및 차분을 취해 정상성을 만족시킨다. 두 번째로 모형의 식별단계에서는 시계열 자료 내 관측값들 사이에 존재하는 상관관계를 측정하기 위하여 자기상관함수(Autocorrelation function, ACF)와 편자기상관함수(Partial Autocorrelation function, PACF)를 이용하여 ARIMA(p,d,q) 모형을 구성하는 자기회귀(Autoregressive, AR) 요소인 p와 이동평균(Moving Average, MA) 요소인 q를 임시적으로 결정한다. 세 번째로 모형의 추정단계에서는 식별단계에서 선택한 모형의 계수들을 정확히 추정한다. 네 번째로 모형의 진단단계에서 추정된 모형이 통계적으로 적절한지 여부를 결정하며 최적의 모형을 찾을 때까지 모형의 식별·추정·진단단계를 반복하여 실행한다. 마지막으로 최종모형이 구축되면 이를 이용하여 장래 수요를 예측한다.

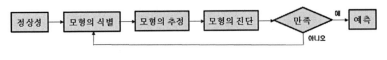

[그림 12-1] 계절 ARIMA 모형의 구축 절차

계절 ARIMA 모형을 구축하기 위한 시간 및 공간적인 범위는 중앙선이다. 중앙선은 청량리~경주(373.8 km)까지의 노선으로 우리나라 5대 간선 중의 하나이지만, 청량리역과 원주역을 제외하면 인구 30만 명 이상의 배후도시가 없는 대표적인 지방 중소도시 연계노선이다. 이는 근본적으로 철도를 이용할 수 있는 인구규모가 작으며 인프라(선로 등)의 개선(복선전철화 및 고속화 등)을 위한 투자의사 결정시 새로운 수익상품(관광상품 등)의 개발과 함께 적정수준의 장래 수요에 대한 효율적인 예측이 선행되어야 한다. 따라서 최근의 관광수요가 반영된 자료를 기반으로 수요예측 모형을 구축할 필요가 있다. 이를 위하여 구축한 자료는 2005년 1월부터 2013년 7월(103 개월) 까지의 주운행선이 중앙선이고 정기권 실적을 포함한 월별 여객열차의 수송인원이다. 여기서 여객수송인원은 열차종별이 새마을과 무궁화인 열차로 수송된 수요이다. [그림 12-2]는 연도별 월평균 여객수송실적이다. 2005년 청량리~용문(現 용산~용문 전동차 운행) 복선전철 개통 운행 이후 2007년까지 감소, 2008년 소폭 상승하였다가 2009년 이후 지속적으로 증가하는 추세를 보이고 있으며 특히 2013년 큰 폭의 증가를 보이고 있다. 이는 최근의 관광수요(O-train, V-train)가 반영된 것으로 추정된다. 본 연구에서는 모형의 식별 및 추정을 위하여 2005년 1월~2013년 7월까지의 자료(103 개월), 모형의 검증을 위하여 2013년 8월~2013년 11월까지의 자료(4 개월)를 활용하여 계절 ARIMA 모형을 이용한 수요예측모형을 구축한다.

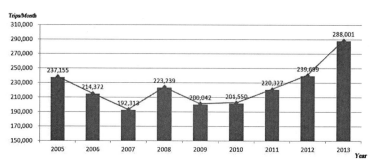

[그림 12-2] 연도별 월평균 여객수송실적

중앙선의 장래수요를 예측하다

첫 번째, 정상성 및 계절성 존재여부는 어떻게 점검하는가? 아래 [그림 12-3]의 중앙선 여객수송인원의 시계열 그래프를 살펴보면 2010년 3월 이후 급격히 감소했다가 다시 증가하는 추세를 보이며 평균 참조선을 기준으로 일정한 패턴을 보이지 않고 있기 때문에 평균이 정상적이지 않음을 알 수 있다. 따라서 비계절적인 차분을 실시하여 평균을 정상적으로 만들 필요가 있다.

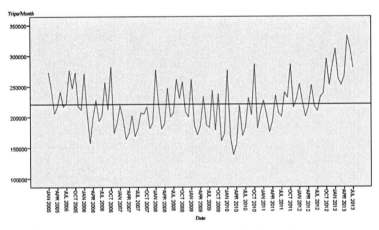

[그림 12-3] 중앙선 여객수송인원의 시계열 그래프

다음 [그림 12-4]의 비계절적인 1차 차분 후 시계열 그래프를 살펴보면 위 [그림 12-3]과는 달리 더 이상 감소하거나 증가하는 추세를 보이지 않으며 시계열 자료의 평균이 정상적으로 되었음을 시각적으로 확인할 수 있다.

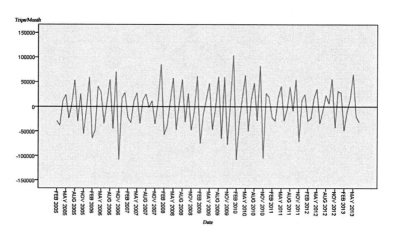

[그림 12-4] 비계절적인 1차 차분 후 시계열 도표

또한 [그림 12-5]에서 1차 비계절적 차분된 자기상관함수를 살펴
보면 더 이상 증가하는 추세가 나타나지 않음을 알 수 있다. 그리
고 1차 비계절적 차분된 자기상관함수 중에서 몇 개의 스파이크가
신뢰한계선 밖으로 튀어나온 것을 볼 수 있다. 특히, 시차 12와 시
차 24의 자기상관계수의 스파이크가 신뢰한계선을 넘어 돌출되어
있고 시차 12와 시차 24의 자기상관계수가 서서히 감소하므로 계절
적 차분(D=1)이 필요함을 알 수 있다.

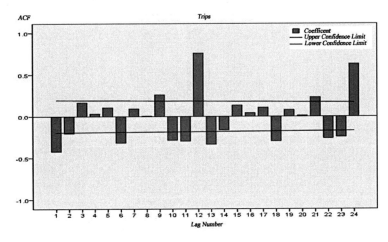

[그림 12-5] 1차 비계절적 차분된 자기상관함수

[그림 12-6]에서 여객수송인원의 비계절적 및 계절적 1차 차분 그래프를 살펴보면, 평균 0을 중심으로 일정하고, 분산도 시간의 흐름에 따라 일정한 모습을 보인다. 이는 차분 후 시계열 자료의 평균과 분산이 정상적인 분포를 나타내고 있음을 알 수 있다.

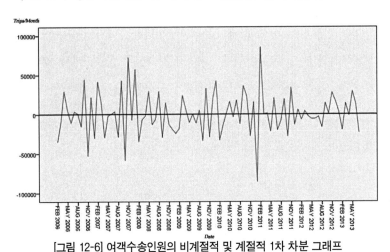

[그림 12-6] 여객수송인원의 비계절적 및 계절적 1차 차분 그래프

두 번째, 모형의 식별은 어떠한 과정을 거치는가? 자기상관함수는 자기회귀(AR)의 경우 이론적으로 지수함수 또는 사인곡선 형태로 서서히 0으로 감소하는 형태이며, 이동평균(MA)의 경우에는 이동평균 차수에 해당하는 시차에서 두드러진 스파이크가 나타나고, 이 시차 이후에 해당하는 자기상관계수가 모두 0으로 절단되며, 혼합된 경우에는 0을 향해 서서히 감소하는 형태를 보인다. [그림 12-7]에서 자기상관함수의 시차 1에서 뚜렷한 스파이크를 발견할 수 있으며 그 이후 단기시차에서 서서히 0으로 절단되는 형태이므로, 비계절적 부분을 MA(1)모형으로 고려할 수 있다. 마찬가지로, 자기상관함수의 시차 12에서 뚜렷한 스파이크를 발견할 수 있고 시차 24에서 0으로 절단하는 형태이므로 MA(1)12모형을 고려할 수 있다. 또한 비계절적 및 계절적 1차 자기상관함수는 계절시차 12에서 유의적인 값을 갖고 있다. 따라서 Model1: ARIMA(0,1,1)(0,1,1)12, Model2: ARIMA(0,1,1)(0,1,0)12, Model3: ARIMA(0,1,0)(1,1,1)12, Model4: ARIMA(0,1,0)(1,1,0)12, Model5: ARIMA(0,1,0)(0,1,1)12의 5가지 모형을 고려할 수 있다. 이때 통계적으로 유의하지 않은 상수항은 모형에서 제외한다. 여기에서는 적절한 모형의 차수결정을 위해 자기상관함수와 편자기상관함수를 이용하고, 그 후에 ARIMA 모형을 객관적으로 식별하기 위하여 정규화된 BIC(Normalized Baysian Information Criterion) 방법을 사용한다. 다음 [표 12-1]을 살펴보면 Model1의 BIC 값이 19.548으로 가장 작으므로 Model1을 우선적으로 최적모형으로 고려하되 다른 Model들의 경우도 함께 살펴보기로 한다.

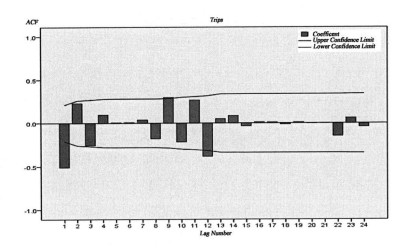

[그림 12-7] 비계절적 및 계절적 1차 차분과 자기상관함수

ARIMA Model	Stationary R Square	Normalized BIC
Model1: $(0,1,1)(0,1,1)_{12}$	0.598	19.548
Model2: $(0,1,1)(0,1,0)_{12}$	0.269	20.220
Model3: $(0,1,0)(1,1,1)_{12}$	0.252	20.332
Model4: $(0,1,0)(1,1,0)_{12}$	0.126	20.398
Model5: $(0,1,0)(0,1,1)_{12}$	0.267	20.223

[표 12-1] 모형의 식별

Model1 $(0,1,1)(0,1,1)_{12}$		Estimate	SE	t	P(=Sig.)
Constant		793.938	322.896	2.459	0.016
Difference		1	-	-	-
MA	Lag 1	0.614	0.086	7.125	0.000
Seasonal Difference		1	-	-	-
MA,Season	Lag 1	0.795	0.186	4.284	0.000
Model2 $(0,1,1)(0,1,0)_{12}$		Estimate	SE	t	P(=Sig.)
Constant		1073.401	1048.084	1.024	0.309
Difference		1	-	-	-
MA	Lag 1	0.580	0.088	6.562	0.000
Seasonal Difference		1	-	-	-
Model3 $(0,1,0)(1,1,1)_{12}$		Estimate	SE	t	P(=Sig.)
Constant		0.003	0.004	0.617	0.539
Difference		1	-	-	-
AR,Season	Lag 1	0.198	0.195	1.013	0.314
Seasonal Difference		1	-	-	-
MA,Season	Lag 1	0.988	4.244	0.233	0.816
Model4 $(0,1,0)(1,1,0)_{12}$		Estimate	SE	t	P(=Sig.)
Constant		0.003	0.009	0.373	0.710
Difference		1	-	-	-
AR,Season	Lag 1	-0.368	0.099	-3.706	0.000
Seasonal Difference		1	-	-	-
Model5 $(0,1,0)(0,1,1)_{12}$		Estimate	SE	t	P(=Sig.)
Constant		615.694	892.893	0.690	0.492
Difference		1	-	-	-
Seasonal Difference		1	-	-	-
MA,Season	Lag 1	0.834	0.202	4.122	0.000

[표 12-2] 모형의 추정

ARIMA Model	Ljung-Box Q Statistics		
	Statistics	df	P(=Sig.)
Model1 $(0,1,1)(0,1,1)_{12}$	14.632	16	0.552
Model2 $(0,1,1)(0,1,0)_{12}$	34.255	17	0.309
Model3 $(0,1,0)(1,1,1)_{12}$	48.243	16	0.000
Model4 $(0,1,0)(1,1,0)_{12}$	69.621	17	0.000
Model5 $(0,1,0)(0,1,1)_{12}$	54.780	17	0.000

[표 12-3] 모형의 진단

세 번째, 모형의 추정은 어떠한 과정을 거치는가? [표 12-2]에서 볼 수 있듯이 모형의 추정단계에서 우선적으로 고려한 Model1을 제외한 Model2~Model5의 상수항의 경우 95% 신뢰수준에서 통계적으로 유의하지 않았고 Model3을 제외한 다른 Model들의 추정된 계수들은 모두 99% 신뢰수준에서 통계적으로 유의한 것으로 나타났다.

네 번째, 모형의 진단은 어떠한 과정을 거치는가? 모형의 진단은 추정된 모형이 관측된 시계열을 통계적으로 잘 적합시키고 있는지를 확인하는 것이다. 모형을 진단하는 방법으로 잔차분석을 주로 이용하는데, 통계적 적절성을 점검하는 데 있어 가장 중요한 검증은 백색잡음(White Noise)의 독립성 가정 여부이다. 여기에서는 주로 사용하는 모형 진단 방법 중 Ljung-Box 통계량을 이용한다. [표 12-3]의 Ljung-Box 통계량을 살펴보면 Model1, Model2의 경우 유의확률이 각각 0.552 > 0.05, 0.309 > 0.05 이므로 '잔차는 자기상관이 없다.'는 귀무가설이 기각되지 않기 때문에 잔차에는 자기상관이 없다. 따라서 '백색잡음항은 독립이다.'라는 귀무가설을 채택하게 된다.

전체적으로 종합하여 판단하면 모형의 식별단계의 BIC 값, 모형의 추정단계의 t-통계량, p-Value 및 모형의 진단단계의 Ljung-Box 통계량을 고려해 볼 때 Model1을 최적모형으로 선정할 수 있다. 또한 계절성을 포함한 단순 지수평활법, Winters(승법) 방법의 시계열 모형과 비교를 위하여 [그림 12-8], [표 12-4]와 같이 예측력과 모형 통계량을 고려한다. 각 비교 모형들의 예측력에 대한 우의를 비교하기 위하여 최근 대략 10% 자료인 10개(2012년 10월부터 2013년 7월까지)의 관측값을 제거한 후 각 모형에 근거하여 제거된 10개 시점의 예측값을 산출한다. [그림 12-8]을 살펴보면 관측값에 가까운 개수를 고려하면 구축한 모델이 우위에 있음을 알 수 있다. 또한 [표 12-4]와 같이 모형적합 통계량의 관점과 Ljung-Box 통계량을 비교해 볼 때 구축 모형이 우위에 있다고 할 수 있다. 그리고 구축 모형의 실제 예측력 검증을 위하여 취득 가능한 자료 4개(2013년 8월부터 2013년 11월까지)의 실측값과 예측값을 비교하여 검증한 결과 RMSE 값이 16146.079로 다른 모형에 비하여 우위에 있음을 확인할 수 있으며, [그림 12-9]와 같이 실측값에 근접하고 있음을 알 수 있다. 따라서 구축 모형이 다른 시계열 모형보다 우위에 있으며 중앙선 여객수송수요를 예측하는 데 적합한 모형이라고 할 수 있다.

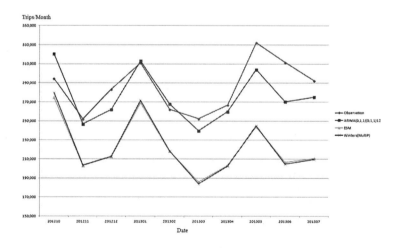

[그림 12-8] 예측력 비교 그래프

Model Statistics		ARIMA(0,1,1)(0,1,1)$_{12}$	ESM	Winters(MultiP)
Model Fit	Stationary R Square	0.598	0.483	0.506
	R Square	0.817	0.761	0.781
	RMSE	16801.332	19790.415	18495.526
	MAPE	5.965	6.829	6.259
	MaxAPE	19.744	22.688	19.575
	MAE	13200.406	14714.252	13919.936
	MaxAE	48473.135	56189.600	51591.820
	Normalized BIC	19.548	19.936	19.786
Ljung-Box Q	P(=Sig.)	0.552	0.347	0.450

[표 12-4] 모형의 통계량 비교

다섯 번째, 장래수요의 예측은 어떠한 과정을 거치는가? 최적 모형으로 선정된 Model1: ARIMA(0,1,1)(0,1,1)12를 이용하여 2013년 8월부터 2014년 12월까지의 중앙선의 여객수송수요를 예측하였다. 그 결과는 [그림 12-9]와 같으며 최소치 350,268명 최고치 444,006명으로 연평균 381,445명, 2013년 대비 연평균 91,624명(1.32%) 증가하는 것으로 예측되었고 2014년 12월까지 꾸준히 증가하는 추세를 보이고 있다.

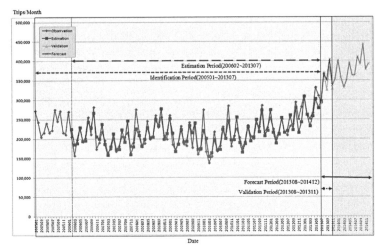

[그림 12-9] 여객의 장래수송수요 예측 그래프

지금까지 중앙선의 여객수송수요를 효율적으로 예측하기 위한 방법으로 계절성 요인을 고려한 ARIMA 모형의 구축 방법에 대하여 살펴보았다. 특히, 최근의 관광수요를 반영하기 위하여 2013년 4월 개통되어 운행되고 있는 중부내륙권 관광전용열차(O-train, V-train)의 수요를 포함하여 예측모형을 구축하였다. 이를 위하여 2005년 1월부터 2013년 7월까지의 월별 시계열 데이터(103개)를 사용하여 최적의 모형을 선정하였으며 예측 결과 중앙선의 여객수송수요는 지속적으로 증가할 것으로 나타나고 있다. 이렇게 구축된 모형은 중앙선의 단기수요를 예측하는 데 활용이 가능할 것이다.

Break Time ⑰ _____ _! Creative Think_

　　불확실한 미래를 예측한다는 것은 쉽지가 않다. 미래에 어떤 일이 일어날지는 그 시점이 도래하지 않는 이상 아무도 확신할 수 없기 때문이다. 현재의 시점에서 미래에 연결점을 두고 커뮤니케이션을 하는 것, 이것이 미래에 대한 예측이다. 또한 우리는 현재의 시점에서 과거에 연결점을 두고 커뮤니케이션할 수 있다. 이러한 커뮤니케이션 과정을 통해 우리가 과거의 데이터를 분석하고 이를 기반으로 미래를 예측할 수 있는 것이다. 과거의 데이터의 패턴이 일정한가? 아니면 불규칙한가? 아니면 혼합된 패턴을 가지고 있는가에 따라 그 분석방법 및 기법은 달라질 것이다. 과거에 연결점을 둔 커뮤니케이션은 우리가 역사인식을 어떻게 하고 있느냐에 대한 문제와도 그 맥락을 같이한다. 현재를 살아가는 우리들이 올바른 역사인식을 가지고 있어야 이를 기반으로 다가올 미래에 대해 올바른 지표로 삼을 수 있는 것이다.

　　그렇다면 불확실한 미래를 아주 잘 맞추고 있다고 인구에 회자되고 있는 노스트라다무스(라틴어: Nostradamus, 1503~1566)의 예언은 어떠한 관점에서 바라봐야 하는가? 잠깐 그에 대하여 살펴보기로 하자. 그는 프랑스의 천문학자, 의사 그리고 예언가이며 본명은 미셀 드 노스트르담(프랑스어: Michel de Nostredame)이다. 1555년 운을 맞춘 4행시를 백 편 단위(Centuries)로 모은 〈예언집(Les Proheties)〉을 출판하였다. 그가 남긴 예언서의 난해한 내용에 대한 다양한 해석이 있으며 이러한 해석으로부터 프랑스 혁명과 나폴레옹의 등장, 2차 세계대전, 아돌프 히틀러, 달 착륙, 9.11테러 사태, 지구의 종말 등에 대한 예언까지 지나간 일에 대한 적중, 예상되는 예언 등이 계속해서 대중의 관심을 받고 있다.[7] 미래에 연결점을 두고 있으나 사실 데이터나 과학적 근거가 없는 이러한 커뮤니케이션은 여전히 논란의 대상이 되고 있다. 그럼에도 불구하고 이를 믿고 싶어하는 것은 그 대상이 '불확실한 미래'이기 때문이기도 하지만 미래에 대한 불안한 마음을 다분히 호기심어린 마술적 신비주의 커뮤니케이션으로 채우려 하는 인간 본성의 문제는 아닐까? 하는 생각도 해본다. 세상에 철도가 탄생한 지 190년, 우리나라에 철마가 첫 기적소리를 울린 지 116년이 되었고, 일제 강점기를 거쳐 광복을 맞이한 지 70년이 되었다. 하지만 분단의 아픔은 아직 현재 진행형이다. 이를 극복하고 우리가 염원하는 통일을 이룰 때 진정한 광복의 의미를 되찾을 수 있을 것이다.

철도IT 그리고 모바일의 활용[1]

최근 들어 대형 철도사고가 발생하고 있는 것은 안전의식의 결여뿐만 아니라 시간·공간의 제약에 따른 안전정보 소통의 부재, 교번·교대 근무에 따른 안전정보 전파 제약에 따른 즉시성 있는 안전정보 서비스의 제공이 미흡한 것이 큰 원인이다. 이러한 문제점을 효율적으로 해결하기 위하여 언제 어디서나 안전 커뮤니케이션을 할 수 있는 모바일 앱 서비스의 지원은 철도 최상의 가치인 안전을 확보하기 위한 선도적인 창구 역할을 할 것이다.

철도최상의 가치 '안전확보'를 위하여
모바일 앱을 활용하다

최근 들어 2011년 2월 광명역 KTX 탈선사고, 2013년 8월 대구역 열차충돌사고 등 대형 철도사고가 발생하고 있다. 이러한 사고 뒤에는 인적오류가 상시 잠재되어 있다. 철도 내부의 인적오류 방지는 바로 안전과 직결되는 가장 큰 요소 중의 하나이며 내부의 안전소통을 기반으로 한다. 시간·공간의 제약에 따른 안전정보 소통의 부재, 교번·교대 근무에 따른 안전정보 전파 제약에 따른 즉시성 있는 안전정보 서비스의 제공이 미흡한 것이 큰 원인이다. 이러한 시간·공간의 제약을 극복하고 안전소통을 원활하게 하기 위하여 재난안전 분야에 모바일 앱을 활용하는 방법에 대한 연구가 꾸준히 진행되고 있다.

재난안전 분야 모바일 앱 적용에 관한 연구를 살펴보면 Choi et al.은 해양오염 방제작업자를 위한 모바일 앱 개발[3], Choi와 Kim은 앱 기반 전기화재 예측시스템 개발[4], Ko et al.은 재난 취약자 대상 재난안전 콘텐츠 모바일 앱 개발[5]에 관하여 연구하였다. 또한 Chae와 Kim은 초등학생 학부모들의 잔류농약 인식에 기초한 안전 식생활 교육용 앱 개발[6]에 관하여 연구하였다. 이처럼 모바일 앱의 활용은 재난재해 예방 및 안전 분야에서 다양하게 응용되고 있다. 무엇보다도 각 분야의 특성에 맞는 실용적인 최적의 모바일 앱 개발이 필요하다.

철도 영업거리는 1899년 33.2km에서 2013년 3,587.8km로 108배, 역 수는 1899년 7개에서 2013년 663개로 94배 늘었으며, 열차 속도는 1899년 20km/h에서 2013년 300km/h로 15배, 1일 열차 운행횟수는 1899년 4회에서 2013년 3,347회로 837배 늘었다. 이처럼 철도산업은 눈부시게 혁신적으로 발전해 왔다. 이에 따라 안전관리 초점도 1970~1980년대 설비 중심, 1990년대 사람 중심, 2000년대 시스템을 통한 안전관리체계 중심, 2010년대 안전문화 정착의 시대로 지속적으로 발전해 왔다. 철도는 영업설비, 차량, 노반·궤도, 전철·전력, 신호·통신, 관제·운전 등 서로 다른 특성을 가진 첨단 시스템의 결합체이며, 복잡한 시스템 간 상호보완적이고 유기적인 관계를 가지는 네트워크 산업이다. 이 중 하나만 잘못되어도 큰 사고로 이어진다.

이러한 변화와 철도산업의 특성 속에서 철도 최상의 가치인 안전을 확보하기 위해서는 사고 후 재발방지뿐만 아니라 예지된 위험요인의 차단을 통한 선제적 사전예방, 제도적 규제보다는 능동적이고 자율적인 안전문화의 정착 및 확산을 통한 안전의식의 개선에 초점을 맞출 필요가 있다. 본 장에서는 이러한 안전문화의 정착 및 확산을 위하여 가장 기본이 되는 안전소통을 위한 실용적인 기여를 제공 할 수 있는 모바일 앱 서비스의 개발과 방향성에 관하여 이야기하고자 한다.

현재 철도의 경우 안전정보를 실시간으로 제공할 수 있는 채널로 기간계 시스템인 그룹포털, XROIS의 기능을 이용하여 안전 관련 공지·지시, 안전경보 등을 제공하고 있다. [그림 13-1]과 같이 본사 안전담당자가 안전경보를 발송하면 그룹포털·XROIS를 통하여 현업 담당자는 팝업표출 인지 및 내용 확인(공문서 접수 처리 포함)을 하고 현업 근무자에게 전파한다. 하지만 현장의 근무여건은 대부분이 교번·교대근무자(3조 2교대)이다. 따라서 즉시성 있는 실시간 전파를 하는 데는 시간적·공간적 제약이 발생할 수밖에 없다.

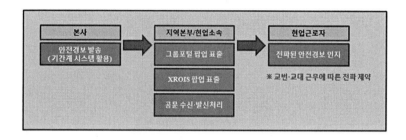

[그림 13-1] 안전정보 제공의 흐름

　여기에서는 안전소통의 개념을 단순한 안전정보의 소통뿐만 아니라 안전 확보를 위한 교육, 홍보, 제도·매뉴얼 정비 등 상호 공유가 필요한 일련의 활동으로 정의하기로 한다. [그림 13-2]는 2012년 1월부터 오픈하여 운영 중인 그룹포털 내 안전마당의 안전경보의 조회 건수이다. 여기서 알 수 있듯이 평균 545.1명(현원 대비 1.95%)이 안전경보의 내용을 확인하고 있음을 알 수 있고 실제 현장의 직원에게까지 체감할 수 있는 정도의 전파는 구두, 페이퍼 전달 등에 의지할 수밖에 없다. 따라서 즉시성 있는 안전정보의 소통과 시간·공간에 구애받지 않는 모바일 수단이 절실히 필요하다.

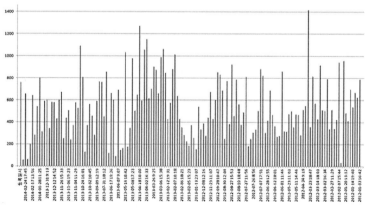

[그림 13-2] 안전경보 내용의 조회 빈도수

[그림 13-3]과 같이 모바일 앱 서비스를 위한 SWOT 분석을 하여 구축방향을 도출해 보면 다음과 같다. 모바일(스마트폰) 이용자가 2013년 4,000만을 넘어서고 있으며 대부분의 철도 직원들도 스마트폰을 사용하고 있다. 이러한 주변 환경의 고려와 철도의 직무환경의 특성상 교번·교대근무의 형태를 유지하고 있어 즉시성 있는 실시간 안전정보를 제공하는 데 시간적·공간적 제약의 문제를 해결하기 위하여 현재 내부소통 채널로 활용하고 있는 철도 안전마당과 연계하여 모바일 앱 서비스를 제공할 수 있는 채널을 확대할 필요가 있다. 하지만 대외적으로 개인정보 유출 등 보안침해의 위험이 존재하며 이러한 보안 위협을 해결하기 위하여 철도 내의 안전조직과 IT조직의 역량을 적극 활용하여 이를 극복해야 한다. 또한 정부의 공공기관 모바일 앱 사용에 대한 가이드라인 만족을 위한 인프라 투자비용 발생 등을 효율적으로 극복하기 위하여 단계적인 구축방향이 필요하다.

위에서 살펴보았듯이 내·외부 소통 채널 확대를 위한 모바일 수단의 이용은 이제 필수적인 요구사항이 되고 있다. 다만 빠르게 변하고 있는 기술의 발전, 이에 따른 보안의 위협 등 주변 환경의 문제를 어떻게 하면 효율적으로 해결할 것인가 하는 고민이 필요하다.

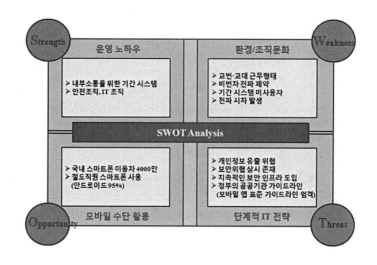

[그림 13-3] SWOT 분석

모바일 앱의 개발 방식에 대하여 알아보다

일반적으로 모바일에서 구동하는 어플리케이션은 크게 모바일 앱, 모바일 웹, 하이브리드 앱으로 나눌 수 있다. 모바일 앱은 스마트폰에 설치하여 사용할 수 있는 프로그램을 뜻하며 모바일 웹은 인터넷 기능을 통해 각종 웹사이트에 접속할 수 있도록 모바일 전용 환경을 고려한 웹사이트를 말한다. 하이브리드 앱은 모바일 앱과 모바일 웹의 장점을 가져와서 혼합한 형태의 앱으로, 웹표준을 준수한 모바일 웹을 만든 후 앱에 연동시켜 형식은 앱으로 만들고 내용은 웹으로 만든 형태이다. 모바일 앱과 동일한 환경을 가지고 있지만 부분적으로 HTML과 CSS로 작성된다. 하이브리드 앱은 인터넷 환경과 WIFI 환경에 따른 영향에 유연하고 모바일 앱보다 로 딩속도가 빠르며, 개발비용을 상대적으로 절감할 수 있는 특징을 가지고 있어 최근 모바일 기기들에 많이 적용되고 있는 개발방식이 다. [표 13-1]은 모바일 어플리케이션의 구현 방식의 장단점을 비교 한 내용이다.

구분	모바일 앱	모바일 웹
구현	· 전용 개발도구 사용 (Visual Studio, X-code, Eclipse 등)	· 특정서버에 Script 언어 or HTML 코딩
설치	· 마켓에서 바이너리 파일 다운로드 후 설치	· 필요 없음 (웹 브라우저에 연결)
운영	· 모바일 기기에 따라 다름 · OS버전에 따라 Error 발생	· 웹 브라우저에 기반한 운영 (Explorer, Chrome, Safari, Opera 등) · 브라우저 종류에 따라 Error 발생
장점	· 빠른 응답시간 · 대화형 사용자 인터페이스 · OS나 기기에 따른 특정 APP 개발	· 1개월 정도의 개발기간 소요 · 기존의 웹 개발기술 적용 · 단순한 업데이트 및 변경 · 어느 OS든 상관없이 동작 · 모든 기기에서 사용 가능 · 웹을 이용한 접속 · 별도의 설치 필요 없음
약점	· Mobile Web에 비해 높은 개발비용 · 1~3개월 정도의 개발기간 소요 · 별 OS에 따라 다른 프로그래밍 개발언어 사용	· 네트워크 상황에 따라 인터넷에 긴 연결시간 발생(느린 응답시간) · 사용할 수 없는 특별한 기능 존재 (GPS, Accelerator 등) · 브라우저를 사용한 낮은 접근성

[표 13-1] 모바일 앱과 모바일 웹의 비교

어떻게 모바일 앱 서비스를 구현하고 확장할 것인가?

철도 내부직원의 모바일 기기의 이용자들은 95%(표본조사 113명 중 107명) 이상이 Android 기반의 OS를 사용하고 있다. 여기에서는

Android OS에 기반한 모바일 기기를 대상으로 한정하기로 한다. [표 13-2]와 같이 개발 환경은 Android OS 4.3 체제에서 Eclipse 개발 Tool을 활용한 JAVA로 개발하며 WAS는 WebtoB/Jeus, DB(Server)는 ORACLE을 사용한다.

항목	내용
Mobile OS	Android 4.3(Jelly Bean)
Language	Java, JSP, jQuery Mobile
WAS, Application Server	WebtoB, Jeus
DB(Server)	Oracle
Tool	Eclipse, Aptana Studio

[표 13-2] 개발 환경

개발방식은 앞에서 살펴보았듯이 모바일 앱 과 모바일 웹의 장점을 혼합한 하이브리드 앱 방식을 채택한다. 모바일 메뉴 중 안전경보의 Push Message 기능의 구현과 제한된 사용자(내부 사용자)를 위한 편리한 접근성을 보장하기 위하여 모바일 앱 방식을 적용하고, 나머지 메뉴들은 게시판 형식의 콘텐츠의 효율적인 조회 서비스 및 보안적인 고려를 위하여 모바일 웹 방식을 적용한다. 파일럿 모바일 앱 서비스의 개략적인 흐름을 살펴보면 [그림 13-4]와 같이 사용자는 스마트폰에 설치한 앱의 아이콘을 클릭하면 각 통신사 망과 인터넷 망을 통하여 내부의 모바일 앱 서버에 접속하여 서비스를 받게 된다.

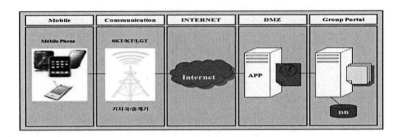

[그림 13-4] 파일럿 모바일 앱의 서비스 흐름도

[그림 13-5]는 파일럿 모바일 앱 서비스의 초기 버전에서의 로그인 화면 및 전체 메뉴 구성 화면이다. 메뉴는 크게 9가지의 카테고리로 구성되며 향후 시범운영을 거쳐 문제점 도출 및 개선 후 실효성 있는 메뉴로 업데이트해야 할 것이다. 첫 번째, 안전관련 정책, 홍보, 콘텐츠 운영 등의 정보 전달 및 직원 상호간의 소통을 위한 '직원소식' 메뉴이다. 두 번째, 안전에 관련된 실시간 안전정보를 전파하기 위한 '안전경보' 메뉴이며, 발생할 때마다 Push Message로 전달되며, 환경설정에 따라 알람·진동 기능이 제공된다. 세 번째, 국내에서 발생한 주요 철도사고 및 운행장애 사례에 대하여 전파하기 위한 '국내사고사례' 메뉴이다. 네 번째, 안전 관련 제도(규정, 지침 등)에 대한 정보를 묻고 답하는 형식으로 제공하는 '안전제도Q&A' 메뉴이다. 다섯 번째, 전직원의 안전에 관련된 제안을 통해 안전의식을 공유하고자 마련된 '안전제안방' 메뉴이다. 여섯 번째, 열차운행에 관련된 제도(규정, 지침 등)에 대한 정보를 묻고 답하는 형식으로 제공하는 '운전제도Q&A' 메뉴이다. 일곱 번째, 전직원의 열차운행에 관련된 제안을 통해 안전의식을 공유하고자 마련된 '안전제안

방' 메뉴이다. 여덟 번째, 반복되는 안전사고, 작업현장의 불안전요인 등 안전사고를 미연에 방지하고 이에 대한 경각심을 가지고자 안전의식을 공유할 수 있는 내용의 '아직도이런일이' 메뉴이다. 아홉 번째, 안전 관련 교육, 홍보, 사고사례 동영상 등을 제공하는 '안전관련동영상' 메뉴이다.

[그림 13-5] 파일럿 모바일 앱 서비스의 로그인 및 콘텐츠 화면

앞에서 살펴보았듯이 [그림 13-6]과 같이 보안위협(개인정보 유출, 웹 취약점을 이용한 해킹 등)에 적절하게 대응하면서 효율적으로 안전소통을 할 수 있는 단계적 접근을 고려해야 할 것이다. 단기적(1단계)으로 단방향 소통 위주의 철도 직원을 대상으로 안전정보의 신속한 전파 및 공유를 통하여 안전문화의 정착에 기여하기 위하여 모바일 앱 서비스를 구현한다. 중기적(2단계)으로 철도 직원을 대상으로 한 양방향 소통이 가능한 서비스를 제공하고, 장기적(3단계)으로 대국민 서비스 및 긴급사고 시 유관기관과 연계한 사고복구를

신속하게 처리할 수 있는 전방위(양방향 및 유관기관 연계, 위치기반 서비스 등) 서비스를 고려해야 할 것이다. 물론 이러한 서비스 제공을 위한 정부의 공공기관에 대한 표준 보안 가인드라인 제공·현행화 및 보안 인프라에 대한 투자가 뒤 따라야 한다.

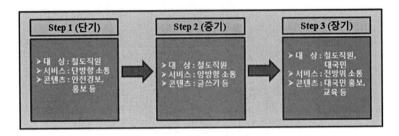

[그림 13-6] 단계별 전략적 접근 방안

지금까지 시간·공간에 구애받지 않는 즉시성 있는 소통채널 확대를 통해 철도의 안전문화 확산 및 휴먼 에러의 사전예방을 위한 모바일 앱 서비스의 개발과 방향성에 대하여 살펴보았다. 최근 들어 대형 철도사고가 발생하고 있는 것은 안전의식의 결여뿐만 아니라 시간·공간의 제약에 따른 안전정보 소통의 부재, 교번·교대 근무에 따른 안전정보 전파 제약에 따른 즉시성 있는 안전정보 서비스의 제공이 미흡한 것이 큰 원인이다. 이러한 문제점을 효율적으로 해결하기 위하여 언제 어디서나 안전소통을 할 수 있는 모바일 앱 서비스의 개발이 필요하다. 이러한 모바일 앱 서비스는 철도 최상의 가치인 안전을 확보하기 위한 선도적인 창구 역할을 할 것이다.

스마트 기기의 기술은 점점 진화하고 있다. 그 기술의 한계는 어디까지인 가? 다음은 얼마 전 뉴스에 보도된 '스마트 기기와 마술의 만남'이란 내용 이다. 잠시 내용을 살펴보자.

"〈앵커 멘트〉 점점 발달하는 스마트 기술에 걸맞게 진화된 마술 기교를 보 여주는 독일 마술사의 솜씨가 눈길을 끌고 있습니다. 〈리포트〉 태블릿 PC 로 스마트 손목시계 '애플워치' 사진을 보던 남자! 가벼운 터치 한 번으로 진짜 '애플워치'를 끄집어내는데요. 이뿐만 아니라 실제 동전을 스마트 워 치 안으로 한 번에 집어넣는 등 다양하고 놀라운 디지털 마술을 자유자재 로 구사합니다. 그는 스마트 기기와 최신장비를 활용한 마술 기교로 새로 운 장르를 개천한 독일 마술사 '아이먼 피에로'인데요, 어제 미국 센프란 시스코에서 개막한 '애플 세계개발자회의'에서 시연할 '스마트 워치' 마술 을 인터넷에 맛보기로 공개했습니다. 첨단 기술이 집약된 스마트 기기로 불가사의한 장면과 트릭을 잇달아 펼치는 마술사! 디지털 시대에 걸맞은 신기한 마술 쇼네요."[7]

이젠 마술도 스마트 기기와 융합하여 새로운 부가가치를 창출하는 시대 가 도래한 것이다. 실제로 오픈 마켓에 가보면 동전마술, 카드마술 등 마 술 관련 앱들이 많이 소개되고 있다. 이러한 마술은 전문적인 마술사가 아닌 일반인도 스마트폰만 있으면 가볍게 즐길 수 있을 정도의 또 하나의 새로운 콘텐츠가 된 것이다. 또 나아가 기업들의 신규 브랜드 론칭을 위한 디지털 마술쇼의 활용, 재미를 가미한 디지털 장난감의 마술적 요소 적용 등 그 활용성이 무궁무진하다. 과연 스마트 기기와 융합한 마술 커뮤니케 이션, 그 활용의 끝은 어디인가? 다시금 생각하게 한다.

철도IT, 고품질의 정보서비스를 위하여 빅데이터를 활용하다[1]

항시적 고품질 정보서비스 유지를 위해서는 고객의 요구사항을 실시간으로 파악하고 적시에 반영하는 것이 필요하다. 고객의 요구사항은 고객리뷰 빅데이터의 내용분석을 통하여 어느 정도 파악이 가능하지만, 정확한 판단을 위해서는 분석자의 주관적 개입이 적은 객관적인 분석방법인 언어네트워크 분석기법이다. 이 기법은 의미연결망과 연결중심성을 분석함으로써 구조화된 관련 핵심어들의 관계와 의미를 파악하여 객관적인 시각에서 개선점을 바라볼 수 있게 한다.

'급행전철' 정보 신설 등 콘텐츠, 디자인 업그레이드하여 10월 출시

코레일은 수도권전철 노선과 열차시간 등을 제공하는 스마트폰 앱(어플리케이션) '광역철도길라잡이'의 이름을 '코레일전철톡'으로 바꾸고 콘텐츠와 디자인을 대폭 업그레이드해 10월 1일부터 서비스한다고 밝혔다.

새롭게 선보이는 '코레일전철톡'은 수도권전철과 지하철 이용 정보를 쉽고 빠르게 확인할 수 있도록 검색 과정을 단순화하고 화면디자인을 개선했다. 기존 최대 4단계 이르는 열차운행 정보 검색을 1단계로 크게 줄이고, 한 번에 원하는 역의 모든 정보를 확인할 수 있도록 구성했다.

또한 사용자 편의를 위해 UI(사용자 환경)와 아이콘을 단순·명료화해 가독성을 높였다.

제공 정보도 기존의 노선도, 열차시간표, 경로검색 이외에 급행전철 이용 정보를 추가하는 등 이용자 니즈를 고려했다.

급행전철 정보는 수도권전철 중 가장 많은 급행전철을 운행하고 있는 코레일의 장점을 살려, 코레일 노선뿐만 아니라 수도권을 운행하는 모든 급행전철 정보를 한 번에 볼 수 있도록 꾸몄다.

안드로이드 버전으로 출시되는 '코레일전철톡'은 구글 플레이스토어 등 안드로이드 앱 마켓에서 다운로드하면 된다.

한편 코레일은 '코레일전철톡' 출시에 맞춰 10월 한 달 동안 오픈 이벤트를 실시한다.

'코레일전철톡'을 자신의 SNS에 홍보하고 앱에 접속해 오픈 이벤트 메뉴에 글을 남기면 추첨을 통해 전국호환 '레일플러스' 교통카드를 증정한다.

또한 앱 설치 후 사용자 평가 의견을 작성하고 오픈 이벤트에 참여하면 300명을 추첨해 전동열차 종이모형을 경품으로 제공한다.

'코레일전철톡'과 오픈 이벤트에 대한 자세한 내용은 렛츠코레일(www.lets-korail.com)에서 확인할 수 있다.

○○○ 코레일 광역철도본부장은 "스마트폰 4천만 명 시대에 고객의 눈높이에 맞춰 전철을 쉽고 편리하게 이용할 수 있도록 앱을 전면 개편했다"며, "유일하게 운영기관이 직접 서비스하는 전철 앱인 만큼 정확하고 신속한 정보 제공으로 좀 더 편리하게 전철을 이용할 수 있도록 노력하겠다."고 말했다.

【출처: 코레일 뉴스, 2014년 9월 29일】

공공데이터의 개방과 고품질의 정보서비스 제공

정부는 2012년 7월 11일 국정운영의 새로운 패러다임으로 '정부 3.0' 구상을 발표하였고 2013년 6월 비전 선포식을 개최, 향후 추진 기틀을 마련하기 위한 3대 전략(투명·유능·서비스 정부), 10대 과제를 확정하였다. 이 중 '소통하는 투명한 정부' 전략은 정보공개법 및 공공데이터법 제정을 통하여 공공데이터 개방·활용을 제약하는 법령 발굴, 개정을 추진하고, 공공데이터 개발·활용을 위한 공공데이터전략위원회 등 지원체계를 출범시키고, 원문 정보공개시스템 구축 및 정보공개포털, 국민의 정보 접근성 강화를 위한 온라인 창구 개편 등 국민맞춤형 사전 정보공개를 확대하고 공공데이터 개방 및 민간 이용 활성화를 추진하고 있다. 이러한 기조의 밑바탕에는 무선 인터넷 기술의 발달 및 스마트 모바일의 확산이 큰 영향을 미치고 있다.

이에 발맞춰 철도운영기관에서도 이러한 정책적 트렌드에 부응하고 국민의 알권리 충족 및 양질의 정보를 제공하기 위해서 기존 정보서비스 창구의 품질개선을 통해 적극적 정보개방이 가능한 방향으로 개편이 필요한 시점이다. 특히, 고품질의 철도정보 제공을 위한 모바일 기기의 활용은 고객의 철도정보에 대한 갈증을 해소하기 위한 핵심 채널이며 고객의 요구사항 분석 및 반영을 통한 지속적 개선이 필요한 대상이다. 철도운영기관에서는 열차시간 확인 및 승차권 예매·발권, 화물정보의 조회·예약, 수도권 지하철 노선정보 및 열차시간표, 경로정보 제공 등을 위한 모바일 앱 서비스를 운영하고 있다. 이 중 광역철도정보 제공을 위한 모바일 앱은 2012년 4월 서비스를 개시하여 2014년 10월 리뉴얼 개편(안드로이드 버전)을 통해 새로운 모습으로 서비스하고 있으며 사용자 요구사항을 반영한 지속적인 품질개선을 통하여 고객의 만족도를 극대화하고 있다.

광역철도정보의 모바일 앱 서비스는 정보의 신뢰성 강화 측면의 공공앱 성격과 기능성 강화측면의 민간앱 성격의 지위를 동시에 가지고 있다. 이는 공공앱으로서의 지위보다는 민간의 동종앱과 경쟁해야 하는 위치에 있고 고객의 입장에서는 선택의 폭이 넓은 반면 서비스를 제공하는 운영기관의 입장에서는 높은 고객의 눈높이를 맞추기 위하여 고품질 유지를 위한 지속적인 서비스 개선을 해야 한다. 이러한 항시적 고품질 서비스를 위해서는 고객의 요구사항을 실시간으로 파악하고 적시에 반영하는 것이 필요하다. 고객의 요구사항은 고객 리뷰 내용을 분석함으로써 어느 정도 파악이 가능하지만 정확한 판단을 위해서는 분석자의 주관적 개입이 적은 객관적인 분석방법을 활용해야 할 필요성이 있다.

이러한 객관적인 분석이 가능한 언어네트워크 분석기법의 응용 사례를 살펴보면 Kim과 Sim은 언어네트워크분석을 중심으로 한 공공앱 사용자 리뷰에 대한 분석[3], Lee와 Ha는 언어네트워크 분석 법을 통한 중학교 과학영재들의 사실, 가설, 이론, 법칙과 과학적인 것의 의미에 대한 인식 조사[4], Lee는 언어네트워크분석을 활용한 초등지리 교육과정에 반영된 세계시민교육 관련 요소의 구조적 특성에 관하여 연구[5]하였다. 또한 Park et al.은 언어네트워크 분석을 이용한 신종 감염병 보도 분석에 관하여 연구[6]하였다.

이처럼 언어네트워크 분석기법은 여러 분야에서 다양하게 활용되고 있다. 무엇보다도 각 분야의 특성을 반영한 핵심어의 분류를 통한 실제적인 분석결과 도출이 필요하다. 본 장에서는 고객리뷰 데이터의 객관적인 분석이 가능한 언어네트워크 분석기법을 이용하여 의미연결망과 연결중심성을 분석함으로써 구조화된 관련 핵심어들의 관계와 의미를 파악하여 개선점 도출 및 개선방향에 대하여 살펴보고자 한다.

광역철도정보 제공 앱 서비스의 현황 및 분석 방법

통상적으로 공공앱은 정부(공공기관)에 의해 만들어진 앱을 말한다. 그 대상에 따라 정부용(G2G), 기업용(G2B), 대중용(G2C)으로 구분할 수 있다. 이 중 대중을 상대로 한 공공앱이 주류를 이루고 있으며 주로 생활정보(날씨, 교통, 산악 등)를 제공한다. 이에 반하여 상업용 모바일 앱은 주로 엔터테이먼트(영화, 음악, 게임 등)를 제공한다. 모바일 기기의 사용이 늘어나고 정보의 접근성이 확대될수록 정보에 대한 요구(욕구)가 증가하게 된다. 2002년 Chang & Kannan 은 〈Preparing for Wireless and Mobile Technologies in Government〉[7] 에서 정보 요구의 의존 기준을 첫 번째, 정보가 모바일 환경에서 얼마나 많이 활용되는가? 두 번째, 모바일 환경에서 정보 요구는 얼마나 긴급한가? 세 번째, 앱을 활용한 접근성이 얼마나 신뢰할 만한가? 네 번째, 어느 정도의 상호작용이 필요한가?

등 4가지 기준에 대해 이야기하였다. 위에서 언급한 정보 요구에 대한 의존 기준은 모바일 앱의 가치를 결정하는 가장 중요한 요인이고 공공앱과 상업용 모바일 앱이 가져야 할 공통적으로 적용되는 내용이다. 하지만 공공앱과 상업용 모바일 앱이 정보 요구에 대해 고객이 원하는 정보를 제공한다는 내용은 크게 다르지 않지만 공공앱이 신속하고 정확한 정보의 제공을 더 주된 목표로 하고 있다는 강조된 특징을 가지고 있다. 광역철도정보를 제공하고 있는 모바일 앱의 경우는 민간에서 개발한 상업용 모바일 앱들과 경쟁의 위치에 있으면서 신속하고 정확한 정보의 제공이라는 공공앱의 위치에 있다. 이는 광역철도를 운영하는 기관으로서의 고객에 대한 신뢰확보를 기반으로 해야 함을 말한다. 공공앱의 다운로드수와 평점을 비교한 모바일 앱을 살펴보면 공공앱의 경우 다운로드 수 10만 이상이 1.7%, 평점 4.0 이상이 78%로 다른 공공앱들과 비교하여 평균 이상이고 민간의 동종 상업용 모바일 앱과의 비교를 위하여 구글 플레이 스토어의 다운로드수와 평점으로 평가한 광역철도정보 제공 모바일 앱을 살펴보면 [표 14-2]와 같이 동종 앱들과 비교하여 다운로드 수 60만, 평점 4.06으로 비교적 좋은 평가를 받고 있음을 알 수 있다. 하지만 민간의 상업용 모바일 앱에 비해 다운로드 수와 평점 평가에 있어 많이 뒤처지고 있는 실정이다. 이를 개선하기 위해서 고객리뷰 분석이 선행되어야 하며 분석자의 주관적 개입을 최소화할 수 있는 객관적 고객리뷰 분석기법을 활용하여 개선점을 도출하고 개선방향을 모색할 필요가 있다.

다운로드수	빈도	비율	평점	빈도	비율
0	71	60.2	3.00 ~ 3.50 미만	5	10.6
1천 미만	17	14.4	3.50 ~ 4.00 미만	7	14.9
1천 이상 ~ 5천 미만	16	13.6	4.00 ~ 4.50 미만	13	27.7
5천 이상 ~ 1만 미만	1	0.8	4.50 이상	22	46.8
1만 이상 ~ 5만 미만	10	8.5	합계	47	100.0
5만 이상 ~ 10만 미만	1	0.8	※ 평점의 경우, 다운로드가 이루어진 47개 공공앱만을 대상으로 함		
10만 이상	2	1.7			

【출처: 2012년 8월 행정안전부 모바일 홈페이지를 기준으로 작성 (Kim & Sim, 2013)】

[표 14-1] 공공앱의 다운로드 수와 고객 평점[8]

앱	설명	다운로드수	평점
스마터서브웨이	민간에서 개발한 지하철정보 서비스 앱	1,000만	4.50
지하철내비게이션		500만	4.30
하철이		100만	4.30
코레일전철톡	운영기관에서 제공하는 광역철도정보 서비스 앱	60만	4.06
서울대중교통	서울시에서 제공하는 대중교통정보 서비스 앱	10만	3.70

【출처: 2015년 2월 23일 구글 플레이 스토어 기준으로 작성】

[표 14-2] 안드로이드 버전에서의 지하철 앱의 다운로드 수와 고객 평점[9]

분석대상은 광역철도정보 제공 앱의 고객리뷰이며, 분석을 위한 자료는 오픈 시부터 2015년 2월 23일 현재까지의 구글 플레이 스토어에 공개된 1920건의 모든 고객리뷰를 대상으로 하였다. 분석방법으로 언어네트워크 분석기법을 활용하여 고객리뷰에 대한 분석을 실시하며 그 분석 절차는 [그림 14-1]과 같이 6단계로 진행한다. 1단계에서는 고객리뷰를 수집하고, 2단계에서는 분석을 위한 대분류를 정의하고, 3단계에서는 불필요한 정보를 가공·정제하고 4단계에서는 핵심어 노드를 선별하고, 5단계에서는 의미연결망을 구조화하고 6단계에서는 결과분석 및 개선점을 도출한다. 또한 분석도구로 텍스트 분석을 위하여 KrKwic[10]을 사용하고, 의미연결망 구조화를 위하여 Ucinet 6.0의 Netdraw[11]를 사용한다.

[그림 14-1] 고객리뷰의 분석 절차

고객리뷰의 언어네트워크 분석을 통한 개선방향을 이야기하다

2005년 Andreou et al.은 〈Key issues for the design and development of mobile commerce services and applications〉[12]에서 모바일 앱에 대한 고객 만족도를 결정하는 대표적인 요인으로 기능성(Functionality), 신뢰성(Reliability), 유용성(Usablity), 효율성(Efficiency), 유지관리성(Maintainability), 휴대성(Portability) 6가지로

분류하였다. 이 중 고객 만족도를 결정하는 요소인 기능성, 신뢰성을 포함하고 언어네트워크 기반의 고객리뷰의 효율적 분석을 위하여 코레일전철톡 앱의 평가에 직접적으로 영향을 미칠 수 있는 브랜드, 디자인, 기능성, 편리성, 차별성, 신뢰성의 6가지 평가영향 요소와 전체적인 평가결과를 함의하고 있는 문제점, 호감도, 고객평가의 3가지 평가결과 요소의 총 9가지의 대분류를 정의하였다. 그리고 실질적인 고객리뷰의 핵심어 분석을 위하여 [표 14-3]과 같이 각 대분류에 속하는 50개의 분류(핵심어 노드)를 정의하여 사용하였다. 분류한 핵심어의 출현 빈도를 살펴보면 총평적 성격을 의미하는 좋음(빈도:414) 노드가 가장 높고 삭제함(빈도:3) 노드가 가장 낮게 나타나고 있다. 이는 실제적인 분석에 앞서 단순히 내용분석 측면에서 파악되는 수준이다. 따라서 각 핵심어들의 의미연결망과 연결중심성을 분석함으로써 구조화된 관련 핵심어들의 관계와 의미를 파악하여 객관성 있는 개선점을 도출하고자 한다.

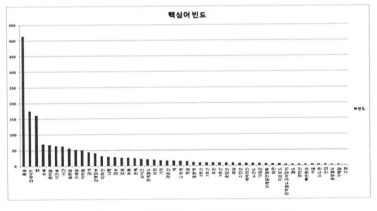

[그림 14-2] 광역철도정보 제공 앱의 핵심어 빈도

대분류	분류 (핵심어 노드)	빈도	연결 중심성	내용
브랜드	지하철	49	2.305	해당 앱에 대하여 고객이 '지하철'과 관련된 의견 표시
	코레일	52	2.751	해당 앱에 대하여 고객이 '코레일'과 관련된 의견 표시
	광역철도	21	1.868	해당 앱에 대하여 고객이 '광역철도'가 포함된 의견 표시
	광역철도 길라잡이	4	0.187	해당 앱에 대하여 고객이 '광역철도길라잡이'가 포함된 의견 표시
	코레일전철톡	6	0.328	해당 앱에 대하여 고객이 '코레일전철톡'이 포함된 의견 표시
	철도	4	2.387	해당 앱에 대하여 고객이 '철도'가 포함된 의견 표시
	기차	17	0.000	해당 앱에 대하여 고객이 '기차'가 포함된 의견 표시
디자인	디자인	31	1.039	해당 앱에 대하여 고객이 '디자인'과 관련된 의견 표시
	화면	5	1.786	해당 앱에 대하여 고객이 '화면'과 관련된 의견 표시
기능성	시간	63	9.657	해당 앱에 대하여 고객이 '시간'이 포함된 의견 표시
	앱	161	7.731	해당 앱에 대하여 고객이 '앱'이 사용된 의견 표시
	경춘선	16	0.847	해당 앱에 대하여 고객이 '경춘선'이 포함된 의견 표시
	역	16	8.774	해당 앱에 대하여 고객이 '역'이 포함된 의견 표시
	2호선	10	0.246	해당 앱에 대하여 고객이 '2호선'이 포함된 의견 표시
	7호선	10	0.319	해당 앱에 대하여 고객이 '7호선'이 포함된 의견 표시
	9호선	9	0.214	해당 앱에 대하여 고객이 '9호선'이 포함된 의견 표시
	검색	44	3.603	해당 앱에 대하여 고객이 '검색'이 포함된 의견 표시
	중앙선	9	0.456	해당 앱에 대하여 고객이 '중앙선'이 포함된 의견 표시
	수인선	7	0.269	해당 앱에 대하여 고객이 '수인선'이 포함된 의견 표시
	에버라인 (용인경전철)	7	0.269	해당 앱에 대하여 고객이 '에버라인'이 포함된 의견 표시
	출발역	11	0.610	해당 앱에 대하여 고객이 '출발역'이 포함된 의견 표시
	경의선	4	0.273	해당 앱에 대하여 고객이 '경의선'이 포함된 의견 표시
	도착역	15	0.802	해당 앱에 대하여 고객이 '도착역'이 포함된 의견 표시
	빠른환승	4	0.109	해당 앱에 대하여 고객이 '빠른환승'이 포함된 의견 표시
	서울	4	0.866	해당 앱에 대하여 고객이 '서울'이 포함된 의견 표시
	수도권	4	0.410	해당 앱에 대하여 고객이 '수도권'이 포함된 의견 표시
	없음	26	1.280	해당 앱에 대하여 고객이 특정기능이 없음 의견 표시
	파일	9	0.428	해당 앱에 대하여 고객이 '파일'이 포함된 의견 표시
	공항철도	3	0.105	해당 앱에 대하여 고객이 '공항철도'가 포함된 의견 표시
	다운로드	5	0.205	해당 앱에 대하여 고객이 '다운로드'가 포함된 의견 표시
	평일	14	0.401	해당 앱에 대하여 고객이 '평일'이 포함된 의견 표시
	주말	1	0.169	해당 앱에 대하여 고객이 '주말'이 포함된 의견 표시
편리성	편리함	67	1.713	해당 앱에 대하여 고객이 편리함에 관련된 의견 표시
	불편함	56	3.499	해당 앱에 대하여 고객이 불편함에 관련된 의견 표시
차별성	실시간	22	1.002	해당 앱에 대하여 고객이 실시간에 관련된 의견 표시
	급행정보	41	2.018	해당 앱에 대하여 고객이 급행정보와 관련된 의견 표시
신뢰성	업데이트	175	5.626	해당 앱에 대하여 고객이 업데이트와 관련된 의견 표시
	시간표	64	4.063	해당 앱에 대하여 고객이 시간표와 관련된 의견 표시
	노선도	7	1.011	해당 앱에 대하여 고객이 노선도와 관련된 의견 표시
	정보	28	4.091	해당 앱에 대하여 고객이 정보와 관련된 의견 표시
	오류	70	5.111	해당 앱에 대하여 고객이 오류에 대한 의견 표시
문제점	단점	4	0.178	해당 앱에 대하여 고객이 단점에 대한 의견 표시
	문제	24	2.460	해당 앱에 대하여 고객이 문제점에 대한 의견 표시
호감도	기대감	7	0.000	해당 앱에 대하여 고객이 기대감을 표시
	추천	10	0.492	해당 앱에 대하여 다른 고객에게 사용을 권하는 의견 표시
	요청	19	0.815	해당 앱에 대하여 고객이 긍정적인 바람 또는 발전적 의견 표시
고객평가	좋음	414	16.040	해당 앱에 대한 고객의 긍정적 평가
	나쁨	29	1.139	해당 앱에 대한 고객의 부정적 평가
	보통	26	0.970	해당 앱에 대한 고객의 중간적 평가
	삭제함	3	0.483	해당 앱에 대하여 고객이 삭제 리뷰를 남김

[표 14-3] 핵심어 분류와 평가 내용

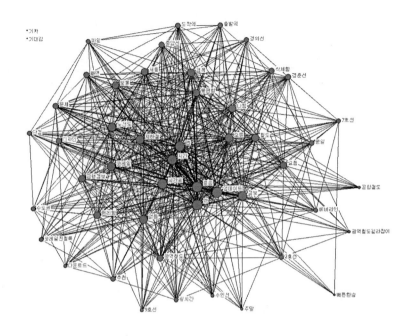

[그림 14-3] 의미연결망 분석

대분류 평가요소를 중심으로 분석해 보면 첫 번째, 브랜드 인지
도 측면에서 핵심어를 살펴보면 코레일(빈도:52), 지하철(빈도:49), 광
역철도(빈도:21) 노드는 20회 이상이고 앱의 명칭으로 사용하고 있
는 (구)광역철도길라잡이(빈도:4), (신)코레일전철톡(빈도:6) 노드는 10
회 미만으로 아직은 그 빈도수가 기관명이나 통상 사용하는 명칭
에 비해 그 인지도가 낮음을 알 수 있고, 의미망 중심 측면에서 살
펴보면 코레일, 지하철, 광역철도 노드는 네트워크상 중심에 가깝
고 광역철도길라잡이, 코레일전철톡 노드는 네트워크 중심에서 가
장 바깥쪽에 자리잡고 있어, 아직은 코레일전철톡에 대한 브랜드

포지셔닝이 확고하게 자리잡고 있지 않음을 알 수 있다. 이는 적극적인 개선이 필요한 사항이다.

두 번째, 디자인 요소 측면에서 핵심어를 살펴보면 디자인(빈도:31), 화면(빈도:5) 노드는 기관명인 코레일과 연계되어 디자인의 측면이 많이 개선된 것으로 파악된다.

세 번째, 기능성 요소 측면에서 살펴보면 검색(빈도:44) 노드는 불편함 노드와 연계되어 개선의 의견이 많은 것으로 파악이 되고 있고 기능성 요소에서 가장 중요한 핵심 기능으로 파악된다.

네 번째, 편리성 측면에서 핵심어를 살펴보면 편리함(빈도:67), 불편함(빈도:56) 노드로 양분되어 표상되고 있다. 특히 편리함 노드는 급행정보 노드와 연계되어 나타나고 있고, 불편함 노드는 기능성 요소의 검색 노드와 연계될 뿐만 아니라 이는 나쁨 노드와 연계되어 고객평가의 부정적 측면으로 작용하고 있음을 알 수 있다.

다섯 번째, 민간의 동종 앱과 비교하여 특화된 메뉴인 급행정보(빈도:41) 노드는 편리함 노드와 연계하여 만족도가 매우 높으며 이는 추천과 연계하여 호감도 요소에 영향을 주고 있고 '코레일전철톡'의 브랜드명을 인지하도록 하는 데 상당 부분 기여하고 있음을 알 수 있다. 또한 실시간(빈도:22) 노드는 네트워크 중심에서 바깥 고리에 위치해 있고 아직은 그 기능성 측면이나 활용성 측면에서 만족도가 고객의 눈높이를 따라가지 못하고 있는 것으로 파악된다. 이는 모바일 특성인 네트워크 상태의 불안전성과 크게 영향이 있으며, 조회 시점과 실제 정보의 확인 시점에서 차이가 나는 것으로 보인다.

여섯 번째, 신뢰도 평가요소 측면을 살펴보면 업데이트(빈도:175), 시간표(빈도:64), 정보(빈도:28), 노선도(빈도:7) 노드 중 업데이트, 시간표, 정보 노드는 높은 빈도를 보이고 있으며 네트워크 중심 부근에 위치하고 있다. 이는 민간의 타 앱과 비교하여 신속하고 정확한 업데이트, 시간표 갱신, 정보 제공이 앱을 사용하는 가장 큰 만족도로 작용하고 있음을 알 수 있다.

일곱 번째, 문제점 평가요소 중 문제(빈도:24), 단점(빈도:4) 노드는 네트워크상 바깥쪽에 위치하지만 디자인, 화면, 노선도, 파일 노드 등과 연계하여 고객들이 직접 체감하는 화면의 가시성 및 접근성, 파일 사이즈 등은 개선의 여지가 있음을 보여주고 있다.

여덟 번째, 호감도 평가요소 중 요청(빈도:19) 노드는 오류, 철도, 평일, 에버라인, 업데이트, 정보 노드와 연계하여 다양하게 표상되고 있고 특히, 오류 처리뿐만 아니라 철도에 기대감을 가지고 요청하는 건도 많이 보이고 있는 것으로 파악된다.

마지막으로 고객의 평가요소 측면을 살펴보면 좋음(빈도:414), 나쁨(빈도:29), 보통(빈도:26), 삭제함(빈도:3) 노드로 특히, 좋음 노드는 핵심 키워드로 네트워크상 가장 가운데에 위치하고 있고 연결성이 크며 광역철도정보 제공 앱에 대하여 전반적으로 좋은 평가를 하고 있음을 알 수 있다.

객관적 시각에서 개선점 및 개선방향을 바라보다

　언어네트워크 분석기법을 활용하여 광역철도 제공 앱의 분석 결과에 대한 개선점 및 개선방향 중 총평 성격의 3가지 평가 결과 요소를 제외한 6가지 평가영향 요소에 대하여 살펴보면 첫 번째, 브랜드 측면은 인지도 강화를 위한 다양한 매체 활용이 필요하다. 이를 위하여 가시적이고 실제적 효과를 위하여 오프라인 매체(차내 및 역내광고)뿐만 아니라 이미 규모 있는 고객을 확보하고 있는 철도기관의 기존 매체(승차권 예매·발권 앱, 철도운영기관 IR 홈페이지 등)와 연계한 홍보 전략과 인지도 확산을 위하여 오픈 또는 리뉴얼 개편 시 사용하는 이벤트 전략을 일정 주기를 가지고 활용하는 방법, 사외 매체(철도 관련 동호회, 철도 관련 파워 블로그 등)에 대한 홍보활동도 필요하다.

　두 번째, 디자인 측면은 최신 트렌드의 적정한 반영이 필요하다. 이를 위하여 모바일 앱 디자인의 최신 경향을 꾸준히 모니터링하고 빠르게 향상되고 있는 모바일 기기의 하드웨어 사양 및 기능에 맞게 UI뿐만 아니라 가시성, 접근성이 확보될 수 있도록 개선하는 것이 필요하고, 철도기관의 브랜드 이미지가 잘 표현될 수 있도록 설계되어야 한다.

　세 번째, 기능성 측면은 실시간 사용자 요구사항에 대한 빠른 응대와 상시적 개선이 필요하다. 이를 위하여 마켓의 고객리뷰 분석뿐만 아니라 분석 대상을 SNS(Social Network Service) 등으로 확대하여 폭넓은 빅데이터 기반의 사용자 요구 분석 및 개선점 도출이 필요하다.

네 번째, 편리성 측면은 디자인·기능성 측면과 맞물려 디지털 약자를 포용할 수 있는 좀 더 프렌들리하고(친근하고) 감성적인 부분까지 반영되도록 하는 설계가 필요하다. 이를 위하여 개인화 기능의 확대 및 시각 장애우들이 좀 더 편리하게 사용할 수 있도록 메뉴의 배치 및 폰트 포커싱 등 세심한 부분들의 보완이 필요하다.

다섯 번째, 차별성 측면은 철도기관의 특성에 맞는 특화메뉴의 신설뿐만 아니라 이에 대한 활성화 및 최적화를 위한 노력이 필요하다. 이를 위하여 앞서 도출된 실시간 메뉴의 접근성 및 활용성이 강화될 수 있도록 메인 노선메뉴와 분리된 시격이 긴 구간의 효율적 활용을 위한 별도 노선메뉴의 신설 등도 검토할 필요가 있으며, 고객들로부터 착안 사항에 대한 적극적인 요청 및 피드백도 필요하다.

마지막으로 신뢰성 측면은 앞서 언급했듯이 고객들이 가장 기본적으로 사용하는 노선도, 시간표, 경로검색 등 기본 메뉴에 대하여 신속하고 정확한 정보제공 및 업데이트가 필요하다. 이러한 개선을 위하여 관련 정보(관련 기관 시간표 정보 업데이트 등)의 소통이 자동화될 수 있도록 개선할 필요가 있다. 이러한 평가 영향 요소의 개선은 평가 결과 요소인 문제점을 해결하고 호감도를 높여 종국에는 고객평가에 투영된 결과로 나타나게 된다.

평가영향 요소	개선점	개선 방향
브랜드	브랜드 포지셔닝 필요	다양한 매체의 활용을 통한 홍보활동 강화
디자인	최신 트렌드의 적절한 반영 필요	브랜드 이미지가 잘 표현되도록 설계
기능성	사용자 요구에 대한 빠른 응대와 상시적 개선 필요	항시적 관리체계 유지 및 강화
편리성	디지털 약자를 포용한 감성 친화적 요소 반영 필요	개인화 기능 확대 및 접근성 강화
차별성	특화메뉴의 활성화 및 최적화 필요	특화메뉴의 실용적 측면의 효율적 활용성 강화
신뢰성	신속하고 정확한 정보제공 및 업데이트 필요	기본정보에 대한 신뢰성 강화

[표 14-4] 개선점과 개선 방향

지금까지 '광역철도정보 제공을 위한 모바일 앱 서비스의 항시적 품질개선을 위한 고객리뷰 분석을 통한 개선방향 제시'에 대하여 이 야기하였다. 언어네트워크 분석기법을 이용한 고객리뷰 분석을 위 하여 9개의 대분류와 50개의 분류(핵심어 노드)를 정의하였고, 각 핵 심어들의 의미연결망과 연결중심성을 분석함으로써 구조화된 관련 핵심어들의 관계와 의미를 파악하여 개선점 도출 및 개선방향을 제 시하였으며, 이러한 객관적 고객리뷰 분석을 통한 품질개선은 고품 질의 광역철도정보 제공을 위한 모바일 앱 서비스 개편을 위한 좋 은 수단이 될 것이다. 향후 분석 대상을 SNS 등으로 확대하여 보다 폭넓은 고객리뷰 빅데이터에 대한 분석을 통한 좀 더 현실적이고 실 제적인 개선방안 마련을 위한 지속적인 연구와 관심이 필요하다.

당신은 얼마나 세상 사람과 커뮤니케이션하고 있는가? 잠시 당신이 매일 분신처럼 가지고 다니는 스마트폰을 열어 전화번호 목록을 살펴보자. 몇 명의 지인들의 연락처가 등록되어 있는가? 10명, 50명, 100명, 200명 아니면 그 이상인가? 물론 숫자는 중요하지 않다. 그렇다면 최근의 주고받은 통화 내역의 기록을 살펴보자. 그 로그를 일부러 지우지 않았다면 데이터는 그대로 남아 있을 것이다. 그리고 이 통화 목록을 자세히 들여다 보고 분석하면 내가 누구한테 얼마나 자주 전화를 하고 얼마 동안 통화를 하는지 또한 반대로 내가 누구한테 얼마나 자주 전화를 받고 얼마 동안 통화를 했는지 알 수 있을 것이다. 단, 이러한 통화목록 데이터는 전화를 주고받은 모든 지인들로부터 수집했다고 전제 한다.

자, 이제 이 통화목록 데이터를 가지고 등록된 전화번호 이름을 핵심어로 하여 서로 주고받은 통화목록을 가지고 지인들 사이의 관계도를 그려보자. 이렇게 하면 나를 포함한 지인들 사이의 관계 네트워크가 시각화될 것이다. 이것이 우리가 지금까지 이야기했던 의미연결망이다. 또한 관계 네트워크에서 나를 포함한 지인들과 연결된 관계를 계량화하여 관계 네트워크에서 얼마나 중심적인 위치에 존재하는가를 알려주는 정도를 나타내는 것이 연결중심성이다. 나를 포함한 지인들이 관계 네트워크에서 다른 지인들로부터 선택된 정도를 바탕으로 산출되며 연결중심성이 높을수록 관계 네트워크, 즉 의미연결망에서 중심적인 위치를 차지하는 허브에 가깝다고 볼 수 있는 것이다. 당신은 이러한 관계 네트워크에서 얼마나 중심적인 위치에 있으며, 얼마나 지인들과 좋은 관계의 커뮤니케이션을 하고 있는가?

러시아의 대문호 톨스토이는 "세상에서 가장 중요한 때는 바로 지금 이 순간이고, 가장 중요한 사람은 지금 함께 있는 사람이며 가장 중요한 일은 지금 내 곁에 있는 사람을 위해 좋은 일을 하는 것이 우리가 사는 이유이다."라고 이야기 했다. 지금 바로 이 순간 나의 전화번호 목록 관계 네트워크에 존재하는 사람들을 위해 좋은 커뮤니케이션을 하는 것, 이것이 내가 살아가는 이유는 아닐까?

철도IT, 브레인스토밍을 통해 커뮤니케이션하다[1]

철도IT는 브레인스토밍 기법을 통하여 창의적인 아이디어를 도출한다. 어떤 이야기든 괜찮다. 엉뚱한 이야기도 상관없다. 이야기에 또 아이디어를 덧붙여 말해도 된다. 참여자들은 무한대로 상상의 나래를 활짝 펴고 상상할 수 있는 그 이상을 이야기할 수 있다. 다만'상대방의 의견을 비난하거나 폄하해서는 안 된다는 절대원칙은 존중되어야 한다.

"여러분, 지금부터 철도IT를 주제로 브레인스토밍 기법을 통하여 창의적인 아이디어를 도출하고자 합니다. 어떤 이야기든 괜찮습니다. 엉뚱한 이야기도 괜찮습니다. 이야기에 또 아이디어를 덧붙여 말해주셔도 됩니다. 무한대로 상상의 나래를 활짝 펴시고 상상할 수 있는 그 이상을 이야기해 주세요. 다만 '상대방의 의견을 비난하거나 폄하해서는 안 된다'는 절대원칙만은 꼭 지켜주시기 바랍니다."

의장의 개회사를 모두로 마라톤 토의(워크샵)가 시작되었다. 1교시, 첫 주제로 '철도IT, 스마트 기기의 활용'의 제목이 개진되었다.

김상중: 스마트 웨어러블 기기를 활용한 고객 서비스 개선 및 수익창출 방안에 대하여 이야기하겠습니다. KTX에 웨어러블 안전벨트를 장착시켜 활용하면 좋을 듯합니다. 고객에게 착용된 벨트는 고객의 신체 리듬 변화(맥박, 호흡 등)를 주시하여 간단한 건강상태를 체크하며, 고객이 기차여행을 하는 동안 최상의 컨디션을 유지할 수 있도록 알려주는 시스템으로 활용될 수 있을 것입니다. 보다 안전하고 즐거운 여행을 할 수 있는 편리한 교통수단으로 고객에게 인지된다면 회사 수익창출에도 기여할 수 있을 것이고, 이러한 콘셉트를 확장하여 KTX 건강열차를 운영하는 것도 좋을 듯합니다. 예컨대 시범적으로 1량 정도를 이러한 기본적인 건강을 체크할 수 있는 시스템을 도입하고 건강 상담사 또 의료요원을 배치하여 서비스를 제공한다면 부가적인 수익창출 및 서비스의 질을 높일 수 있는 방안이 될 수 있을 것이라 기대합니다. (짝짝짝)

이연희: 정말 좋은 아이디어입니다. 향후에 U-Health 개념이 확장되어 실현되면 의자에 앉는 것만으로도 티켓팅한 고객임을 자동으로 인지하고 의자 앞 모니터를 통해서 기본적인 건강 정보가 보이게 될 것입니다. 또한 이러한 정보는 가는 동안 고객이 원하면 자주 다니는 병원의

의사에게 정보가 전달되고 병원에 기 축적된 정보와의 비교를 통하여 진단이 가능할 것입니다. 부가적으로 가는 동안 고객의 고단함과 피로를 풀어줄 안마 기능까지 더한다면 금상첨화겠네요. (짝짝짝짝)

김상중: 와우, 정말 좋은 생각이네요.

최덕기: 센서 기술을 이용해 안전사고를 예방하는 것은 어떨까요? 압전센서를 이용하여 기차역에서 발생할 수 있는 안전사고를 예방할 수 있다고 생각합니다. 우선 압전효과를 가진 소자를 이용한 센서(예컨대, 진동센서, 충격센서, 초음파센서 등의 성질을 가진)를 이용하여 스크린 도어가 설치되어 있지 않은 기차역 플랫폼에, 고객이 안전 지역을 벗어나거나 제한 구역에 침입한 경우에는 진동을 전기적 펄스로 변환하여 고객이 인지하도록 알려준다면 초기에 안전사고가 일어나지 않도록 미연에 방지하는 데 큰 도움이 될 것이라 생각됩니다. (짝짝짝)

민기웅: 정말 좋은 생각입니다. 덧붙여 얘기하겠습니다. 웨어러블 안전 도구를 개발하는 것도 좋을 듯합니다. 예를 들어, 안전모나 안전조끼에 온도감지 또는 강전을 감지하는 센서를 장착하여 특정범위에 이르게 되면 음성안내장치(TTS)가 활성화되고 자동으로 경고음을 발생한다면 현장에서 일어날 수 있는 산업재해 예방에 도움이 됩니다. 그리고 추가로 한 가지 더 말씀드리면 입환 시 기관차나 또는 객차 후미에 후방 감지 카메라를 달아 사각지역에서 발생할 수 있는 수송원의 안전사고를 예방할 수 있으며, 기관사 혼자 일을 마무리할 수 있는 환경이 되어 인력 활용에도 도움이 될 것으로 생각됩니다. (짝짝짝짝짝)

분위기가 한껏 달아올랐고 열띤 의견 개진은 계속되었다. 이어 지소연이 의견을 개진한다.

지소연: 웨어러블 스마트 기기를 활용하여 검표업무를 개선하면 좋을 듯합니다. 기차 내 검표 시 구글(Google)사의 스마트 글라스 같은 웨어

러블 안경을 쓰고 글라스에 장착된 스캐너 센서 칩이 열차표를 센싱하여 업무를 처리하면 열차 내 PDA로 이루어지던 검표를 대체할 수 있어 업무의 효율성을 높일 수 있고 승무원들의 두 손이 자유로워짐과 동시에 스마트 글라스를 통해 객실의 좌석 및 부가정보를 파악할 수 있어 승무원이 고객 편의와 안전에 더 집중할 수 있게 될 것입니다. (짝짝짝)

의장이 시계를 살짝 보더니 끝맺음을 한다.

의장: 모두들 수고 많으셨습니다. 좋은 의견 많이 개진해 주셔서 감사합니다. 이것으로 1교시를 마치겠습니다.

띠리리리 띠리리링 띠리리 띠리리리 띠리리링 2교시 시작을 알리는 종소리가 울리자 팀원들은 회의실 각자의 자리에 앉는다. 주제가 던져졌다. '철도IT, 빅데이터의 활용'에 대한 내용이다. 먼저 최덕기가 이야기를 시작한다.

최덕기: 지하철 이용 시간대의 혼잡도 분석을 위하여 빅데이터를 활용하면 좋을 것 같습니다. 지하철 이용 시 수집되는 요일별, 시간대별, 승차인원 데이터를 활용하여 혼잡도를 분석하고 고객이 편리하고 한가한 시간대에 혼잡이 적은 열차 또는 칸을 이용할 수 있는 정보를 제공하는 것도 좋을 듯합니다. 우리가 흔히 어느 역은 어느 요일의 시간대는 한가하더라 하는 체감정보의 계량화라고 보면 될 것입니다. (짝짝짝)

민기웅: 좋은 의견입니다. 덧붙여 DW(Data WareHouse)에 축적된 여객, 광역, 화물 등의 데이터를 추출, 분석, 가공하여 통계적 기법을 이용한 철도수송수요예측도 가능하다고 생각됩니다.

최덕기: 네, 맞습니다. 그것도 많은 활용성이 있겠네요. (짝짝짝)

김상중: 그리고 구글 어넬리틱스를 활용하면 홈페이지의 접속로그 데이터(홈페이지 View, 접속 시간, 접속 지역 등)를 분석함으로써 성별, 연령별, 지역별, 국가별 등의 특성에 맞는 맞춤형 콘텐츠 제공이 가능할 것이라 생각됩니다.

지소연: 네. 그것도 좋은 생각입니다. 덧붙여 내부 업무시스템의 경우도 제니퍼 등 모니터링 툴에서 수집되는 요일별, 시간대별 사용자 접속자 수 데이터 등을 활용하여 성능 및 운용효율을 개선할 수 있을 것으로 생각됩니다.

몇 번의 이야기가 오고가는 사이에 시간은 벌써 끝에 서 있었다. 의장은 잠시 휴식시간을 갖도록 이야기한다.

의장: 잠깐 쉬었다 진행하겠습니다. 쉬는 시간에도 감흥이 가시질 않은 듯 삼삼오오 모여 있는 팀원들은 시원한 아이스 아메리카노 한 잔씩을 손에 쥐고 회의 때 오고갔던 아이디어에 대한 이야기를 계속한다.

띠리리리 띠리리링 띠리리 띠리리리 띠리리링 복도에 3교시 시작을 알리는 종소리가 울려퍼진다. 의장이 주제를 이야기한다.

의장: '철도IT, 추가 아이디어 및 이를 실현하기 위하여 극복해야 할 점'은 무엇인지에 대하여 토의를 진행해 주시기 바랍니다.

민기웅: 열차와 티켓 정보를 유심칩 안에 삽입하여 티켓 대용으로 사용함으로써 비용절감 효과를 갖도록 하면 좋을 듯합니다. 아직 우리나라에서는 상용화되지 않고 있으나 안드로이드 킷캣버전에서 사용할 수 있는 Tap To Pay 기능을 이용하여 구글 지갑에 연결된 신용카드를 NFC(Near Field Communication)와 연결하여 태그하면 결제 통신

사 승인이 필요 없어지므로 어플을 스마트폰에 깔지 않아도 신용카드를 사용할 수 있습니다. 그러면 열차티켓 구매가 용이해질 수 있을 것입니다(NFC reader & Tag 기능에서 착안함). 또한 아날로그적인 디스플레이 연동 방법도 스마트폰이나 웨어러블 디바이스 분야에서 비용절감과 대체 에너지의 측면에서 볼 때에 생각해볼 만합니다. 고효율 저비용 연료인 태양열 에너지를 이용하거나 체온으로 에너지를 생성하는 방법을 접목시켜 정보 업데이트도 가능하도록 합니다.

최덕기: 좀 어려운 내용입니다. 머릿속에 또렷이 그려지질 않네요. 다시 한 번 구체적인 설명을 해주셨으면 합니다.

민기웅: 아, 네. 간단히 말해, 간편 결제시스템을 이야기합니다. (짝짝짝)

최덕기: 이제야 내용 파악이 되네요. 정말 좋은 생각입니다.

김상중: 안전 분야에 적용할 수 있는 부분에 대하여 생각해 보았습니다. 선로 위에서 작업하는 근로자는 일명 스마트 안전손목 시계를 착용하고 이를 통해 작업지역에 접근하는 열차의 정보를 전달받아 빛과 소리 등의 알람기능을 통해 작업자가 사전에 인지하게 한다면 안전을 확보하는 데 도움이 될 것이라고 생각됩니다. (짝짝짝)

의장: 좋은 생각입니다. 좀 더 현실화 가능한 세밀한 부분까지 검토된다면 작업자의 안전 확보에 실제적인 기여를 할 것으로 생각됩니다. 그럼, 최근의 실패 사례와 성공 사례 등도 함께 이야기해 봤으면 합니다.

지소연: 얼마 전 일본에서 NFC 탑재 안드로이드 폰이나 안드로이드 4.0 이상의 OS 체제의 스마트폰용 '어플 자판기'를 이용하여 각 여행 구간이 선택 가능한 어플을 나열하고 고객이 자유롭게 선택(티켓팅) 가능하도록 실행한 사례가 있으나 실용화되지는 못했습니다. 하지만 실질적으로 어플(티켓)을 구매하는 새롭고도 재미있는 방법의 시도였다고 생각됩니다. 그리고 지능형 교통 서비스로 발전한 형태의 서울시 교통정보센터를 살펴보면, 200~500m마다 설치된 영상감지기 등 1,138대의 교통수집 장치와 시내도로는 19,500대의 택시에 장착된 GPS 위치정보를 활용하여 1~3분마다 도로별 속도 등 정확한 교통정보를 수집해 이를

도로 곳곳에 설치된 교통전광판, 홈페이지 등에 제공, 운전자들로 하여금 네비게이션을 통해 정보를 얻도록 하고 있습니다. 이는 좋은 성공사례라고 할 수 있습니다. (짝짝짝짝)

김상중: 와우, 정말 좋은 사례네요. 저는 좀 더 추가적인 생각을 이야기해 보도록 하겠습니다. 철도차량(KTX, 일반열차, 전동열차 등)의 주요 부품에 센서를 장착하여 고장 발생 즉시 관제센터에 정보를 전송하여 수집된 정보를 기반으로 신속한 조치가 이루어지도록 하고 이렇게 누적된 이력정보는 선제적 예방검수를 위해 사용될 수 있습니다. 또한 폐색신호기의 열차 감지 정보를 수집하여 인터넷으로 연결하여 실시간으로 기차 위치 제공도 가능합니다. 그리고 공공의 안전한 기차여행을 위해 객실 및 운전실 등에 CCTV 및 감지센서를 달아 인터넷에 연결하여 만약 사고가 발생하면, 중앙 관제센터로 신호를 보내고, 관제센터에 연결된 클라우드 시스템에서는 그동안 발생했던 수천만 건의 사건 유형을 분석하여 해결책을 제공할 수 있습니다.

이야기가 상당히 무르익었고 주변의 분위기는 뜨거운 열기로 고무되었다. 의장은 잠시 휴식시간을 갖도록 제안한다.

김상중: 휴우, 3교시에는 너무 많은 이야기를 한 것 같아.
이연희 : 그러게 말이야. 근데 우리가 이제껏 토의했던 것들이 실현될 수 있을까?
김상중: 가능하지 않겠어. 벌써 진행 중인 것도 있고 멀지 않는 장래에 필요한 기초 기술들은 이미 개발되어 있고….
최덕기: 음…, 그렇지. 근데 너무 긍정적인 장밋빛 이야기만 한 건 아닌지 모르겠네.

이렇게 휴식시간에도 서로 이야기를 나누던 중 띠리 리리 띠리리리리 띠리리 띠리리 하고 마지막 4교시를 알리는 종소리가 복도 가득히 울려 퍼진다. 4교시 토의가 시작되었다. 의장은 마지막 주제로 3교시 때 다 토의하지 못한 '철도IT, 실현하기 위하여 고려되고 극복해야 될 점은 무엇인가?'라는 주제를 다시 던졌다. 최덕기가 먼저 이야기를 시작한다.

최덕기: 최근 들어 급격히 증가추세를 보이고 있는 스마트 기기 사용량에 비하여 그에 따른 모바일 보안 문제는 빠르게 대처하지 못하고 있습니다. 자율적인 어플의 배포 및 설치가 가능한 오픈마켓, 악성코드 바이러스, 모바일 기기 분실 및 도난에 따른 정보유출, 혹은 비인가 AP의 세션 가로채기 등 다양한 접속 환경에서의 보안 이슈를 주의 깊게 살펴보아야 할 것입니다. 또한 웨어러블 컴퓨터 확산에 따라 개인정보 침해 위험이 나날이 커지고 있습니다. 제품의 소형화로 갈수록 주변사람이 인지할 수 없어 프라이버시 침해의 위험은 더욱 큽니다. 공공장소에서의 이용규제 및 웨어러블 컴퓨터 이용자의 개인정보보호 문제에 대하여 심각하게 고려해야 할 것입니다. (짝짝짝)

김상중: 정말 간과하기는 쉽지만 피하기는 어려운 좋은 지적입니다. 덧붙여 이야기하겠습니다. 미래사회로 진화할수록 모든 세상의 사람과 사물이 연결되는 세상이 도래하고 있습니다. 여기서 특히, M2M은 기계와 기계 사이에 사람의 제어가 필요 없이 오직 센서로만 작동하는 것이므로, 인간에게 편한 시스템이 되기 위해서는 무엇보다도 이례적 상황에 대해서도 미리 대비를 하여야 합니다. 보안은 물론이고, 수많은 상황에 대해서 미리 고려해 보아야 할 것이며, 그에 따른 수많은 예외 처리도 선행해야 할 것으로 보입니다.

민기웅: 네. 맞습니다. 결국은 사람의 문제죠. 좀 더 거창하게 이야기하면 인문학의 문제라고도 이야기할 수 있습니다. 자동차라는 편리한 문명의 이기가 출현하고 '자동차 사고'라는 걸림돌을 신호등이라는 사

회적 규칙(합의)을 통해 해결한 것처럼 말이죠. 지금까지의 활용을 살펴보면 IOT의 실현을 위한 특별한 센서, 소프트웨어가 따로 존재하는 것이 아니며 별도의 네트워크와 서비스가 필요한 것도 아닙니다. 다만 기존의 기술을 융합하여 새로운 서비스를 창조하고 이를 이용하는 사용자의 적응 기간 또한 필요한 단계라고 말할 수 있습니다. 하지만 기계 간 통신에 있어 데이터 상호 교류가 스스로 제어된다고 해서 사람의 손길이 전혀 필요하지 않은 것이 아닙니다. 각종 옵션을 제어하는 것은 결국 사람의 몫임을 인지하고, 문제가 발생하지 않도록 감독하고 관리하는 기능도 중요시되어야 한다고 생각합니다. 문제가 생기면 해결해야 하는 것은 사람입니다.

어느덧 14시부터 시작한 마라톤 토의(워크샵)는 18시가 넘어가고 있었다. 짧지 않은 시간 동안 토의에 참석한 팀원들은 많은 의견을 개진하고 나누었다. 많은 감흥도 있었다. 잊지 못할 하루가 될 것이다. 의장은 망치(의결봉)를 세 번 내리치며 (딱. 딱. 딱.) 토의 종료를 선언한다. 우리의 철도IT, 나아가 우리 철도의 미래는 밝을 것이다. 철도IT, 브레인스토밍을 통해 커뮤니케이션하다.

철도IT 커뮤니케이션 혁명

제4부

철도IT, 커뮤니케이션과
관련된 기술들

철도IT, SNS를 통해 커뮤니케이션하다

철도는 고객과의 실시간 양방향 커뮤니케이션을 위하여 소셜 미디어로 대표되는 페이스북, 트위터, 블로그 등의 소셜 미디어를 전략적 마케팅의 수단으로 사용하고 있으며, 긴급 열차운행상황 정보의 알림 창구로도 활용하고 있다. 이러한 소셜 미디어는 고객과의 적극적인 커뮤니케이션을 위한 수단이며, 이를 활용한 고객과의 커뮤니케이션은 더욱더 확대해야 할 것이다.

이철민 씨는 얼마 전 신춘문예일보에 "우리 마음으로 소통한다."로 갓 등단한 40대 중반의 작가이다. 이철민 씨는 엄밀히 말하면 처음부터 작가를 하고자 한 것은 아니었다. 그저 어렸을 적부터 책읽기와 글쓰기를 좋아했던 감성의 끈을 성인이 되어서까지 놓지 않고 있었을 뿐이다. 직장을 다니면서 개인 블로그에 감명 깊게 읽은 책에 대해 서평을 달고 좋은 글은 포스팅하고 이런저런 자기만의 얘기를 양념으로 곁들이며 짬짬이 맛깔스러운 글을 써왔다. 제법 추종자(팬덤)들도 많아졌다. 이것이 지금의 그가 작가로서의 삶을 시작하게 된 계기가 되었다.

요즘 철민 씨는, 아니 철민 작가는 기존의 블로그뿐만 아니라 페이스북과 트위터 계정을 만들어 팬들과 소소한 일상에 대해 소통하고 있다. 처음은 낯설어 인터넷 이곳저곳 사용 후기를 뒤져가며 또는 지인들에게 페이스북의 '타임라인'은 어떻게 사용하는지, 'Like'는 뭔지 하나씩 물어가며 설레임을 느꼈다. 트위터를 처음 사용할 때는 팔로잉과 팔로워가 정말 헷갈렸다. 그리고 리트윗은 또 뭔지? 어느덧 페이스북의 친구는 3만2천 명을 넘어섰고 트위터의 팔로워도 4만3천 명을 돌파했다. 지금은 블로그, 페이스북, 트위터를 자유자재로 넘나든다. 잠시라도 들여다보지 않거나 댓글에 대한 답글을 달지 않으면 불안하다. 중독이라는 부작용이다. 때론 악플 때문에 마음고생도 했지만, 그래도 작가로서 독자들과 소통한다는 것 자체가 즐겁다. 벌써 밖은 칠흑같이 어둑어둑해졌고 멀리서 개골개골 하는 개구리 소리만 요란하다. 툇마루 괘종시계의 큰바늘과 작은 바늘이 손을 맞잡으려 다가오고 있다. 철민 작가는 잠시 감성에 젖어 글쓰기를 멈추고 페이스북 타임라인의 '과거의 오늘'을 클릭하여 첫 독자와의 대화 글, 사진, 댓글, 자신이 태그됐던 게시글 등을 보며 추억의 한 자락을 움켜쥐며 깊은 회상에 잠긴다.

소셜 네트워크 서비스의 탄생 배경과 진화 과정

2007년 애플의 스티브잡스가 아이폰을 출시하면서 스마트폰 기반의 새로운 서비스 플랫폼이 등장하였고 세계 IT시장의 판도는 급변하였다. 이때 도입된 오픈마켓의 개념은 누구나 마켓을 통해 자신이 개발한 어플을 등록, 배포하고 팔 수 있는 새로운 구조의 생태계를 만들었다. 이처럼 스마트폰의 등장은 기존의 PC를 통한 유선 인터넷 기반의 커뮤니케이션에서 스마트폰을 통한 무선 인터넷 기반의 커뮤니케이션으로의 전환점이 되었다. 또한 이러한 전통적인 서비스에서 새로운 서비스로의 패러다임의 변화는 소셜네트워크 서비스가 급성장하는 계기를 가져오게 되었다.

아래 [그림 16-1]을 보면 소셜 네트워크 서비스가 어떠한 방향으로 발전해 왔는지 파악할 수 있다. Y축은 실제 서비스가 일어나는 디바이스를 나타내고 X축은 IT 서비스의 패러다임의 변화를 나타내고 있다. 디바이스는 서버, PC, 노트북, 모바일 폰, 스마트폰 등으로 발전하였고 IT 서비스의 패러다임은 네트워크상에서의 데이터의 전송, 인터넷에서의 정보 검색 및 처리에서 사람과 사람의 관계를 중요시하는 소셜 네트워크 서비스로 발전하는 방향으로 전개되고 있다.[1]

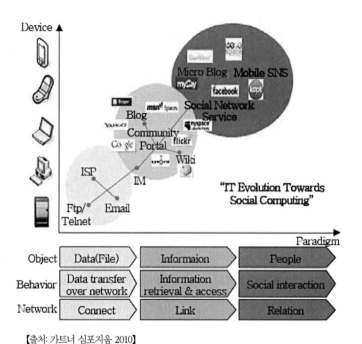

[그림 16-1] 소셜 네트워크 서비스의 패러다임 변화[2]

소셜 네트워크 서비스는 사람과 사람 사이의 커뮤니케이션을 기반으로 하는 사회적 공동체의 유지를 위한 본질과 맞닿아 있다. 사람과 사람 사이의 가장 근본적인 커뮤니케이션을 위한 음성언어가 통신 기술의 발달과 스마트폰 보급의 확산에 힘입어 새로운 형태의 커뮤니케이션 수단인 소셜 미디어의 형태로 진화한 것이다. 이러한 소셜 네트워크 서비스는 근본적으로 '내가 알던 친구들은 지금 어디에서 무엇을 하며 지내고 있을까?'라는 근황에 대한 상황정보(Context)를 알려고 하는 욕구에서 비롯되었다고 할 수 있다.

소셜 네트워크 서비스의 진화 과정을 개략적으로 이야기해보자. 국외 사례를 살펴보면 1995년 랜디 콘래드스(Randy Conrads)가 설립한 Classmate의 친구 찾기 서비스를 시작으로 1997년 앤드류 웨인레이치(Andrew Weinreich)에 의해 설립된 SixDegrees가 초기 형태의 소셜 네트워크 서비스를 선보였고 2003년 톰 앤더슨(Tom Anderson)과 크리스토퍼 드올페(Christopher DeWolfe)가 설립한 MySpace가 좀 더 완성된 형태의 소셜 네트워크 서비스를 제공하였으며 2004년 마크 저커버그(Mark Zuckerberg)와 그의 동료들에 의해 탄생한 페이스북(Facebook)은 소셜의 본질인 '관계'에 기반한 사용자 경험의 축적이라는 목적에 보다 충실한 완숙한 형태의 소셜 네트워크 서비스를 시작하였다. 이후 2007년 잭 도르세이(Jack Dorsey)와 그의 동료들이 창업한 트위터(Twitter)는 페이스북과 차별화된 140자 이내의 짧은 단문으로 작성한 게시글을 공유하는 형태의 서비스를 제공함으로써 빠르게 성장을 하고 있다.[3]

국내에서는 1999년 KAIST 박사과정에 있던 김영삼과 그의 동료들이 탄생시킨 아이러브스쿨의 일명 동창생 찾기 서비스를 시작으로 2001년 나만의 가상공간인 미니홈페이지를 표방한 싸이월드가 서비스를 시작하였다. 이는 국외에 비해 빠른 시작이었으나 폐쇄적인 서비스 구조는 지속적인 성장에 큰 걸림돌이 되었다.[4] 2014년 3월 기준으로 페이스북의 전 세계의 사용자 수는 12억7천만 명을 넘어섰고, 하루 이용자도 8억 명을 돌파하였다. 트위터 역시 월간 활동이용자 수가 2억 명을 훌쩍 넘어섰다. 국내의 경우, 2014년 3월 기준으로 페이스북의 월간 사용자 수는 1천3백만 명에 이르고 이

중 92%는 스마트폰으로 한 달에 한 번 이상 사용하고 있다. 스마트폰 메신저 카카오톡과 연동한 카카오스토리는 국내 최대 소셜 네트워크 서비스로 2013년 4월 기준으로 4천만여 명이 사용하고 있다. 이러한 소셜 네트워크 서비스의 급성장은 정치, 경제, 사회, 문화, 경제, 교육 등 다양한 분야에서 많은 변화와 혁신을 가져왔다. 또한 스마트폰 이용의 증가와 더불어 이에 걸맞는 다양한 서비스의 공급은 소셜 네트워크 서비스를 이용하는 사용자 수와 이용 시간의 증가를 가속화하고 있다.[5]

소셜 네트워크 서비스의 쌍두마차
페이스북과 트위터 그리고 거인 구글

소셜 네트워크 서비스의 선두주자인 페이스북은 2004년 2월 4일 마크 저커버그(Mark Zuckerberg)와 그의 동료인 더스틴 모스코비츠(Dustin Moskovitz), 크리스 허기스(Chris Hughes), 에드아도 사베린(Eduardo Saverin)에 의해 설립하였다. 2005년 12월 사용자 수 6백만, 2006년 12월 사용자 수 1천2백만이었고, 애플의 스티브 잡스가 아이폰을 출시한 당해인 2007년 12월 사용자 수 5천8백만으로 급증하였으며, 2009년 12월 사용자 수 3억6천만, 2010년 12월 사용자 수 6억8백만을 돌파하였다. 2013년 7월 21일 모든 휴대폰 용 페이스북 사용자는 매달 1억 명 이상 기록을 경신하였다. 2015년 3월 평균 일 활동 사용자 수는 9억3,600만 명, 2015년 3월 31일 기준 평균 모바일 일 활동 사용자 수 7억9,800만 명, 모바일 월 활동 사용자 수 12억5천만 명이며 일 활동 사용자의 약 82.8%가 미국 및 캐나다 외 사용자들이다. 본사는 미국의 캘리포니아 주 해커웨이에 있으며 2015년 3월 31일 기준 10,082명의 직원이 일하고 있다.[6]

페이스북의 몇 가지 기능적 특징에 대해서 살펴보자. 첫 번째, 소셜 플러그인 개념의 도입이다. 'Connect'에 이은 소셜 네트워크 서비스의 확대 전략에 따라 '그래프 API'와 '소셜 플러그인'을 제공하며 이를 통해서 외부 웹사이트들이 페이스북 이용자에게 개인화된 서비스를 제공할 수 있다. 즉 웹 서비스 제공 업체나 사용자는 자신의 웹 서비스 페이지 또는 개인 홈페이지에 '소셜 플러그인' 코드를 삽입하여 페이스북이 제공하는 서비스를 추가한다.

두 번째, 타임라인 개념이다. 타임라인 기능은 사용자가 페이스북에 입력하는 모든 기록을 시간 축에 펼쳐놓고 관리함으로써 개인의 역사책을 만들어 준다. 사진, 비디오, 위치 정보, 개인 상황 정보(Context) 등이 대상이 되며 이러한 서비스를 이용하는 사용자는 자신이 어떤 사람이고 어떤 음악을 좋아하며, 어떤 영화를 즐겨 보는지 자신의 상황 정보(Context)를 공유할 수 있다. 나만의 스토리를 만들고 그 내용을 친구들과 공유하는 것이다. 또한 최근에 과거에 공유했던 게시물이나 자신이 태그됐던 게시물을 살펴볼 수 있는 '과거의 오늘'이라는 기능을 추가하였다. 이러한 기능을 통하여 현재시점에서 과거의 추억을 되돌아볼 수 있고 과거의 사진을 수정, 삭제 하거나 내 소중한 추억을 친구들과 공유할 수 있게 한다.

세 번째, 오픈 그래프의 개념이다. 오픈 그래프는 웹페이지, 앱, 디지털 콘텐츠, 활동 등과 서로 관계를 만들어 주는 방법이다. 이러한 관계를 만들어 주는 방법의 한 예로 'Like 버튼'을 들 수 있으며 이를 활용하여 방문자가 이 페이지를 좋아하는지 어떤 상품을 좋아하는지 상황 정보를 파악할 수 있게 한다. 오픈 그래프와 소셜 그래프를 매쉬업하게 되면 다양한 수익 모델의 창출이 가능하다. 그 대표적인 방법이 소셜 커머스 서비스가 될 것이다.[7]

트위터는 2006년 3월 21일 잭 도르세이(Jack Dorsey)가 트위터에 대한 초안을 작성하고 최초의 트윗을 보냄으로써 시작되었다(설립자: Evan Wiliams 등). 2015년 3월 31일 기준 월 평균 활동 사용자 수는 3억2천 명, 하루 트윗을 보내는 사용자 수는 5억 명이며 모바일을 이용하는 사용자가 80%를 차지하고 있다. 또한 세계에 3,900명의 직원이 있으며 평균 35세 이상이다. 그리고 미국외 사용자 수는 77%에 이르고 33개어 언어를 지원하고 있으며 직원의 50%는 엔지니어들이다. 본사는 미국 캘리포니아 주 샌프란시스코(San Francisco)에 있다.[8]

트위터의 몇 가지 기능적 특징을 살펴보자. 첫 번째, 140자 이내의 단문 메시지로 한정함으로써 모바일 디바이스에 적합한 정보전달의 실시간성을 확보할 수 있었다. 두 번째, 팔로잉·팔로워(Following·Follower)의 개념을 도입함으로써 온라인상에서 사람들 사이의 대등하지 않은 관계를 잘 모델링할 수 있었다. 이러한 개념을 바탕으로 수많은 팔로워를 거느린 정보 생산자의 메시지는 리트윗(Retweet)을 통해 빠른 속도로 확산될 수 있었다. 이러한 두 가지 특징은 선발주자인 페이스북과 경쟁하면서 앞으로 나갈 수 있는 중요한 성공요소라고 할 수 있다. 또한 앞서 살펴본 페이스북은 개인 블로그의 개념에서 진화한 형식이라면 트위터의 경우는 기존의 SMS(Short Message

Service)의 개념에서 발전한 형식이라고 볼 수 있다.[9]

온라인 포털 서비스의 대표 주자인 구글(Google)의 소셜 네트워크 서비스에 대하여 이야기해 보자. 소셜 네트워크 서비스의 발전과 함께 기존 온라인 포털 서비스도 소셜화되어가고 있다. 기존의 폐쇄적인 플랫폼 기반의 서비스는 이제 설자리를 잃어가고 있다. 점진적으로 개방적인 플랫폼 기반의 서비스로 기존 온라인 서비스와의 융합을 통해 개방 및 공유가 진행될 것이다. 구글은 오르컷, 자이쿠(Jaiku), 웨이브(Wave), 버즈(Buzz) 등을 출시한 바 있으나 실패하였고, 이어 '온라인에서도 오프라인의 느낌이 날 수 있도록'이라는 슬로건을 내세우며 구글 플러스(Google+)를 선보였다. 구글 플러스는 구글 프로필, 구글 플러스원 등 기존의 소셜 기능들을 통합한 형태를 가지며 서클(Circles), 행아웃(Hangouts), 스파크(Spark), 허들의 개념을 추가하였다.

첫 번째, 서클은 자신의 기준에 따라 인맥을 그룹화(친구, 가족, 지인, 추종자 등)하여 친구를 분류하고 프라이버시를 강화할 수 있다. 두 번째, 행아웃은 최대 10명까지 동시에 그룹 영상 통화를 할 수 있는 기능을 제공한다. 세 번째, 스파크는 사용자가 관심 있는 키워드를 입력하면 구글의 검색 서비스인 구글 검색(Google Search)과 연동하여 관련 사진, 영상, 링크, 게시물 등을 보여주고 특정 결과물을 특정 친구나 서클과 공유할 수 있게 해준다. 네 번째, 허들은 지정한 서클 안의 사람들이나 소통하고 싶은 사람에게 실시간으로 메시지를 전달할 수 있게 한다.[10]

소셜 네트워크 서비스의 표준화 동향

소셜 네트워크 서비스의 사용자 입장에서 생각해보자. 사용자가 한 번 가입하여 많은 데이터를 남긴 서비스라면 다른 소셜 네트워크 서비스로 갈아타기가 사실상 쉽지 않다. 내가 남긴 궤적이지만 내가 가지고 나갈 수 없는 데이터가 되기 때문이다. 또한 내가 서비스를 탈퇴해도 그 흔적은 그대로 그 서비스에 남아 있다. 구글에서 말했던 사용자의 '잊혀질 권리'가 전혀 없는 것이다. 이러한 측면에서 오픈 소셜을 지향하는 소셜 네트워크 서비스 업체들은 현재 이용하고 있는 소셜 네트워크 서비스 데이터를 타사의 서비스로 자유롭게 이동할 수 있는 '데이터 이동성 표준화'와 이를 위한 개방형 소셜 서비스 프로토콜과 소셜 웹 표준 등을 추진하고 있다. 소셜 네트워크 서비스의 표준화 동향에 대하여 잠깐 살펴보자. 페이스북은 2007년 5월에 페이스북만을 위한 플랫폼 서비스로 F8 플랫폼을 개방하면서 급성장을 하였다. F8은 페이스북만의 서비스를 위한 FBML(Facebook Markup Language), 질의처리를 위한 FQL(Facebook Query Language) 등의 언어와 기본적인 API를 제공하였다. 이는 다른 기업들에게 큰 위협으로 다가왔다. 이에 Google, Yahoo, Myspace를 중심으로 22개사가 참여하는 OpenSocial Foundation이란 협력체가 구성되었고, 웹 기반의 소셜 네트워크 서비스를 위한 OpenSocial 공통 API 개발이 시작되었으며, 2007년 11월 1일 정식 릴리즈 되었다. 2009년 공개된 MakaMaka 프로젝트를 시작으로 2007년 11월 API가 공개되면서 본격적인 활동이 시작되었다.

이렇게 개방형 소셜 네트워크 플랫폼은 Facebook F8과 Google OpenSocial 진영으로 나뉜다고 할 수 있다. 이에 대한 양 진영의 플랫폼의 특징을 간략하게 비교하면 페이스북 진영은 과거의 특정 시점과 데이터를 연결하는 타임라인과 같은 그들만의 특화된 서비스의 개발에 중점을 두고 있는 반면에 구글 진영은 개방형 서비스를 지향하며 여러 업체들(Google, Yahoo, Flaxo, Twitter, Orkut 등)이 참여하는 공개표준전략을 활용한 연방형 소셜 네트워크 서비스에 관심을 가지고 있다.[11]

구분	Facebook F8	Google OpenSocial
개발자 API	공개	공개
표준화	사설	공개 표준화
플랫폼 특징	자체제작(FBML, FQL)	표준기술기반(HTML, JavaScript)
App 사이의 연동	불가능	제공
인증 호환성	불가능	OAuth
데이터 이동성	Facebook Connect	Google Friend Connect

【출처: J.Y. Park et al. (Nov 2011) KIISE】

[표 16-1] Facebook F8과 OpenSocial 비교[12]

소셜 네트워크 서비스의 미래에 대한 도전

페이스북은 공식 뉴스룸을 통해 2015년 3월 25일 개최한 페이스북 F8 연례 개발자 컨퍼런스에서 "페이스북에서 매년 개최하는 개발자 컨퍼런스 F8이 오늘 아침 샌프란시스코에서 개막되어 차세대 앱 개발을 위해 2,500명 이상의 개발자가 참석했습니다. 지난 한 해 동안 페이스북 개발자 커뮤니티의 규모가 두 배로 늘면서 이제 전 세계적으로 수십만 명이 페이스북을 이용하여 개발 업무를 진행하고 있으며, 이 중 70% 이상이 미국 외 지역에 거주 중입니다. 페이스북의 CEO 마크 저커버그는 오늘 아침 키노트를 통해 1) 사람을 중심에 두고 2) 사람들이 페이스북 앱 제품군을 만날 수 있는 기회를 확대하고 3) 공유의 미래를 미리 그려 보자는 올해 F8의 3가지 테마를 강조했습니다. 오늘 페이스북에서는 개발자가 모바일 앱을 빌드하고 성장시키며 수익화하는 전 과정을 돕는 25가지 이상의 제품과 도구를 발표했습니다. 모든 종류의 모바일 플랫폼과 연결되며 13억9천만의 사용자를 만날 수 있는 페이스북은 개발자에게 있어 혁신과 개발에 집중할 수 있는 조건을 모두 갖춘 공간입니다. 첫 번째, Messenger 플랫폼은 GIF, 사진, 동영상, 오디오 클립 등 더욱 다양한 방법을 통해 각자의 개성을 효과적으로 표현하기 위해 Messenger와 앱을 통합할 수 있는 방법을 소개합니다. 개발자의 성장과 참여를 위한 새로운 기회를 놓치지 마세요. 두 번째, Messenger에서의 비즈니스에서 사람과 비즈니스 간 소통 방식을 새롭게 정의할 첫 번째 단계를 공개합니다. 세 번째, 새로운 공유 시트는 앱에서 페이스북으로 콘텐츠를 공유할 때 간단하고 일관된 환경이 제공됩니다. 네 번째, 앱을 위한 페이스북 분석도구는 더욱 좋은 앱과 사용자 경험 개발에 도움이 되는 다양한 기능을 제공합니다. 이제 한 곳에서 앱 사용자에 대한 이해를 높이고, 다양한 기기에 대한 앱 이용 지표를 확인하며, 마케팅 캠페인을 개선할 수 있습니다. 다섯 번째, LiveRail은 이제 모바일 앱 광고 운영을 위해 LiveRail의 수익화 플랫폼을 사용하여 동영상 및 광고 비즈니스를 관리할 수 있습니다. 또한 LiveRail을 통해 알맞은 사람에게 관련성이 높은 광고를 게재하는 페이스북의 접근 방식을 활용하여 성과를 높이고 향상된 사용자 경험을 제공할 수 있습니다. 여섯 번째, 사물 인터넷은 이제 Parse를 이용하여 창고 문 개폐 장치, 화재 경보기, 웨어러블 손목밴드 등 다양한 네트워크형 기기를 위한 완전히 새로운 종류의 앱을 빌드할 수 있습니다. 일곱 번째, 소셜 플러그인은 페이스북 외부 콘텐츠에 대한 참여가 더욱 쉬워진 디자인 모바일 경험으로 소셜 플러그인이 새롭게 향상되었습니다. 특히 페이스북에 올린 동영상을 전체 화면에 표시할 수 있는 완전히 새로운 내장 동영상 플레이어 소셜 플러그인이 소개됩니다. 이제 웹 어디에서나 페이스북 동영상을 감상하고 호응을 보낼 수 있습니다. 여덟 번째, 360도 구형 동영상은 주변을 관찰할 각도를 선택할 수 있는 뉴스피드의 몰입형 360도 동영상 시청 환경을 미리 공개합니다."라고 정리하여 소개하고 있다.[13] 여기서 새로운 페이스북 앱 제품군에 대한 설명뿐 아니라 이미 다가오고 있고 가까운 미래에 더 많이 확장될 사물인터넷(IOT)에 대한 접목을 시도하고 있다는 점은 주목할 만하다.

스마트폰을 활용한 GPS, 기지국 ID, WIFI 등의 다양한 정보를 기반으로 정밀도가 높은 위치기반 서비스가 등장하였으며, 소셜 네트워크 서비스의 등장과 함께 현실 뷰의 화면에 가상의 데이터를 겹쳐 보여줄 수 있으며 서로 다른 공간에 있는 사용자들에게 동일한 뷰를 공유할 수 있도록 진화하고 있는 증강현실 기술이 등장하였다. 또한 소셜 네트워크 서비스의 발달은 소셜커머스, 소셜게임 등 파생된 새로운 수익원의 시장을 창출하였다. 향후 소셜네트워크 서비스와 관련한 기술들은 빠르게 발전할 것이며 적극적인 개방과 공유 전략을 통한 새로운 가치 창출로 미래를 맞이해야 할 것이다.

철도는 고객과의 실시간 양방향 커뮤니케이션 수단으로 소셜 미디어로 대표되는 페이스북, 트위터, 블로그 등의 소셜 네크워크 서비스를 활용하고 있다. 주로 전략적 마케팅의 수단으로 사용되고 있으며 긴급 열차운행상황 정보의 알림 창구로서도 활용되고 있다. 코레일에서 운영하는 소셜 네트워크 서비스 중 2015년 6월 4일 기준 페이스북의 경우 이야기하고 있는 사람 747명, 총 페이지 좋아요 29,181건, 새로운 페이지 좋아요 235건의 통계를 나타내고 있고, 트위터의 경우 트윗 24,609건, 팔로잉 10,850건, 팔로워 161,422명, 관심글 2,417건, 리스트 6건의 통계를 보여주고 있으며, 블로그의 경우 2,165건의 글이 올라와 있다. 이처럼 고객과의 적극적인 커뮤니케이션을 위한 수단으로서의 역할을 십분 발휘하고 있다. 철도 IT, 소셜 네트워크 서비스를 활용한 고객과의 커뮤니케이션을 더욱 더 강화해야 할 것이다.

2012년 남녀노소 누구나 따라하고 유쾌하게 불렸던 싸이의 뮤직비디오 〈강남스타일〉의 세계적 열풍을 기억하는가? "'강남스타일'은 가수 싸이의 여섯 번째 정규 EP앨범 〈싸이6甲 part 1〉의 세 번째 트랙이자 타이틀 곡이다. 2012년 7월 15일 음반으로 발매되었으며 싸이와 유건형이 공동 작곡하였다. '강남스타일'은 국내에서 가온 디지털 종합 차트와 코리아 K-Pop 핫 100에서 1위를 했으며 해외에서 영국, 독일, 프랑스, 호주, 캐나다, 이태리, 스페인, 네덜란드 등 30개국 이상의 공식차트에서 1위를 차지했다. 미국의 빌보드 핫 100에서는 한국인으로는 원더걸스 'Nobody'에 이어 역사상 두 번째로 차트에 진입했으며, 그 순위가 2위까지 올라간 뒤 7주 동안 이를 유지하며 아시아인으로서는 사상 두 번째로 높은 순위를 기록했다. '강남스타일' 뮤직비디오는 2014년 5월 31일 기준 20억 건의 조회 수를 넘겼으며 아시아 가수로는 최초이자 역대 유튜브 조회수 1위이고, 약 845만 건의 좋아요 추천을 받아 최다 '좋아요 추천' 분야에서 기네스 세계 기록에 올라 있다. 이 노래는 MTV 유럽 뮤직 어워드 최우수 비디오상을 수상하기도 했다. 2013년 1월까지 전 세계적으로 1,200만 건 이상의 싱글을 판매해 세계 디지털 음악 역사상 가장 많이 팔린 싱글 중 하나가 되었다."[14]

이러한 성공에는 뮤직비디오가 주된 요인으로 꼽힌다. 다소 엉뚱하지만 유쾌하고 언어를 모르는 세계인 누구나 같은 코드로 커뮤니케이션할 수 있는 경계를 넘는 자유로운 콘텐츠였기 때문에 수용이 가능했다. 그야말로 앞으로는 누구도 달성하기 힘든 새로운 전 세계적 전 지구적 스타일을 만들어 놓은 것이다. 그렇다면 이러한 '강남스타일'이라는 콘텐츠의 전 세계적 성공은 어떻게 가능했을까? 만일 국경을 넘어 공급자 중심이 아닌 사용자 중심의 콘텐츠를 누구나 자유롭게 공유하고 전파할 수 있는 유튜브, 페이스북, 트위터 등 같은 소셜 미디어가 없었다면 불가능했을 것이다. '강남스타일'은 소셜 미디어의 커뮤니케이션 파급력을 가장 잘 확인시켜준 극명한 성공사례의 역사이다.

철도IT, 21세기 원유
빅데이터를 활용하다

철도를 이용하는 고객들은 승차권 예약, 발권 등을 위해 2차 커뮤니케이션 수단인 승차권예약발매시스템, 코레일톡 등을 통하여 철도IT가 제공하는 다양한 서비스를 이용한다. 또한 3차 커뮤니케이션 수단의 매스 미디어와 페이스북, 트위터, 블로그 등 소셜 미디어를 통하여 철도에 대한 정보가 실시간으로 공유한다. 이처럼 철도는 다양한 채널을 통하여 생산되는 많은 빅데이터를 활용하여 새로운 경제적 가치를 창출할 수 있는 많은 기회를 가지고 있다. 이를 적극 활용해야 한다.

NewsScrab 05. 5월 징검다리 연휴, KTX 이용객 역대 최고
석가탄신일 연휴 때 KTX 33회, 관광열차 29회 등 76회 증편

5월 잇따른 연휴에 KTX 등 철도 이용객이 크게 늘고 있어 코레일이 임시열차 운행 등 수송 확대에 나서고 있다.

코레일은 나들이 가기 좋은 날씨가 이어지면서 철도를 이용한 가족 단위 여행이 늘고 있다고 보고 석가탄신일 연휴 기간에도 임시열차를 운행한다.

22일(금)부터 25일(월)까지 4일간 KTX 33회, 일반열차 14회, 관광열차 29회 등 총 76회 증편 운행한다.

한편, 코레일은 지난주 징검다리 연휴의 첫날인 1일(금) 24만4천 명이 KTX를 이용해, 역대 최고를 기록했다고 밝혔다.

이는 종전 최고 이용 기록인 22만9천 명('14.5.3.)을 훌쩍 넘어선 것이다. 또한 연휴 둘째 날인 2일 23만7천 명이 이용한 데 이어, 3일 23만1천 명 등 3일간 연이어 종전 기록을 넘는 실적을 올렸다.

연휴 기간(5.1~5) 동안 KTX와 일반열차의 전체 이용객은 253만4천 명으로 평시 대비 23.7% 증가한 수치다.

※ 평시 : 204만9천(호남고속철도 개통 이후 금~화요일 평균 이용객)

코레일은 이 기간을 특별교통대책기간으로 정하고 KTX 28회, 일반열차 14회, 관광열차 27회를 추가 운행했었다.

철도 이용객 증가에 대해 코레일은 호남고속철도 개통, 동해선 포항역 KTX 운행과 함께 수익관리시스템(YMS)을 통해 좌석 공급을 최적화하고 임시열차를 증편하는 등 수요예측에 따른 탄력적 열차 운행의 결과로 보고 있다.

코레일은 수익관리시스템(YMS)을 통해 노선별·열차별·차종별 수요패턴 빅데이터를 분석하고 승차율이 높은 시간대에 집중적으로 열차를 추가 운행하여 좌석공급을 확대하고 있다.

○○○ 코레일 사장은 "교통정체 없이 여유롭게 여행을 즐기기 위해 철도를 선택하는 분들이 늘고 있다"며 "탄력적인 열차 운행과 함께 편안하고 안전한 여행이 될 수 있도록 서비스와 안전 운행에 더욱 노력하겠다."고 밝혔다.

【출처: 코레일 뉴스, 2015년 5월 7일】

빅데이터의 등장과 기대

빅데이터가 화두로 등장하고 있는 배경은 무엇인가? 최근 들어 지속적인 네트워크 등 주변 IT 인프라의 확대와 저장장치의 용량 증가와 2007년을 기점으로 스마트폰 보급의 폭발적인 증가와 소셜 네트워크 서비스의 활성화에 따라 대량의 데이터가 기하급수적으로 늘어나고 있다. 인프라와 저장장치의 확대와 이에 걸맞는 데이터량의 증가 및 이러한 데이터를 처리할 수 있는 기술의 발전이 맞물려 빅데이터가 화두로 떠오르고 있는 것이다. 세계적인 IT 시장 조사기관인 가트너(Gartner)가 발표한 2013년의 유망기술의 하이프 곡선(Hype Cycle)을 살펴보면 빅데이터가 그 정점에 있는 것을 알 수 있으며 그만큼 사회적 관심이 빅데이터에 과잉 집중되고 있음을 알 수 있다. 여기서 가트너의 일명 '과대광고 주기'라고도 불리는 하이프 곡선에 대해서 잠깐 살펴보자. 하이프 곡선은 '기술의 성숙도'를 표현하기 위하여 가트너에서 개발한 시각적 도구이다. 하이프 곡선은 총 5단계로 이루어지며 이는 기술의 성장주기에 대응한다.

첫 번째, 혁신촉발(Innovation Trigger) 단계, 즉 잠재적 혁신기술이 관심을 받기 시작하는 시기로 초기 단계의 개념적 모델과 미디어의 관심이 대중의 관심을 불러일으키며 아직 상용화된 제품은 없고 상업적 가치도 증명되지 않은 상태를 의미한다.

두 번째, 과잉기대의 정점(Peak of Inflated Expectations) 단계로 초기의 대중성이 일부의 성공적 사례와 다수의 실패 사례를 양산해내며 일부 기업이 실제 사업에 착수하지만, 대부분의 기업들은 이를 관망하는 단계이다.

세 번째, 환멸단계(Trough of Disillusionment)로 '실험과 구현'에 대한 결과물이 나오지 않아 실패함에 따라 대중의 관심이 시들해지는 시기로 제품화를 시도한 기업들은 포기하거나 실패한다. 또한 살아남은 기업들이 소비자들을 만족시킬 만한 제품의 향상에 성공한 경우에만 투자가 지속적으로 이어지는 단계이다.

네 번째, 계몽단계(Slope of Enlightenment)로 기술의 수익 모델을 보여주는 좋은 사례들이 늘어나고 더 잘 이해되기 시작하며 차세대 제품들이 출시된다. 또한 더 많은 기업들이 사업에 투자하기 시작하지만 보수적인 일부 기업들은 여전히 유보적인 입장을 취하는 단계이다.

마지막으로 다섯 번째, 생산성 안정단계(Plateau of Productivity)로 기술이 시장의 주류로 자리잡기 시작하고 기업의 생존 가능성을 평가하기 위한 기준이 명확해지며 시장에서 성과를 거두기 시작하는 단계이다.

이러한 하이프 곡선의 5단계 평가는 신기술 트렌드를 분석하고 활용하는 마케팅에 널리 사용되고 있다.[2] 다시 가트너가 발표한 2014년의 유망기술 하이프 곡선을 자세히 들여다보면 그 정점에 IOT가 있고 과잉기대의 정점 단계와 환멸단계의 경계에 빅데이터가 자리 잡고 있음을 확인할 수 있다. 이는 빅데이터가 과잉기대의 정점에서 빗겨나긴 했지만 아직까지는 사회적 관심을 받고 있으며 그것이 과잉기대에서 실제적인 좋은 사례로 이어질지의 여부는 시장의 요구, 정부의 정책과 기업의 이익이 상충하느냐 상응하느냐에 달려 있다고 보아야 할 것이다.

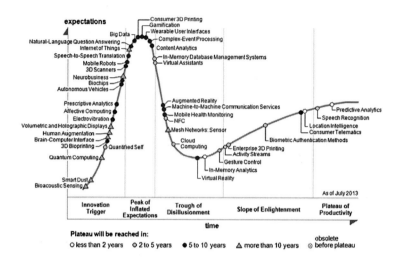

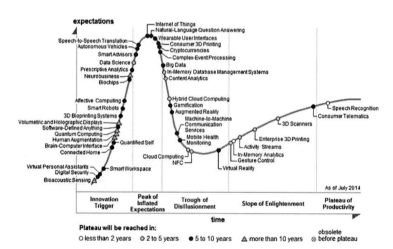

[그림 17-1] 가트너 하이프 곡선[3]

빅데이터의 정의와 분류

빅데이터는 어떻게 정의할 수 있는가? 세계적인 컨설팅 기관인 Mckinsey & Company가 2011년 5월 발간한 보고서 〈Big Data : The next Frontieir for Innovation, Competition, and Productivity〉에서 "빅데이터는 기존 데이터베이스 관리 도구의 데이터 수집, 저장, 관리, 분석하는 역량을 넘어서는 데이터셋 규모로 그 정의는 주관적이며 앞으로도 계속 변화될 것이고 데이터량의 크기에 대해서는 산업분야에 따라 상대적이며 현재 기준에서 몇 십 테라바이트에서 수 페타바이트까지가 그 범위가 될 것이다"라고 이야기하고 있다.[4]

하지만 데이터의 크기만을 기준으로 빅데이터라고 정의할 수는 없다. 데이터의 크기는 작지만 의미 있는 핵심 키워드를 포함한 데이터이고 빅데이터 분석기법을 활용하여 새로운 가치를 발견할 수 있다면 빅데이터의 범주에 포함하는 것이 마땅하다. 즉, 단순한 데이터량의 크기로 한정하기보다는 데이터에 숨어 있는 파급력 있는 핵심 키워드를 포함한 데이터의 질도 포함해서 정의해야 할 것이다. 빅데이터의 개념이 새로운 것은 아니며 과거에도 많은 데이터를 처리해왔지만 주로 고정 필드에 저장된 정형화(Structured) 데이터(RDBMS, 스프레드쉬트 등)를 취급해 왔던 것에 비해 고정된 필드에 저장되어 있지는 않지만, 메타데이터나 스키마 등을 포함하는 반정형(Semi-Structured) 데이터(XML, HTML 등), 고정된 필드에 저장되어 있지 않은 비정형(Unstructured) 데이터(텍스트 문서, 이미지/동영상/음성 데이터 등)의 비중이 증가했고 이러한 대량의 데이터를 처리할 수 있는 기술의 발달로 등장한 것이라고 볼 수 있다. 실제 소셜 네트워크 서비스의 대표주자인 페이스북의 경우 2015년 3월 기준 하루 평균 9억 3,600만 명이 25억 건 이상의 데이터를 생산하고 있고 트위터의 경우에도 2015년 3월 기준 하루 평균 5억 명이 15억 건 이상의 트윗을 보내고 있으며 과거의 데이터베이스 저장이나 분석 기술로는 처리가 불가능한 엄청난 양의 데이터이다. 또한 IBM 보고서에 의하면 전 세계적으로 생산되는 정보의 80%는 비정형 데이터이며, 비정형 데이터의 증가율은 정형 데이터 증가율의 15배에 이른다. 이러한 정형, 반정형, 비정형 데이터를 통칭하여 빅데이터라고 이야기할 수 있다.[5]

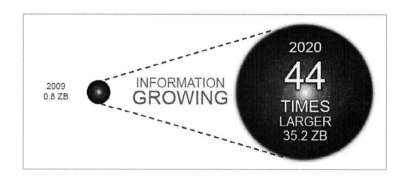

【출처: IDC 2010】
Note: 기가(Giga) = 1024 megabyte, 테라(Tera) = 1024 gigabyte,
페타(Peta) = 1024 terabyte, 엑사(EXA) = 1024 petabyte, 제타(Zeta)= 1024 exabyte

[그림 17-2] 폭발적인 데이터 증가량[6]

빅데이터의 가치와 분석기법

　빅데이터를 활용하여 얻을 수 있는 가치는 무엇인가? 세계적 주요 연구기관들이 발표한 빅데이터의 활용에 대한 경제적 가치를 살펴보자. 2010년 이코노미스트(Economist)는 "데이터는 자본이나 노동력과 동등한 수준의 경제적 투입자본이며 비즈니스의 새로운 원자재 역할을 한다."고 이야기했고, 2010년 MIT Sloan 은 "데이터 분석을 잘 활용하는 조직일수록 차별적 경쟁력을 갖추고 높은 성과를 창출한다."라고 이야기했다. 또한 2011년 가트너(Gartner)는 "데이터는 21세기의 원유이며 미래 경쟁 우위를 결정하며 기업은 다가올 데이터 경제시대를 이해하고 정보의 고립을 경계해야 한다."고 이야기했으며 2011년 맥킨지(McKinsey)는 "빅데이터는 혁신, 경쟁력, 생산성의 핵심요소이다."라고 이야기했다. 이처럼 빅데이터의 활용은 기업뿐만 아니라 정부에서도 새로운 경제적 가치창출을 위한 중요한 이슈가 되고 있다.[7]

　페이스북 등과 같은 소셜 네트워크 서비스 분석에 대한 수요 증가, 미국 대선에서 오바마의 빅데이터 활용전략, 구글의 플루(Flu) 트렌드 데이터 분석을 통한 질병의 예측, 기업의 홍보·마케팅, 헬스·의료, 공공서비스 등 여러 분야의 빅데이터 활용 성공사례들이 다양한 매체를 통해 널리 알려지면서 빅테이터의 관심은 더욱더 고조되고 있다. 이미 우리가 필요로 하는 빅데이터는 넘쳐나고 있다. 문제는 빅데이터를 분석할 수 있는 기술력 확보가 관건이다. 헤아릴 수 없을 정도로 많은 양의 데이터 들 중 의미 있는 데이터는 많지 않다. 이러한 빅데이터의 처리를 위하여 어떠한 분석기법들이 사용되고 있는가? 기존의 데이터 분석기법들은 기계학습과 데이터 마이닝 분야에서 이미 사용되었던 방법이며 이러한 분석기법들의 알고리즘을 빅데이터 처리에 알맞게 개선하여 적용시키고 있다.

최근 소셜 네트워크 서비스 등의 비정형 데이터의 증가로 인해 반정형, 비정형의 텍스트 데이터에서 자연어처리(Natural Language Processing)기술에 기반하여 유용한 정보를 추출, 가공하는 것을 목적으로 하는 텍스트 마이닝, 텍스트 마이닝의 관련 분야로 소셜미디어 등의 정형·비정형 데이터의 긍정, 부정, 중립의 선호도를 판별하는 평판분석(Sentiment Analysis)이라 불리는 오피니언 마이닝, 수학의 그래프 이론(Graph Theary)에 근간으로 하여 소셜 네트워크의 연결구조와 연결강도 등을 바탕으로 허브(Hub) 역할을 하는 입소문의 중심인 사용자를 찾는 데 주로 활용되는 소셜 네트워크 분석, 비슷한 특성을 가진 개체를 합쳐가며 최종의 유사 특성의 군을 발굴하는 데 사용되는 군집 분석 등이 주류를 이루고 있다. 이러한 분석기법들을 테라바이트 또는 페타바이트급 이상의 데이터 처리에 적용하기 위해서 일찍이 대량의 트래픽을 점유해 왔던 야후, 구글, 아마존 등의 회사들은 빅데이터 분석 인프라를 위해 각자의 기술을 개발하고 오픈 소스화하는 데 앞장섰다.

현재 야후에서 개발한 하둡(Hadoop)은 오픈소스 분산처리기술 프로젝트로 정형·비정형 데이터 모두를 분산 클러스터 기술을 통해 빠르고 신뢰성 있게 분석해주는 장점을 가지고 있어 가장 널리 사용되고 있는 솔루션이다. 실제로 야후와 페이스북 등에 사용되고 있으며 채택하는 기업이 늘어나고 있다. 주요 구성요소를 살펴보면 하둡 분산파일 시스템인 HDFS(Hadoop Distributied File System), Hbase, MapReduce으로 구성되며, HDFS와 Hbase는 각각 구글의 파일 시스템인 GFSGoogle File System과 빅 테이블(Big Table)의 영향을 받았으며 기본적으로 비용 효율적인 x86 서버로 가상화된 대형 스토리지(HDFS)를 구성하고, HDFS에 저장된 거대한 데이터셋을 간편하게 분산처리할 수 있는 Java 기반의 MapReduce 프레임워크를 제공한다. 이외의 하둡을 기반으로 한 다양한 오픈소스 분산처리 프로젝트가 존재하며 구글의 빅 쿼리(Big Query), 아마존의 다이나모(Dynamo) 등이 빅데이터 분석을 위해 사용되고 있다.

빅데이터의 활용을 위한 선행조건과 철도IT의 적용기회

기업이 빅데이터 활용을 위하여 선행조건으로 고려해야 할 사항은 무엇인가?

첫 번째, 데이터에 대한 접근성 측면을 고려해야 한다. 최근 들어 개인정보 유출 등 보안 관련 침해사고가 증가하고 있는 반면에 기업의 입장에서는 내·외부 데이터의 유기적 결합을 통한 전사적 이용 필요성이 증가하고 있다. 이를 위하여 보안적 측면을 고려한 외부 데이터의 내부 활용방안이 필요하다.

두 번째, 클라우드 기반의 통합 분석처리 프로세스를 정립해야 한다. 기업 내 분산된 데이터는 그 자체로서는 의미를 가지기 힘들며 전사적 데이터의 통합 활용을 통하여 새로운 경제적 가치를 창출해야 한다.

세 번째, 데이터 중심조직을 통한 분석역량을 키워야 한다. 데이터 기반 의사결정 조직을 중심으로 대용량 데이터의 분석기술(하둡 등)을 활용할 수 있는 전문 인력의 양성 및 통찰을 이끌어 낼 수 있는 전문가의 채용이 필요하다.

철도를 이용하는 고객들은 승차권 예약, 발권 등을 위해 2차 커뮤니케이션 수단(승차권예약발매시스템, 코레일톡 등)을 통하여 철도IT가 제공하는 다양한 서비스를 이용한다. 또한 3차 커뮤니케이션 수단의 매스 미디어와 소셜 미디어(페이스북, 트위터, 블로그 등)를 통하여 철도에 대한 정보를 실시간으로 공유한다. 이처럼 철도는 다양한 채널을 통하여 생산되는 많은 빅데이터를 활용하여 새로운 경제적 가치를 창출할 수 있는 많은 기회를 가지고 있다. 따라서 철도는 이러한 빅데이터의 적극적인 통합과 분석을 위하여 효율적인 기반과 프로세스를 마련해야 할 필요가 있으며 그 활용 범위를 점진적으로 확대해야 할 것이다. 철도IT, 21세기 원유 빅데이터를 활용하여 새로운 가치를 창출해야 한다.

우리는 매일 직장에 출근하고 거기에서 퇴근한다. 이러한 반복되는 일상에서 오만 가지 잡생각을 한다. 그 속에 옥석이 있다. 우리가 그냥 아무 생각 없이 흘려보내는 것들이다. 위기상황 같은 어느 특정한 순간에 자극이 오면 옥석을 꺼내게 만드는 것이다. 우리가 늘상 하는 일상에서의 잡생각, 그것은 빅데이터 중 가치 있는 나만의 키 데이터를 출력하는 과정이다. 이를 위해서 항상 메모하는 습관을 가져야 한다. 그래야 그 속에서 언제든 옥석을 가릴 수 있는 것이다. 빅데이터는 많은 쓰레기 데이터를 포함하고 있다. 진정 우리가 원하는 것은 새로운 가치를 창출할 수 있는 원석이 되는 데이터들일 것이다.

당신이 수석을 모으는 취미를 가지고 있다고 하자. 수석을 찾으러 다리품을 팔며 전국을 돌아다닐 것이다. 여기저기 널려 있는 수많은 돌, 그 중 당신의 눈에 간택된 원석을 찾아 그대로 사용하거나 가공하여 어울리는 받침대에 올려놓을 것이다. 그러면 여러 사람과 공유할 수 있는 새로운 가치의 수석이 되는 것이다. 단순히 돌이었던 것이 당신의 손을 거쳐 새로운 창조물이 된 것이다. 빅데이터도 마찬가지이다. 수많은 데이터들 중 가치 있는 데이터를 찾아내는 것 그리고 그것을 가공하여 의미 있는 새로운 데이터를 만드는 것, 그것이 빅데이터의 활용을 가치 있게 만드는 것이다.

우리는 여전히 빅데이터를 새로운 개념으로 생각한다. 빅데이터는 과거부터 있었다. 단지 SNS 등 데이터를 생산하는 양이 폭발적으로 증가했고 이를 분석해서 활용할 수 있는 여건이 갖춰져 있기 때문에 빅데이터, 빅데이터 하는 것이다. 빅데이터의 Big은 단순히 '크다'라는 의미보다는 Value, 즉 가치로 인식해야 할 것이다. 그렇지 않고 양으로만 접근하다 보면 작지만 중요한 가치를 놓칠 수 있는 것이다. 다시 말하면 가치가 큰 데이터가 빅데이터이다.

철도IT, 클라우드 컴퓨팅으로 커뮤니케이션하다

철도IT, 이제 클라우드 컴퓨팅을 제공받는 사용자의 입장이 아닌 열차운행정보표출 솔루션, 열차자동안내 소프트웨어, 열차운행계획개발 플랫폼, 상품예약결제 프로그램, 고객분석 툴 및 이를 위한 미들웨어, 인프라 등을 운영주체를 달리하는 각 철도기관 또는 사용자에게 서비스할 수 있는 클라우드 컴퓨팅을 제공하는 공급자가 되는 전략적인 접근과 장기적인 투자가 필요하다.

EPISODE 18. 곽민욱 사장의 창업기

곽민욱 씨는 정부에서 운영하는 'C(크리에이티브) 창업스쿨'을 졸업하였다. C 창업스쿨에서 만난 4명의 동료들과 함께 새로운 비즈니스 모델인 'SNS 소셜커머스'를 기반으로 한 해외직구를 대행해 주는 사업을 시작하기로 했다. 해외의 SNS 등을 통해 확보된 소셜 네트워크(인적네트워크)를 활용하여 국내의 소셜 네트워크와 연계한 대행 웹 서비스를 개설하여 PC, 스마트폰, 스마트 패드 등 다양한 기기를 이용하여 신청하면 일정 규모 이상의 구매자들을 대상으로 특정품목에 대해 해외직구를 대행하는 서비스 모델이다. 막상 창업을 하려니 IT 자원(서버, 스토리지, 플랫폼, 소프트웨어 등)에 대한 투자가 쉽지 않았다. 문제는 초기 투자비용이다. 곽민욱 사장은 동료 직원들과 상의 끝에 IT 자원 일체를 클라우드 컴퓨팅 서비스하기로 결정했다. 내부 정보자원을 외부 클라우드 컴퓨팅 서비스 업체에 맡기는 것이 불안하긴 했지만 우선 '쓴 만큼 지불 한다'는 종량제 방식이 큰 매력으로 작용했다. 투자비용 대비 업무 효율성을 먼저 판단한 것이다. 곽 사장은 정부에서 운영하는 공공 클라우드 1곳과 사설 클라우드 A사, B사, C사의 서비스 수준 규약(SLA)을 꼼꼼히 살폈다. 그리고 과금 정책, 서비스 유지 정책, 장애 시 응대 방안, 복구정책, 백업정책, 마지막으로 보안정책 등을 면밀히 비교 검토하고 유지비용이 좀 더 저렴하면서 보안정책이 안정적인 공공 클라우드를 선택하였다. 곽사장은 공공 클라우드 컴퓨팅 서비스를 통해 그룹웨어, 이메일, 메신저, 웹하드 등 내부업무 처리에 필요한 각종 소프트웨어 부분까지도 클라우딩해서 해결했다.

***

임직원 회의 중이다. 곽 사장이 회의를 주재하고 있다.
"한호성 팀장님, 최근 한 달 간 매출액이 어떻게 되죠?"
"네, 어제 날짜로 10억불이 넘어 섰습니다. (짝짝짝짝)
회의에 참석한 임원과 직원들은 고무된 얼굴로 박수를 친다. 그동안 소셜 네트워크 해외직구 사업은 최정점에 올랐고 클라우드 컴퓨팅 기반의 소셜 네트워크와 융합한 사업들도 많은 수익을 내고 있다. 곽민욱 사장은 회의탁자 옆에 놓인 음료수 잔을 들더니 건배를 제안한다. 비록 샴페인 잔은 아니지만 그보다 몇 곱절 분위기를 돋우는 매개체로서 충분하였다. 곽민욱 사장은 공공 클라우드 컴퓨팅 서비스를 좀 더 규모의 서비스와 유연성을 확보하기 위하여 사설 클라우드 서비스로 전환하긴 했지만 아직도 IT 자원 일체를 클라우딩하고 있다.

***

곽사장은 오른손에 뜨거운 커피 한 잔을 들고 사무실 창밖을 내다보고 있다. 마천루 사이로 비추는 석양의 햇볕이 곽 사장의 얼굴을 살짝 보듬는다. '어느새, 여기까지 왔군.' 하고 속으로 되뇌이며 이 모든 것에 고마워한다.

클라우드 컴퓨팅의 등장 배경

　세계 시장조사기관 가트너(Gartner)가 2014년 10월 7일 미국 올랜도에서 열린 연례 심포지엄(IT엑스포 2014)에서 '2015년 주목할 만한 IT 10대 전략기술'을 발표하면서 클라우드/클라이언트 컴퓨팅(Cloud/Client Architecture)을 포함하였다. 클라우드/클라이언트 컴퓨팅이란 사용자 애플리케이션에 집중한 클라우드 기술이다. 이 기술 덕분에 사용자는 여러 가지 모바일 기기로 하나의 애플리케이션을 동시에 이용할 수 있다. 핵심은 동기화 기능이다. 가트너는 "미래에는 기업 애플리케이션과 게임 등도 스크린 여러 개를 사용할 수 있게 지원할 것이며, 웨어러블 및 타 기기들을 활용해 사용자 경험을 강화할 것"이라고 설명하고 있다.[1] 좀 더 확장되고 사용자의 다양한 인터페이스 환경이 강조된 개념이며 특히, 클라우드 컴퓨팅은 2010년부터 꾸준히 주목할 만한 10대 기술 중의 하나로 선정되고 있다. 이렇게 IT의 패러다임을 바꾸는 메가트렌드로 대두되는 배경을 살펴보면 첫 번째, 서버의 저장용량·처리능력 향상, 네트워크망의 확장 등 IT 인프라의 확대를 들 수 있으며 두 번째, 페이스북, 트위터 등 소셜 네트워크 서비스를 통해 생산되는 빅데이터의 효율적 처리가 필요하게 되었으며, 세 번째, 경제위기에 따른 기업의 투자 및 비용절감의 노력이 필요했고, 네 번째, 그린 IT에 대한 방안으로서 에너지 절감과 컴퓨팅 파워의 효율적 사용이 필요했으며 다섯 번째, 분산되어 있는 IT 자원의 통합을 통한 효율적 활용이 필요하게 되었다.[2]

클라우드 컴퓨팅의 개념과 이득

클라우드 컴퓨팅의 개념은 무엇인가? 클라우드 컴퓨팅(Cloud Computing)이란 정보처리를 개인의 컴퓨터가 아닌 인터넷으로 연결된 제3의 공간인 '클라우드' 내의 컴퓨터로 처리하는 방식의 컴퓨팅 시스템을 의미하며 인프라, 플랫폼, 소프트웨어 등의 IT 자원을 인터넷을 통해 필요한 만큼 빌려 쓰고 사용한 만큼 비용을 지불하는 서비스의 개념을 가진다. 아마존은 "인터넷을 통해 IT 리소스와 애플리케이션을 온 디멘드로 전송하는 서비스이다."라고 설명했고, IEEE에서는 "정보가 인터넷 상의 서버에 영구적으로 저장되고 데스크탑이나 테이블로 컴퓨터, 노트북, 벽걸이 컴퓨터, 휴대용 기기 등과 같은 클라이언트에 일시적으로 보관하는 패러다임이다."라고 정의하고 있다. 다시 정리하여 이야기하자면 "인터넷을 통하여 다수의 사용자들에게 대규모·고품질 IT 자원을 서비스 형태로 제공하는 것"이라고 정의할 수 있다.[3]

사용자의 입장에서 좀 더 자세히 살펴보면 일반적으로 사용하고 있는 개인용 컴퓨터(PC)에는 필요에 의해 구매한 한글, MS-Office, 포토샵과 같은 소프트웨어가 설치되어 있고 문서, 파일, 사진, 동영상 같은 데이터도 저장되어 있다. 예를 들어 사용자가 2015 IT 동향 보고서와 같은 문서를 기안한다고 하자. 사용자는 자신의 컴퓨터에 설치되어 있는 한글, MS-Word와 같은 워드프로세스 프로그램을 실행하고 보고서를 작성한다. 그러나 클라우드 컴퓨팅 환경에서는 워드프로세스 프로그램과 작성한 문서를 제3의 공간에 저장해 놓고 자신의 컴퓨터로 그곳에 인터넷을 통해 접속하여 보고서를 작성하면 된다. 이러한 방식은 한글, MS-Word와 같은 워드프로세스 프로그램을 자신의 컴퓨터에 설치할 필요도 없으며 주기적인 패치, 업데이트 등의 관리도 필요하지 않다. 또한 회사 컴퓨터에서 작업하던 문서를 집, 회의실 등 다른 장소에서 작업하기 위하여 따로 USB 등 이동저장매체에 저장하여 가져갈 필요도 없고 자신의 컴퓨터의 고장으로 인한 데이터의 손실도 걱정할 필요가 없다. 기업의 입장에서 생각해보면 필요한 만큼 빌려 쓰고 쓴 만큼 비용을 지불하는 '자동차 리스' 같은 개념으로 생각할 수 있으며, 필요하긴 하지만 사용빈도가 낮은 고가의 소프트웨어를 구매할 필요도 없고 사용량에 비해 너무 큰 용량의 스토리지를 갖추지 않아도 된다. 기업의 입장에서는 저비용으로 효율적인 운영환경을 구축할 수 있고 막강한 컴퓨팅 파워를 필요할 때 즉시 사용할 수 있으며 전력 사용량의 감소 등 에너지 활용 측면에서도 효율적이다. 하지만 인터넷 접속이 어려운 환경이나 클라우드 서비스 회사의 서버 장애에 따른 이용 불가능 상황이 발생할 수 있고 개인정보 및 기밀 유출 등 심각한 위험에 빠질 수 있음을 인지하고 이에 대비해야 한다.[4]

클라우드 컴퓨팅 서비스의 분류

클라우드 컴퓨팅 서비스는 어떻게 분류할 수 있는가? 서비스의 구성요소에 따라 기업 업무처리에 필요한 서버, 스토리지, 네트워크 등 인프라 자원을 가상화하여 사용하도록 제공하는 형태 (Amazon의 S3, EC2 등)인 IaaS(Infrastructure as a Service), 소프트웨어 개발자가 애플리케이션을 설계, 구축, 테스트할 수 있도록 통합된 플랫폼을 제공하는 형태(Ms의 Azure, Google의 App Engine 등)의 PaaS(Platform as a Service), 사용자가 다양한 SW를 웹을 통해 서비스 공급업체로부터 임대하여 사용하도록 제공하는 형태(Google의 Docs, Salesforce.com의 CRM 등)의 SaaS(Software as a Service)의 3가지로 구분할 수 있다.

기존의 클라우드 컴퓨팅 서비스는 SaaS 위주였지만 현재는 많은 회사가 PaaS를 넘어 IaaS 영역까지 그 범위를 확장해 가고 있는 추세이다. 또한 서비스의 대상에 따라 특정 기업과 사용자를 위한 사설(Private) 클라우드, 공공을 대상으로 한 서비스를 위한 공공(Public) 클라우드, 사설 클라우드와 공공 클라우드를 혼합한 형태의 하이브리드(Hybrid) 클라우드로 나눌 수 있다. 충분한 자본력과 기술력을 보유한 대기업들은 보안상의 이유로 사설 클라우드를 활발하게 구축하고 있으나 대기업에 비해 투자여력이 부족한 중소기업은 사설 클라우드 구축보다는 초기 투자 및 운용비용이 저렴한 공공 클라우드를 도입하려는 추세이다. 특히 중소기업의 생산성 및 효율성을 높이기 위해 스마트폰, 태블릿 PC 등을 이용하여 시·공간의 제약 없이 효율적으로 업무를 처리할 수 있는 스마트 모바일 오피스(Smart Mobile Office, SMO)가 킬러 서비스로 대두되고 있으며, 향후에는 사설 클라우드와 공공 클라우드의 장점을 혼합한 방식인 하이브리드 클라우드 형태로 발전할 가능성이 크다. 그리고 서비스의 이용자에 따라 개인이 보유한 동영상, 사진, 문서 등의 콘텐츠를 클라우드 서비스 사업자가 제공하는 서버에 저장시켜 놓고 인터넷이 연결된 다양한 스마트 기기를 통해 언제 어디서나 자신의 콘텐츠에 접속하여 이용할 수 있는 구글(Google)의 구글앱, 애플(Apple)의 아이클라우드, 아마존(Amazon)의 클라우드 드라이브, 네이버의 N드라이브, KT의 U클라우드 등의 개인용 클라우드 서비스(Personal Cloud Service), 기업의 IT 인프라 환경을 클라우드 환경으로 전환해 주는 Google의 앱엔진, NetAPP의 클라우드 인프라스트럭처스, Salesforce.com, KT의 U클라우드 서버프리미엄 등 기업용 클라우드 서비스(Enterprise Cloud Service)로 구분할 수 있다. 주로 개인용 클라우드 서비스는 광고 유치를 통해 기업용 클라우드 서비스는 종량제 과금을 통하여 수익을 창출하고 있다.[5]

클라우드 컴퓨팅의 공룡, 구글의 성공담

구글은 Google Apps for Work 홈페이지를 통해 5백만 개가 넘는 기업이 구글(Google)을 사용하고 있다고 밝히며 몇 가지 성공사례에 대하여 다음과 같이 소개하고 있다. 이화병원의 경우 Gmail, 캘린더, 문서도구 솔루션 사용 경험에 대하여 "우리는 Google Apps가 직원들 간의 더 명확한 의사소통에 진정으로 도움을 준 것에 대해서 기쁘게 생각합니다. 우리는 Google Forms를 이용해 환자분들의 고객만족서비스 설문과 같은 Google Apps의 확대사용을 희망합니다. 이화병원의 환자분들에게 더 좋은 서비스를 제공할 수 있는 전반적인 병원경영의 지속적인 개선이 우리의 목표입니다. 그리고 Google Apps의 계속적인 사용으로 기타 다른 혜택을 지속적으로 볼 수 있기를 기대합니다."[6]라고 이화병원 ○○○ 팀장은 이야기하고 있다. 또 Agansa(인도네시아 섬유업계 유명기업)의 경우 "이제 저희 업무 전체가 Google Apps와 통합되어 있습니다. 공유 캘린더 기능은 인사 관리 도구로 활용되고 있습니다. 상사들이 팀의 업무량을 더 잘 파악할 수 있어 팀 구성원 한 사람의 업무 부담이 과중되거나 일을 할 수 없을 경우, 그런 분량을 다시 할당할 수 있게 되었습니다. 이로 인해 생산성만 향산된 것이 아니라 마감 시한도 잘 맞추게 되어 고객들이 만족하고 있습니다."[7]라고 Agansa IT 부서 총책임자 겸 사주 Hardi Halim Liem은 경험을 이야기했다. 그리고 QUADMARK(싱가포르에 본사를 둔 글로벌 컨설팅 및 교육 기관)의 경우 "Google Apps는 놀라운 유연성과 속도를 제공하여 이동 중에도 고객에게 훨씬 신속하게 응답할 수 있게 해줍니다. 특히 우리 직원들은 모바일 기기용 Gmail 앱이 제공하는 편리함을 정말 마음에 들어합니다. 직원들은 신속하게 응답하고 이메일을 보낼 수 있는 것 이외에도 Google 검색을 통해 받은 편지함의 특정 이메일에 손쉽게 액세스할 수 있습니다. Google Apps는 특히 모바일 작업을 수행할 수 있다는 점에서 직원들의 시간을 5%에서 10% 정도 절약하는 데 기여했다고 생각합니다."[8]라고 QUADMARK의 영업 역량강화 컨설턴트 Luke Donnelly는 말한다. 구글은 이러한 사례를 소개하며 클라우드 컴퓨팅의 마케팅을 강화하고 있다.

아마존이 이야기하는 클라우드 컴퓨팅의 혜택

아마존은 AWS(Amazon Web Services) 홈페이지에서 클라우드 컴퓨팅의 6가지 장점 및 혜택에 대해 "첫 번째, '자본 비용을 가변 비용으로 대체'에 관하여 사용 방법이 결정되기도 전에 데이터 센터와 서버에 대규모의 투자를 하는 대신 컴퓨팅 리소스를 사용할 때만, 그리고 사용한 만큼의 리소스에 대해서만 비용을 지불할 수 있습니다. 두 번째, '규모의 경제로 얻게 되는 이점'에 관하여 클라우드 컴퓨팅을 사용하면 소유하고 있는 인프라에서 작업을 수행할 때보다 가변 비용이 낮습니다. 수많은 고객의 사용량이 클라우드에 집계되므로 Amazon Web Services와 같은 공급자는 더 높은 규모의 경제를 달성할 수 있으며 이에 따라 종량 과금제 요금이 더 낮아집니다. 세 번째, '용량 추정 불필요'에 관하여 필요한 인프라 용량을 추정할 필요가 없습니다. 애플리케이션을 배포하기 전에 용량을 결정하면 고가의 리소스를 구입하여 유휴 상태로 유지하게 되거나 한정된 용량으로 작업하게 되는 경우가 자주 발생합니다. 하지만 클라우드 컴퓨팅을 사용하면 이러한 문제는 해결됩니다. 필요한 만큼의 리소스에 액세스하고 필요에 따라 몇 분 만에 확장 또는 축소할 수 있습니다. 네 번째, '속도 및 민첩성 개선'에 관하여 클라우드 컴퓨팅 환경에서 새 IT 리소스를 클릭 한 번으로 사용할 수 있습니다. 따라서 해당 리소스를 개발자에게 제공하기까지 시간을 몇 주에서 단 몇 분으로 줄일 수 있습니다. 이에 따라 실험 및 개발에 소요되는 비용이 절감되고 시간이 단축되므로 조직의 민첩성이 크게 향상됩니다. 다섯 번째, '데이터 센터 운영 및 유지 관리에 비용 투자 불필요'에 관하여 인프라가 아니라 비즈니스를 차별화할 프로젝트에 집중할 수 있습니다. 클라우드 컴퓨팅을 사용하면 수많은 서버를 관리하느라 시간을 허비하지 않고 고객에게 더욱 집중할 수 있습니다. 여섯 번째, '몇 분 만에 전 세계 배포'에 관하여 클릭 몇 번으로 세계 곳곳의 여러 지역에 애플리케이션을 손쉽게 배포할 수 있습니다. 이는 최소 비용으로 고객에게 지연 시간은 줄이면서 더 나은 사용 환경을 간편하게 제공할 수 있음을 의미합니다."[9]라고 이야기하면서 클라우드 컴퓨팅의 사업 영역을 확장하고 있다.

클라우드 컴퓨팅 서비스의 표준화 노력

우리나라는 세계 최고 수준의 유무선 초고속인터넷 인프라를 기반으로 미래 클라우드 컴퓨팅 시장을 선도할 충분한 잠재력을 갖추고 있어 다양한 서비스 분야와 융합한 전략적 접근이 필요하다. 그러나 현재의 서비스 시장은 빅데이터를 위한 분산처리 기술을 선도하고 있는 구글, 아마존 등이, 솔루션 시장은 IT 인프라 자원(서버, 스토리지, 네트워크 등)의 가상화 기술을 선도하고 있는 MS, IBM, SUN, HP 등 해외 글로벌 기업을 중심으로 주도권 경쟁이 치열하며, 국내 시장은 외산 플랫폼의 의존도가 상당히 높은 상황이다. 또한 클라우드 컴퓨팅 확산에 따른 이종 플랫폼 간 상호운용성 요구가 급증하고 있는 반면에 ITU-T, ISO/IEC JTC 1 등을 통해 글로벌 표준화가 진행되고 있으나 아직은 그 성과가 미흡하다. 이에 우리나라는 클라우드 컴퓨팅을 위한 서비스 수준 규약(SLA, Service Level Agreement) 기준 마련 등을 통한 무분별한 외산 IT 인프라, 플랫폼, 서비스 등의 도입을 방지하고 유무선 초고속인터넷, 스마트폰 등의 강점을 가진 기술 분야와 융합한 국내표준화 마련을 통해 글로벌 표준을 선도해야 할 필요가 있다. 철도IT, 이제 클라우드 컴퓨팅을 제공받는 사용자의 입장이 아닌 열차운행정보표출 솔루션, 열차자동안내 소프트웨어, 열차운행계획개발 플랫폼, 상품예약결제 프로그램, 고객 분석 툴 및 이를 위한 미들웨어, 인프라 등을 운영주체를 달리하는 각 철도기관 또는 사용자에게 서비스할 수 있는 클라우드 컴퓨팅을 제공하는 공급자가 되는 전략적인 접근과 장기적인 투자가 필요하다.

Break Time 22 _____ **! Creative Think**

자동차, 기차, 비행기 등 문명의 이기는 탄생하고 나서 우리에게 많은 혜택이라는 '호재'를 선물했지만, 반면에 사고라는 '악재'도 안겨주었다. 우리는 이러한 악재를 극복하기 위하여 신호등과 같은 모든 사람이 동일하게 보고 동일하게 인식할 수 있는 표지를 만들었다. 이러한 규칙들은 자동차, 기차, 비행기를 운전하는 사람과 이를 이용하는 사람들이 같은 관점과 생각으로 커뮤니케이션할 수 있게 하는 틀을 만들어 '사고'라는 악재를 미연에 방지할 수 있게 해주었다.

잠깐 철도의 궤간에 대하여 이야기해보자. 로마 군대의 전차가 다녔던 길, 그 뒤를 이어 마차가 다니던 길, 또 그 뒤를 이어 기차가 다니는 길, 이러한 경로의 발자취를 경로의존성(Path Dependency)이라고 하며 이렇게 앞서 생긴 길을 기준삼아 일명 '스티븐스 게이지'라고 불리는 4피트 9인치, 즉 1,435mm의 '표준궤'가 탄생하였다. 이 표준궤는 우리나라를 포함해 세계철도의 약 60%가 사용하고 있으며 나머지는 이보다 조금 넓은 광궤(1,520-1,668mm)나 이보다 좁은 협궤(1,067mm 이하)를 사용하고 있다. 러시아와 스페인의 경우 과거 프랑스 나폴레옹의 침략을 받았던 아픔이 있어 철도를 이용한 침탈수단 활용의 방지를 위하여 군사적 목적에 의해 프랑스가 사용하는 표준궤보다 큰 광궤를 사용하였고 영국의 식민지였던 인도의 경우 한 번에 많은 양의 면화와 차를 철도로 수송하기 위하여 광궤를 사용하였다. 반면에 프랑스의 식민지였던 베트남, 인도차이나, 튀니지 등은 미터법의 도량형 통일의 테스트 베드(test bed) 목적으로 1,000mm(1m)의 궤관을 사용하였다. 또한 가까운 일본의 경우 대부분의 경우 국토가 산지로 이루어져 있어 협궤를 사용했지만, 고속철도인 신간센을 운영하기 위해 고속운행이 어려운 협궤 대신 우리나라와 같은 표준궤를 사용하고 있다.[10] 이처럼 세계의 여러 나라들은 공통의 올바르고 정확한 소통을 위하여 지금도 각종 표준화 기구를 통해 국제 표준을 만들어 커뮤니케이션의 완성을 위하여 노력하고 있다. 이 또한 세상과 커뮤니케이션하기 위한 또 다른 하나의 방식이다.

Chapter
19

철도IT, 사물인터넷(IOT)으로
커뮤니케이션하다

미래에는 더 많은 사물들이 인터넷과 연결될 것이고, 상상할 수
있는 것보다 더 많은 것들이 IOT의 기반 위에서 실현될 것이며,
미래 철도IT는 보다 완숙한 커뮤니케이션의 지원을 위하여 IOT
를 통한 새로운 기술적 수단을 제공해야 한다.

EPISODE 19. IOT의 재난 현장 지원

서기 2020년 9월 15일 오전 11시경.

관제센터 사령 대형 상황모니터에 A지점이 깜빡이면서 벨이 울리기 시작한다. 이어 A지점의 영상이 팝업창으로 실시간 수신된다. 수신된 영상은 A지점의 신호기 및 현장 주변 시설물에서 이상 징후를 감지하고 보내는 영상이다. 선로 안으로 야생 사슴 한 마리가 이리저리 왔다갔다 갈피를 못 잡는 모습이 포착된다. 20분 후면 #G2020열차가 진입한다. 인근 역 및 소방서의 로컬 상황 모니터에도 관제센터에 전송하는 동일한 화면이 실시간으로 중계되고 있다. 관제센터 사령이 B지점의 #G2020열차의 감속운행을 요청하고 인근 역 처리반에 긴급 명령을 하달한다. 실시간 현장 영상화면이 현시되는 위에 A지점 진출입 경로를 표시하면서 인근 역과 소방서에 상황 정리를 요청하고 있다. 이 영상은 이동 중에도 스마트폰 등 다양한 모바일 기기를 통해 동일한 상황이 전달된다. 11시 10분경 현장에 먼저 도착한 A지점 인근 역 처리반원들이 포획용 그물망 총을 이용하여 야생 사슴을 생포한다. 이러한 상황은 처리반원들의 모자에 설치된 영상촬영 카메라를 통해 실시간으로 관제실 상황모니터에 전송되고 있다. 11시 13분경 상황정리 완료. 관제 사령이 상황이 해제되었음을 알린다.

관제사령: 처리반장님, 수고 많으셨습니다.

처리반장: 감사합니다. 수고하세요.

11시 25분 #G2020열차가 회복운전을 시도하며 A지점을 빠른 속도로 통과한다.

IOT 세상의 개막을 알리다

유비쿼터스는 '언제 어디에나 존재한다'는 뜻의 라틴어로 사용자가 컴퓨터나 네트워크를 의식하지 않고 장소에 상관없이 자유롭게 네트워크에 접속할 수 있는 환경 또는 패러다임을 말한다. 1988년 미국의 사무용 복사기 제조사인 제록스의 마크 와이저(Mark

Weiser)가 '유비쿼터스 컴퓨팅(Ubiquitous Computing)'이라는 용어를 처음 사용하였으며 메인프레임의 등장과 퍼스널 컴퓨터에 이어 제3의 정보혁명을 이끌 것이라고 주장하였다. 이후 등장한 사물인터넷(IOT)은 유비쿼터스와 기계 간 통신(M2M)의 수동적 개념을 인터넷으로 확장하여 사물은 물론 현실과 가상세계의 모든 정보와 상호작용하는 능동적 개념으로 확장된 것이라고 볼 수 있다. 사물인터넷은 영어로 대문자를 따서 IOT(Internet of Things)라고 표기하는데, 이 용어는 1999년 매사추세츠공과대학교(MIT)의 오토아이디센터(Auto-ID Center) 소장 케빈 애시턴(Kevin Ashton)이 RFID와 기타 센서가 일상생활에서 사물에 탑재한 사물인터넷이 구축될 것이라고 전망하면서 처음 사용하였으며 시장분석 자료 등에 널리 사용되면서 일반화되었다.[1]

사물인터넷이란 사물끼리 인터넷으로 연결되어 사람의 개입 없이 자동으로 사물 상호 간에 정보를 주고받아 처리하는 것을 말하며 가전제품, 전자기기뿐만 아니라 헬스케어, 원격검침, 스마트 홈, 스마트 자동차 등 다양한 분야에서 사물을 인터넷으로 연결해 정보를 공유하고 처리하고 있다. 시스코는 2020년이 되면 500억 개 이상의 기기가 인터넷에 연결될 것이라 추정하고 있으며 가트너는 2014년 3월에 발표한 보고서에서 260억 개의 장치들이 인터넷에 연결되고 이로 인해 창출되는 매출이 3,000억 달러를 넘어설 것이라고 전망하고 있다. 다소 차이는 있지만 향후 IOT에 대한 전망은 여러 계획들이 구체화되고 실현되면서 데이터의 보안과 프라이버시 등의 처리에 대한 문제에도 불구하고 빠른 속도로 성장하고 있으며 우리 생활 속에서 응용되고 있다.

IOT의 활용과 미래비전을 이야기하다

구글이 '프로젝트 글라스(Project Glass)'를 통해 2013년 2월 출시한 구글 글라스(Google Glass)는 증강현실 기술이 적용되었고 헤드마운티드 디스플레이(HMD)가 장착된 착용 컴퓨터이다. 사용자는 구글 글라스를 착용한 상태에서 사진 및 동영상을 실시간 촬영하고 증강화면을 활용하여 이미 구글에서 제공하고 있는 구글 나우, 구글 지도, 구글 플러스, G메일 등을 이용할 수 있으며 음성명령을 통해 인터넷과 연결할 수 있다. 향후 구글 글라스는 인터넷과 더욱더 긴밀하게 연결될 것이며 상호작용을 할 것이다. 2012년 나이키는 사용자가 손목에 차고 다니면서 자신의 운동량을 측정할 수 있는 웨어러블 건강관리 기기인 퓨얼밴드(Feul Band)를 선보였다. 퓨얼밴드는 아이폰과 블루투스로 연동하여 빠르게 데이터를 싱크한다. 사용자가 손목에 차고 다니는 하루 동안의 걸음 수(만보계 기능), 칼로리 소모량 등을 알려 주며 사용자가 스스로 운동 목표량을 정하고 그 목표에 다가갈 수 있도록 실시간 운동량을 LED로 표시해 준다. 향후 건강관리용 웨어러블 기기는 다른 다양한 기기와 연결될 것이며 건강 예방, 체크, 치료 등의 목적으로 그 기능은 확장될 것이다. 18세기 산업혁명과 더불어 조지 스티븐스가 발명한 증기 기관차는 더 많은 사람과 물자를 빠르게 수송할 수 있었으며 20세기 헨리 포드가 발명한 자동차는 사람들에게 더욱더 편리하고 빠르게 이동할 수 있는 개인 교통수단을 제공하였다. 그러나 21세기에 들어서면서 편리성 이면에는 교통사고라는 잠재적 위험성과 환경오염의 주범이라는 타이틀이 따라붙었다. 이러한 상황의 변화와 더불어 IT기술의 빠른 발전에 힘입어 단순한 탈것에서 엔터테인먼트 기능을 가진 탈것으로 변모하고 있으며 주요 자동차 메이커사들은 자동차의 가치를 높이는 스마트 자동차로의 진화를 꾀하고 있다. 스마트 자동차는 스마트 기기의 등장과 더불어 자연스럽게 IT기술과의 접목을 시도하면서 그 응용의 폭을 넓혀가고 있다. 스마트 자동차를 위한 기본적인 네트워크 기술은 차량 내 네트워크(IVN, Intra Vehicle Network), 차량 간 통신 네트워크(V2V Communication Network), 그리고 차량과 인프라 간 통신 네트워크(V2I Communication Network)로 구성된다. 이러한 연결망을 기반으로 차량 내부의 사용자를 위한 각종 편의 기능(음성인식 네비게이션 등), 차량의 자율주행 기능, 차량 간 통신을 통한 자율 속도제어 기능, 졸음방지 기능, 스마트 하이웨이 실현 등 다양한 기술들이 융합될 것이며 외부의 더 많은 다양한 기기와의 연결을 통하여 카인포테인먼트(Car Infotainment)가 확장될 것이다.[2]

2013년 시스코 라이브에서 미래학자 데이브 에반스(Dave Evans)는 IOT를 근간으로 클라우드, 빅데이터, IPv6 등 다른 혁신적 기술을 포함하는 개념인 IOE(만물인터넷, Internet Of Everythings)를 설명하면서 "사람, 프로세스, 데이터, 사물(Things) 등 연결되지 않은 세상의 나머지 99%까지 모두 인터넷에 연결되어 실시간 상호 소통함으로써 전례 없는 새로운 가치를 창출하는 시대"로 정의하였다.[3] 즉 IOT가 단순히 '기술'이라면 IOE는 '실시간 연결성'을 통해 지금과는 전혀 다른 미래의 생활양식을 혁신하는 것이라고 볼 수 있다. 인터넷, M2M, IOT, IOE로 진화하고 있는 것이다.

그렇다면 철도 분야에는 어떠한 적용 사례가 있는가? 잠깐 GE(General Electric, 1878 발명가 토머스 A. 에디슨 설립, 미국 굴지의 다국적 복합기업)사를 통해 적용 사례를 살펴보기로 하자. "GE사의 '트립 옵티마이저 시스템(Trip Optimizer System)'은 기관차의 운전 상태를 최적으로 제어하여, 정해진 시간표대로 차질 없이 운행하고, 기관차의 연료 소모를 최소화한다. 뿐만 아니라 개별 기관차의 특징을 자동적으로 파악하여 감속을 최소화하는 최적의 운송 계획을 세우고 심지어 기관차와 열차의 길이, 무게, 등급, 철도 상태, 기상, 기관차의 성능 요소까지 동시에 고려하여 이에 가장 알맞은 운행이 가능하도록 한다. 즉 기관차에 설치된 다수의 고성능 컴퓨터와 GPS 시스템은 실시간으로 운행모드를 최적화하고 연료 소모를 최소화하여 열차의 도착 시간도 조정한다. 이러한 운행의 최적화는 에너지 절약과 친환경으로 이어지며 이 시스템을 사용하는 기관차는 한 대당 연간 약 32,000갤론(12만 리터 이상)의 연료를 절약하며 온실가스 방출량을 365톤, 질소 산화물은 5톤, 그리고 입자상물질 방출량은 0.2톤을 덜 배출하는 효과를 가져왔다. 그리고 '레일코넥트 360 모니터링 & 진단시스템(RailConnect 360 and Diagnostics System)'은 철도의 정비와 운송 분야를 종합적으로 지원하며 기관차가 운행 중 관련 정보를 수집하고 분석하여, 자동적으로 사전정비 일정을 결정하고 열차의 가동시간을 최대화한다. 이러한 정보는 향후 열차의 제작, 운용 등에 관한 계획, 수립 및 결정을 도와준다. 또한 '철도 네트워크 최적화 솔루션(Rail Network Optimization Solution)'과

'운행 플랜 시스템(Movement Planner System)' 등을 통해 인터넷에 연결된 모든 열차의 운행 상태 및 위치를 모니터링하고 스케줄 등과 연결하여 운행 속도를 자동으로 결정하기 시작했다. 그 결과 열차의 운행 속도를 평균보다 15~20% 향상시킬 수 있었다.[14]

철도IT, IOT로 커뮤니케이션하다

가까운 미래의 IOT시대를 잠깐 상상해 보자. 이오태 씨는 스마트 자동차를 타고 광명역으로 이동 중이다. 광명역에서 고속철도를 타고 부산역으로 이동할 예정이다. 자동차가 스마트 하이웨이 구간에 진입하자 시속 160Km로 달리기 시작한다. 주행하는 동안 차량 앞뒤의 간격이 차량 상호 간 자율통신을 통해 자동으로 조정되고 실시간 교통 상황, 날씨 정보 등이 차량 내 모니터에 디스플레이되고 있다. 전방 구간의 사고 등 이례 사항이 발생하면 차량은 감속하거나 멈출 것이다. 스마트 하이웨이는 GPS 위성, 노변 장치 센서, 차량 상호 간 자율통신, 양방향 교통상황정보 제공 등을 활용하여 기존의 도로보다 안전성, 이동성, 편리성 등을 개선한 첨단 지능형 고속도로이다.

이오태 씨가 광명역 인근에 도착하차 차량 내 모니터는 인근 주차장의 상황을 자동으로 파악하고 C 주차장의 1번 구역으로 이동한다. 주차하는 동안 차량 내 모니터에는 광명역에 도착 예정인 열차 정보가 실시간으로 안내되고 있다. 열차가 광명역 근처에 진입하자 이오태 씨의 스마트폰에 도착 예정임을 알리는 알람이 울린다. 열차가 도착하자 예약되어 있던 15호차 A1석에 앉는다. 자리에 앉자마자 스마트 의자는 이를 인지하고 도착 예정지인 부산역 주변의 호텔, 먹거리, 관광지 등 필요한 정보를 의자 앞좌석 모니터에 디스플레이한다.

차창 밖으로 빠르게 흘러가는 풍경을 감상하는 동안 어느새 부산역에 도착한다. 그리고 최종 목적지인 해운대역으로 가기 위하여 부산 지하철역으로 이동 중이다. 부산역 기점을 중심으로 한 실시간 지하철 운행정보가 스마트폰으로 표출되고 있다. 예약해 둔 해운대역 인근 호텔에 도착하자 스마트폰에 체크인 여부를 묻는 메시지가 뜨고 확인 버튼을 누르자 자동으로 체크인되면서 15층 301호의 객실이 안내된다. 비콘(Beacon) 기술을 이용해 커뮤니케이션하고 있는 것이다. 비콘은 반경 50m 범위 안에 있는 사용자의 위치를 찾아 메시지 전송, 모바일 결제 등을 가능하게 해주는 스마트폰 근거리 무선 통신 기술이다. 먼 미래에는 더 많은 사물들이 인터넷과 연결될 것이며 상상할 수 있는 것보다 더 많은 것들이 IOT의 기반 위에서 실현될 것이며 미래 철도IT는 보다 완숙한 커뮤니케이션의 지원을 위하여 IOT를 통한 새로운 기술적 수단을 제공해야 한다.

IOE 세상으로의 진화를 제약하는 걸림돌에 대비하다

1970년대 미국의 국방 관련 연구의 수행을 위하여 소수의 연구소와 학교의 컴퓨터만으로 연결되었던 인터넷은 1990년대 월드 와이드 웹(WWW)를 통해 일반 대중들도 인터넷에 접속할 수 있게 되면서 인터넷 사용자의 폭발적 증가와 함께 IT의 커다란 패러다임의 변화를 가져왔다. 이러한 인터넷과 네트워크에 촘촘히 사물이 연결되면서 다시 한 번 IT 패러다임의 큰 변화를 예고하고 있다. 인터넷의 발전과 대중화는 긍정적 가치창출 이면에 해킹, 개인정보 유출, 사이버 범죄 등 각종 문제를 야기시켰다. 이러한 문제들은 사람이 주체가 아닌 사물이 주체가 되는 IOT 환경에서는 어떤 문제점들이 발생할지 예측하기가 어렵게 되었고 인터넷에 연결되는 사물들이 더욱더 다양해지고 빠르게 증가할수록 그 복잡도는 더욱더 커질 것이다.[5] 앞으로 다가올 초연결 사회에 대비하여 글로벌 표준의 기반 아래 보안과 프라이버시에 관한 기술적인 문제를 해결하고 정치, 경제, 사회, 문화 등 다양한 방면에서 이에 대비한 준비를 해야 할 것이다.

Break Time 23   *! Creative Think*

미래학자 데이브 에반스(Dave Evans)가 세상의 모든 것들이 99%까지 실시간으로 인터넷에 연결되는 IOE 시대에 대하여 '새로운 가치창출'이라는 긍정적인 전망을 이야기하였다. 하지만 이에 대한 부정적인 전망은 없을까? 자문하고 반문해 본다.

2002년 7월 26일 개봉되어 인기리에 상영된 SF 영화 〈마이너리티 리포트(Minority Report, 스티븐 스필버그 감독, 톰 크루즈 주연)〉에서 자신이 몸담았던 범죄예방관리국(Pre-Crime, 프리크라임)의 추적을 피해 도망치는 주인공 존 앤더튼(톰 크루즈 분)은 어디를 가든 중앙 관제 센터의 통제하에 있다.[6] 모든 것이 연결된 사물, CCTV, 심지어 생체정보 인식을 통한 확인까지, 주인공은 이를 피하려 자신의 눈을 파내어 다른 사람의 눈으로 교체하는 수술을 통해 해결책을 찾는다.

최근 인터넷과 연결된 자율 운행이 가능한 스마트 자동차가 등장하면서 이에 대한 안전에 관한 우려도 만만치 않다. 얼마 전 한 방송국에서 ○○ 사의 스마트 자동차를 해킹하는 실험을 통해 운전자의 의지와는 상관없이 자동차가 제멋대로 움직이고 멈추고 심지어 사고를 유발하는 영상을 공개한 적이 있다.[7]

또 다른 예를 들어보자 사람은 누구나 가끔은 세상의 모든 네트워크와 단절을 원할 때가 있다. 일상과의 단절 말이다. 그래서 가족들과 함께 여행도 가고 나 홀로 독서 삼매경에 빠져도 보고 등산도 하고 하는 것 아닌가? 사람은 누구나 혼자만의 공간에서 혼자만의 시간을 가질 자유가 필요하다. 이것은 일상의 원활한 커뮤니케이션을 위한 잠시의 단절이다. 또한 그 것은 잠깐의 단절을 통해 우리는 소중함의 재발견을 위한 휴식 시간이기도 하다. 세상의 모든 것이 자율적으로 연결되어있다. 사람, 프로세스, 사물 등. 부정적으로 생각하면 얼마나 피곤한 일인가? 기계는 '피로'라는 것이 없을지 모르지만 사람은 '피곤'하다. 우리가 인터넷상에서의 잊혀질 권리를 주장하는 것처럼 사람도 이러한 연결망에서 언제든 떨어져 나갈 권리(Not Connected Right)를 주장하는 시대가 도래하지는 않을까? 지금 떠나라, 스마트폰은 잠시 내려놓고, 당신만의 커뮤니케이션 시간을 가져라.

철도IT 커뮤니케이션 혁명

제5부

철도IT,
커뮤니케이션이 미래다

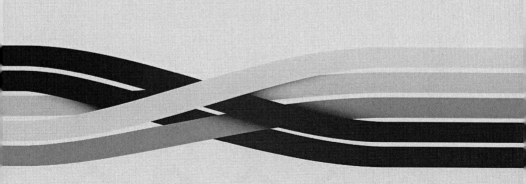

로봇, 인공지능
그리고 기계학습

철도IT는 '음성인식'에 주목해야 한다. 기계가 사람처럼 학습하고 인지하도록 하기 위한 HCI(Human Computer Interface)의 기본적 도구는 음성언어이며 철도IT의 1차 커뮤니케이션 수단인 '음성언어'를 통해 기계와 커뮤니케이션할 수 있도록 채널을 제공하는 것은 '음성인식'이기 때문이다.

EPISODE 20. 대륙횡단 열차 #G2030호 출발하다

서기, 2030년 6월 15일 토요일 오전 8시 10분 부산역이다. 출발 20분 전이다. 역사에서 안내방송이 흘러나온다. 부산역을 출발하여 서울, 평양, 개성, 베이징, 모스크바, 베를린, 파리를 거쳐 런던에 도착하는 8시 30분에 출발, #G2030열차를 이용하시는 승객 여러분께서는 5번 홈으로 미리 오셔서 승차 준비 하시기 바랍니다. 3개 국어(영어, 중국어, 일어) 방송이 연이어 나온다. 갑자기 역사 내 대기실에 있던 승객들의 움직임이 부산해진다. #G2030열차 운전실 안 이명운 기관사가 운행준비를 하고 있다. 이명운 기관사가 열차 센서판에 손을 올려놓자(손바닥의 지문을 인식하여 본인인증을 한다. 인증에는 이명운 기관사의 호흡, 맥박, 심장 박동수 등 기본적인 승무적합성 판단에 필요한 컨디션 체크도 포함하고 있다. 만족하지 못할 경우에는 인증이 거부될 것이다.) 내부 계기판에 불이 들어온다. 카라는 기관사가 미리 입력해 놓은 #G2030열차의 애칭이다. 카라가 먼저 인사를 한다.
"안녕하세요. 이명운 기관사님!"
예쁘고 상냥한 목소리다. 평소 이명운 기관사가 좋아하는 가수 카라의 목소리를 미리 설정해 놓은 것이다.
"안녕, 카라."
이명운 기관사 말의 음성지문을 카라가 인지하고 대답한다.
"네. 이명운 기관사님."
"카라! 지금부터 출무 보고를 해 주게."
"네. 기관사님."
타임 경로 디스플레이 화면에는 5박 6일 여정인 #G2030열차의 경로와 경유지 그리고 날씨가 표시되고 있다. 이명운 기관사의 출무 보고 요청에 따라 카라가 브리핑을 시작한다.
"우선 #G2030열차의 건강 상태입니다. 엔진, 차대, 바퀴, 각종 제어센서… 이상 없습니다. 그리고 48시간 버틸 수 있는 예비전력 배터리도 준비되어 있습니다. 승객 보고 드리겠습니다. 총 360명의 승객이 승차 예정입니다. 1층 객실 180명 2층 객실 180명입니다."
보고하는 동안 이명운 기관사는 디스플레이를 응시한다. 보고하는 상황에 대한 정보가 표출되고 있다.
"그리고 기차의 여객 팀장님은 차명보 팀장이며 승무원 박상욱, 이기웅, 도철민, 김사라, 곽서영 님이 승무합니다. 이상 보고를 마치겠습니다."
"수고했다. 카라!"
카라가 응답한다.
"네. 이명운 기관사님. 이번 여정도 안전 운전 해주시기 바랍니다."

이명운 기관사와 카라는 3년 동안 같이 일했다. 그동안의 이명운 기관사의 운전 패턴 등 운전 이력에 대한 데이터가 누적되어 있어 기계 학습 하고 카라가 이를 기반으로 예측되는 이례 사항에 대해 알려주고 비상 상황 시 이명운 기관사의 감독 아래 적절한 보호조치가 가능하도록 종합적 판단을 지원해 준다.

이명운 기관사는 타임 경로 상황 디스플레이를 보고 손가락 끝을 응시하며 지적 확인하고 복창한다.

"안전, 좋아!"

드디어 #G2030열차가 출발하기 시작한다. 출발한 지 10분도 채 안 돼 600km/h 속도로 대륙을 향해 힘차게 달려간다.

로봇의 탄생과 진화과정

로봇의 어원 Robota는 강제노동자란 뜻으로 '노동, 노예'라는 뜻을 지닌 체코어이다. 여기서 a가 빠진 형태의 Robot이란 말에서 유래하였다. 카렐 차페크(Carel Capek, 1890~1938)는 그의 희곡 로섬의 인조인간(Rossum's Universal Robot, 1920)에서 로봇이란 말을 최초로 사용하였다(카렐 차페크는 후에 로봇이란 단어는 그의 형 요셉 차페크가 선택해 주었다고 이야기한다). 이 이야기의 줄거리는 인간의 노동을 대신해 주기 위하여 개발된 로봇이 인간을 위해 많은 일을 하지만 결국 인간에 대항한다는 내용이다. 이 작품은 후에 로봇을 소재로 한 SF 소설과 영화에 많은 영향을 주었다. SF 소설의 대가 아이작 아시모프(Isaac Asimov, 1920~1992)는 "나는 차페크의 작품에서 지대한 영감을 얻었다."라고 이야기했다.[1] 아이작 아시모프는 그의 대표작 I

Robot에서 'The three laws Robotics'라는 어떠한 경우에도 로봇은 인간에게 위해가 될 수 없다는 로봇의 3원칙을 제시하였다. 이 작품은 영화화되기도 했으며 이 이야기의 줄거리는 로봇이 이 3원칙을 무시하고 사람에게 위해를 가한다는 내용이다.

1959년 미국의 조셉 엥겔버그(Joseph Engelberger)는 최초의 산업용 로봇인 유니메이트(Unimate)를 개발하였고 1974년 신시내티(Cincinnati)사에서 컴퓨터로 제어되는 산업용 로봇 T3를 개발하였으며 1979년 일본의 야마나시 대학교에서 SCARA(Selective Compliance Assembly Robot Arm) 로봇을 개발하였다. 이후 1997년 일본의 혼다사에서 최초로 계단을 오르는 인간형 로봇 P2(Asimo의 전신)를 발표하였다. 이처럼 1990년 이후 산업용 로봇의 영역에서 벗어나 1999년 후반에 접어들면서 인간을 지원하는 로봇의 영역으로 발전하고 있다. 1999년 일본의 소니사에서 최초의 애완로봇 AIBO(Artificial Intelligence Robot)을 출시하였고 2000년 일본의 혼다사에서는 세계 최초의 2족 보행 로봇인 아시모(Asimo)를 선보였다. 그리고 2003년 미국 NASA에서 이동로봇 스피릿(Spirit)이 화성에서 탐사활동을 수행하였고 2004년 미국은 수술용 로봇 다빈치시스템을 개발하여 상용화하였으며 2006년 미국의 국방로봇 보스톤 다이내믹사에서 BigDog을 개발하였다. 또한 2010년 한국의 KIST에서는 세계 최초의 가사도우미 로봇인 마루(MAHRU)-Z를 개발하였고 2015년에는 한국계 일본인 손정의가 설립한 소프트뱅크사에서 인간의 감정을 인지할 수 있는 감정인식로봇인 페퍼(Pepper)를 발표하여 상용화하였으며 얼마 전인 2015년 6월 6일 미국 캘리포니아 세계재난로봇대회(DARPA ROBOTICS CHALLENGE)에서 KAIST 팀의 휴보(HUBO DRC, 2004년 최초 개발 후 개량됨)가 미국, 일본 등 막강한 강호들을 제치고 1등을 차지하면서 우리 로봇기술의 위상을 세계에 알렸다.[2] 이렇듯 인공지능을 가진 휴모노이드, 사람의 얼굴을 가진 안드로이드 등 로봇 공학기술은 꾸준히 발전하고 있다.

로봇이 사람처럼 생각할 수 있는가?

인공지능을 이야기하기 전에 천재 수학자, 암호학자, 컴퓨터과학자, 최초의 해커 등의 다양한 수식어가 부족하지 않은 영국의 알랜 튜링(Alan Turing)의 시대를 앞선 생각을 잠깐 살펴보자. 1950년 알랜 튜링은 Mind 지에 발표한 〈Computing Machinery and Intelligence〉라는 논문에서 '기계는 생각할 수 있는가?'라는 질문을 던진다.[3] 일명 튜링 테스트라고 하는 모방게임(Imitation Game)을 통하여 이를 증명하고자 했다.

모방게임은 남자(A), 여자(B), 그리고 관찰자(C)의 3명이 하는 게임으로 관찰자(C)는 남자(A)와 여자(B)를 볼 수 없는 방에서 두 사람에게 질문을 하고 그들의 답변을 듣고 누가 여자이고, 누가 남자인지를 판단하여 알아맞히는 게임이다. 여자(B)는 관찰자(C)의 여러 질문에 대하여 자신이 여자라는 것을 사실대로 답한다. 그러나 남자(A)는 관찰자(C)의 모든 질문에 대하여 관찰자(C)가 자신이 여자라고 믿도록 하여 잘못된 결정을 하도록 하기 위하여 여자(B)

가 답변하는 것을 모방한다. 여기서 튜링은 '기계는 생각할 수 있는 가?'라는 질문에 대하여 "모방게임에서 남자(A)를 기계로 대체하고 기계가 그 역할을 수행 한다면 관찰자(C)는 이전과 같은 정도의 실수를 하는가?"라고 제안한다. "남자(A)를 기계로 대체한 이후에도 관찰자(C)가 남자(A)에게 속는 것과 같은 정도로 기계에게 속는다면 남자(A)가 생각하는 능력을 갖는 것과 마찬가지로 기계도 생각하는 능력을 가지고 있다고 할 수 있다."라고 주장하였다.

하지만 1980년 존 써얼(John Searle, 1932~)은 The Behavioral and Brain Sciences 지에 발표한 〈Minds, Brains, and Programs〉라는 논문에서 '중국어 방 논증'을 통하여 튜링이 제시한 조건을 충족하면서 '생각과 이해'를 갖지 않는 경우를 들어 이를 반박하였다.[4] '중국어 방 논증'은 영어를 모국어로 사용하고 중국어는 전혀 모르는 사람이 첫 번째, 중국어 문자들이 쌓여있는 더미, 두 번째, 손으로 쓴 중국어 문자가 쌓여있는 더미, 그리고 세 번째, 중국어로 된 질문에 대하여 첫 번째, 두 번째 더미의 각 문자를 연결하여 대답할 수 있게 하는 규칙을 영어로 적어 놓은 파일이 함께 제공되는 어떠한 방에 갇혀 있다고 가정한다. 여기서 중국어로 된 질문은 나에게 형식적 기호에 불과하지만 영어로 된 규칙을 통하여 답변을 작성할 수 있고, 그 누구도 내가 영어로 된 질문에 대하여 영어로 답변하는 것과 마찬가지로 중국어로 된 나의 답변에 대하여 내가 중국어를 모른다고 할 수 없다. 따라서 중국어의 답변의 경우 내가 모국어로 사용하고 있는 영어와는 달리 해석되지 않는 형식적 기호에 불과하며 결국, 나는 단순히 컴퓨터처럼 형식적 규칙에 따라 계산적 기능을 수행한 것에 불과하다. 즉 여기서 중국어로 답변하는 사람은 단지 처리 절차에 따라 형식적 프로그램을 수행한 것일 뿐이며 중국어를 전혀 이해하지 못하므로 이런 프로그램을 실행하는 기계와 마찬가지로 모방게임에서의 튜링의 제안은 잘못된 것이라고 주장하였다.

이러한 논쟁에도 불구하고 '튜링 테스트'로부터 촉발된 인공지능 연구는 지금까지 활발히 진행되고 있다. 2003년 미국의 카네기 멜론 대학(CMU)의 루이스 본 안(Luis von Ahn)과 매뉴엘 블룸 (Manuel Blum) 교수는 CAPTCHA(Completely Automated Public Turing Test to Tell Computers and Humans Apart, 컴퓨터와 사람을 구별하는 완전히 자동화된 공개적 튜링시험)를 발명하였다. CAPTCHA는 튜링 테스트에서 '관찰자가 컴퓨터의 판단인지 사람의 판단인지 구별할 수 없다면 컴퓨터가 지능을 가지고 있는 것이다'라고 하는 제안을 거꾸로 컴퓨터와 사람을 구별하는 데 사용한 것이다.[5] 이것은 컴퓨터가 사람을 대상으로 테스트하므로 리버스 튜링 테스트(Reverse Turing Test)라고 부르기도 한다. 이것은 주로 인터넷상 회원 가입 시 컴퓨터가 구별할 수 없는 흘리거나 일그러진 변형된 텍스트 또는 이미지 등을 본래의 형태로 인식하여 입력하게 함으로써 봇에 의한 자동가입을 방지하기 위하여 사용되고 있으며 자동화된 봇의 보안 침해, 스팸성 광고 게시글 등록 대비 등에 보다 다양한 목적으로 그 기능과 방법(텍스트 CAPTCHA, 이미지 CAPCHA, 오디오 CAPCHA, 슬라이드 CAPCHA 등)이 확대되고 있다. 하지만 이러한 CAPCHA를 깨려는 알고리즘의 개발이 시도되고 있고 이로 인해 컴퓨터가 CAPT-CHA를 사람처럼 인식한다면 사람이 생각하는 정도의 수준을 따라오거나 넘어서는 것이므로 이 또한 튜링 테스트의 범주에 속한다고 볼 수 있다.

인공지능을 가진 로봇의 미래는 낙관적인가?

그렇다면 인공지능을 가진 휴모노이드 로봇의 미래는 낙관적인가? 영국의 스티븐 호킹 박사는 "인공지능을 장착한 기계는 인류의 종말을 가져올 것이다."[6]라고 경고했고 미국 전기차 업체 '테슬라' 창업자인 일론 머스크도 미국 MIT에서 열린 특강에서 "인공지능 연구는 우리가 악마를 소환하는 것과 다름없다."고 말했다.[7] 또한 빌 게이츠는 미국 온라인 매체 '레딧'이 주최한 '무엇이든 물어보세요(Ask me anything?)'라는 행사에서 "기계가 스스로 생각하고 행동하게 하는 인공지능 컴퓨팅 기술이 훗날 인류에게 위협이 될 수 있다."라고 이야기했다.[8] 이는 낙관적인 미래만 있는 것이 아니라 로봇이 인공지능을 가지게 되는 순간 단순히 기계에 대한 공학의 영역이 아닌 인간의 철학의 영역으로까지 확장되는 것이다.

이러한 우려에 대하여 2009년 웬델 월러치(Wendell Wallach)와 콜린 알렌(Colin Allen)은 〈왜 로봇의 도덕인가?〉(노태복 옮김, 원제: Moral Machines Teaching Robots Right)라는 책에서 아이작 아시모프의 0원칙을 포함한 3가지 원칙 "영 번째, 로봇은 인류에게 해를 입히거나, 혹은 행동을 하지 않음으로써 인류가 해를 입도록 해서는 안 된다. 첫 번째, 로봇은 인간에게 해를 입히거나 혹은 행동을 하지 않음으로써 인간이 해를 입도록 해서는 안 된다. 두 번째, 로봇은 인간이 내리는 명령에 복종해야 하며, 단 이러한 명령들은 첫 번째 법칙에 위배될 때에는 예외로 한다. 세 번째, 로봇은 자신의 존재를 보호해야 하며, 단 그러한 보호가 첫 번째와 두 번째 법칙에 위배될 때에는 예외로 한다. 나중에 추가된 영 번째 원칙은 첫 번째, 두 번째, 세 번째를 아우르며 최우선으로 적용되어야 한다.”에 대한 질문과 함께 미래 로봇이 가지는 인공지능에 대해 인공적 도덕 행위자 AMA(Artificial Moral Agent)를 강조하고 있으며 로봇은 인간이 가지는 윤리적 기준을 바탕으로 설계되어야 한다고 이야기하고 있다.[9] 더 이상 로봇은 공상과학 영화에서만 등장하는 것이 아니며 산업용, 의료용, 군사용 로봇 외에 청소로봇, 아동용 교육로봇, 노인 돌봄 로봇 등 이제 우리 일상에 깊이 들어와 있다. 우리가 걱정하는 영화 터미네이터에서와 같은 일은 지금 현재까지 걱정을 할 필요는 없지만 충분히 로봇윤리에 대해 고민이 필요한 시점이다.

Break Time ㉔   *! Creative Think*

1967년 영국의 필리파 풋(Philippa Foot)은 유명한 사고 실험인 '폭주하는 전차 문제'에 대하여 처음으로 소개하였다. 브레이크가 고장난 통제 불능의 시가전차가 선로 분기점에 폭주하고 있다. 현재 선로를 따라 그대로 달리면 다섯 명의 선로 작업자들이 죽게 된다. 반면에 기관사가 다른 선로로 전차를 달리 수 있게 선로 분기기를 조정하면 단 한 명만 죽는다. 만일 당신이 이 전차를 운전하고 있는 기관사라면 어떠한 결정을 내릴 것인가? 하는 윤리적 딜레마 사고에 대한 문제를 제기하였다. 그렇다면 만일 기관사가 컴퓨터나 인공지능을 가진 로봇이라면 어떻게 하겠는가? 우리는 이러한 철학적 사고에 대한 질문을 미래의 로봇의 윤리적 행위는 무엇인가라는 영역까지 확대해야 할 것이다.

기계학습과 철도IT의 적용

그럼 인공지능에 대하여 좀 더 살펴보기로 하자. 인공지능이란 사람처럼 생각하고 이해하는 것을 의미한다. 인간 수준의 인공지능(Human-Level Artificial Intelligence) 실현을 위해서는 인간 수준의 기계학습(Human-Level Machine Learning) 기술의 개발이 필요하다. 학습능력이 결여된 지능 시스템은 지속적인 성능 향상을 보장할 수 없기 때문이다. 기계학습은 환경과의 상호작용을 통한 경험으로부터 시간이 지남에 따라 스스로 성능을 향상시키는 시스템을 연구하는 인공지능의 한 분야로 1959년 아서 사무엘(Arthur Samuel)은 "기계학습은 컴퓨터에게 배울 수 있는 능력, 즉 코드로 정의하지 않은 동작을 실행하는 능력에 대한 연구 분야이다."라고 정의하였다.[10] 기계학습은 훈련 데이터를 통해 이미 알려진 특징을 기반으로 예측을 하며 대량의 데이터를 훈련 데이터로 이용하는 교사학습(Supervised Learning) 방법과 적은 량의 데이터 또는 Seed 데이터만을 이용하는 반교사학습(Semi-Supervised Learning) 방법으로 나누어진다. 또한 학습 방법에 따라 교사학습(Supervised Learnig), 비교사학습(Unsupervised Learnig), 강화학습(Reinforcement Learnig)으로 구분할 수 있다. 바둑을 예로 설명하면 교사학습은 학습자가 바둑을 한 수 둘 때마다 올바른 수를 이야기해주는 방식이고, 비교사학습은 아무런 피드백을 주지 않는 방식이며 강화학습은 학습자가 둔 수에 대하여 잘했는지 못했는지의 평가만 하는 방식이다.

이러한 기계학습은 입력된 데이터에서 패턴의 특징을 추출하고 이를 선택·가공, 모델링하여 구축된 모델을 기반으로 새롭게 입력된 데이터의 패턴을 기계가 인식하게 하는 방법인 패턴인식의 범주를 포함한다. 그리고 패턴인식의 접근방법은 통계적 접근법, 신경망 접근법, 구조적 접근법, 퍼지·로직 접근법으로 분류할 수 있으며 패턴인식 기술은 차량번호판 인식, 문자인식, 얼굴인식, 음성인식 등 다양한 분야에 활용되고 있다.

철도분야에 적용된 사례를 살펴보면 2011년 3월 30일 국내 최초 경전철 무인운전(DTO, Driverless Train Operation) 시스템이 도입된 부산도시철도 4호선(미남-안평)이, 2011년 9월 16일 국내 두 번째로 경전철 무인운전 시스템이 도입된 부산김해경전철(사상-가야대)이 운행을 시작했으며 2011년 10월 28일 국내 최초 중전철 무인운전 시스템이 적용(무인운전 전철로는 세 번째)된 신분당선(강남-정자)이 개통되었다. 이러한 방식의 자동열차운행시스템(ATO, Automatic Train Operation / RF-CBTC, Radio Frequency Communication Based Train Control)은 전방 운행 열차와의 간격 정보를 이용하여 기관사 없이 열차를 운행하는 방식으로 기존 방식보다 열차운행시간을 약 20% 이상 단축하고 수송량을 2배 이상 늘릴 수 있다. 이어 2012년 7월 2일 의정부경전철(발곡-탑석)이, 2013년 4월 26일 용인경전철(에버라인, 기흥-전대·에버랜드)이 개통되어 무인운전 시스템을 기반으로 운영 중이다.

이처럼 사람의 관여 없이 컴퓨터에 의해 열차가 운행되는 것이 우리의 현실에서 실현되고 있는 것이다.[11] 여기서 철도IT는 '음성인식'에 주목해야 한다. 기계가 사람처럼 학습하고 인지하도록 하기 위한

HCl(Human Computer Interface)의 기본적 도구는 음성언어이며 철도 IT의 1차 커뮤니테이션 수단인 '음성언어'를 통해 기계와 커뮤니케이션할 수 있도록 채널을 제공하는 것은 '음성인식'이기 때문이다.

우리는 때때로 미래에 연결점을 두고 커뮤니케이션한다. 이것을 가능하게 하는 것은 시간과 공간을 뛰어넘는 인간의 무한 상상력이다. 어디든 갈 수 있고 무엇이든 될 수 있고 무엇이든 할 수 있다. 이러한 매혹적이며 판타스틱한 공상적 상상은 기술의 발전에 영감을 불어넣기도 했으며 전쟁, 기아, 환경 파괴 등 미래에 있을지도 모르는 문제에 대해 경고하기도 했다. 여기서 잠깐, 기차와 관련된 무한상상의 최고봉인 2편의 판타지를 만나보고자 한다.

1980년대 어린 시절을 보냈던 지금의 중년들이라면 1982년 1월 12일부터 1983년 1월 16일까지 문화방송에서 인기리에 방영되었던 만화영화 마쓰모토 레이지 원작의 〈은하철도 999〉를 기억할 것이다. 줄거리에 대하여 간단히 회상해 보자. 서기 2221년 은하계의 각 행성이 은하철도라 불리는 우주공간을 달리는 열차로 연결된 미래 세계를 배경으로 하고 있다. 우주의 부유한 사람들은 '기계의 몸체'에 정신을 옮겨 기계화 인간이 되어 영원한 생명을 누리고 있었으나, 가난한 사람들은 기계의 몸을 얻을 수 없는 데다가, 기계화 인간에게 박해를 받고 있었다. 그러다가 무료로 기계의 몸을 준다는 안드로메다의 별을 목표로 주인공 '철이'가 신비의 여인 '메텔'과 은하초특급열차 999호에 탑승하게 되고 기차가 정차하는 별에서 벌어지는 이야기로 전개되며 주인공 '철이'가 기계화 인간을 포기하고 유한하고 짧은 인생이라 하더라도 육신을 가진 보통 인간으로 살아가겠다고 결심하면서 마무리 된다.[12]

그리고 2013년 7월 31일 자크 로브와 장 마르코 로세트의 프랑스 만화 '설국열차(Le Transperceneige)'를 원작으로 한 봉준호 감독, 크리스 에반스, 송강호 주연의 〈설국열차(Snowpiercer)〉가 개봉하자마자 박스오피스 1위를 기록하며 인기리에 상영되었으며, 2013년 9월 15일까지 9,342,611명의 관객을 동원하였다. 줄거리에 대하여 간단히 이야기해보자. 지구온난화 문제를 해결하기 위해 인류는 CW-7 이라는 기후 조절물질을 살포했으나 이로 인한 부작용으로 지구에는 새로운 빙하기가 찾아오게 된다. 빙하기로 인해 1년에 지구를 한 바퀴 도는 설국열차만이 인간이 마지막으로 생존할 수 있는 곳으로 각 칸은 계급으로 나누어져 있으며 앞 칸으로 갈수록 상류층이 머무른다. 어느덧 열차가 달린 지 17년째. 춥고 배고픈 사람들이 밀집되어 있는 열차의 맨 뒤 칸인 꼬리 칸에 살고 있던 커티스(크리스 에반스)는 부조리한 현실 앞에 수년 동안 준비한 다섯 번째이자 마지막일지 모르는 반란을 일으키며, 이에 남궁민수(송강호)가 동참하면서 이야기는 전개된다. 결국 열차는 파괴되고 아무도 생존할 수 없다고 믿었던 열차 밖의 새로운 세상을 여는 것으로 마무리된다.[13] 이처럼 미래에 연결점을 두고 커뮤니케이션하면서 상상의 나래를 펴며 쓴 작품들은 우리에게 애니메이션과 영화로 재탄생하면서 재미와 기쁨을 선사하기도 했지만 삶의 가치, 우리가 사는 세상, 그리고 생명의 존귀함에 대해 다시금 생각하게 한다. 당신의 미래 커뮤니케이션 상상력은 어디까지인가?

철도IT, 끝나지 않은
창과 방패의 싸움에 대비하다

초연결 사회로 진화할수록 전통적인 인터넷 기반의 디지털 정보를 교환하는 개별 서비스는 사람과 사물의 유기적인 연계(IOT, IOE)에 의한 새로운 가치를 창출하는 융·복합서비스로 전환될 것이다. 이에 따라 정보서비스 제공자의 일방적 정보보호의 관점에서 사용자 주도형의 정보보호 관점으로 변화될 것이다. 우리는 보안을 깨려는 자와 보안을 지키려는 자들의 끝나지 않은 창과 방패의 싸움에 대비하여야 한다.

BC. 230년 고대도시 리마.

케이사르 장군: 적진의 상황은 어떤가?

부관: 5만 병력이 지금 이 곳 올림푸스 성으로 진군하고 있다는 첩보입니다.

케이사르 장군: 음…, 그렇다면 아도스 강 근처에 주둔하고 있는 사이르 부대에 지원군을 요청해라.

부관: 그 곳까지 전령을 보내려면 적군이 진군하는 경로의 이도시스 검문소를 통과해야만 합니다.

케이사르 장군: 우리 측 사이퍼를 급파하게.

부관: 네, 장군님.

부관은 미리 양성하고 있는 사이퍼들을 호출한다. 그 중 적국의 언어에 능통한 사이퍼들 중 2056의 사이퍼에게 적진을 가로질러 사이르 부대로 가라고 명한다.

2056 사이퍼는 농부를 가장하고 이도시스 검문소로 향한다.

검문장: 농부를 검문하라.

검문장이 명령하자 검문원의 검문이 시작된다.

검문원: 여기 짐에 있는 천 조각은 뭔가?

사이퍼는 흠칫 놀라는 듯하더니 살짝 미소를 띠며 대답한다. 관심을 천 조각에 돌리려는 전략이다.

2056 사이퍼: 아 네, 쌀가마니를 묶었던 천이 끊어진 조각입니다.

(검문원은 웃옷이니 아래 속옷이며 손톱이며 이빨, 발톱에 때까지 모두 살핀다.)

검문원: 이 천 조각은 내가 압수하겠다.

2056 사이퍼: 그렇게 하시죠.

사이퍼는 살짝 입가에 미소를 머금는다. 검문원은 검문장에게 보고한다.

검문원: 검문장님, 끊어진 천 조각 말고는 특별한 사항이 없습니다.

검문장: 통과시키게.

2056 사이퍼가 무사히 사이르 부대에 도착하자마자 사이르 부대장은 사이퍼의 머리카락을 짧게 자른다. 사이퍼 머리에 엿기름을 바르자 20560이라는 숫자가 선명하게 보인다. 사이르 부대장은 2056을 뒤집어 6502수의 자리수를 한 칸씩 오른쪽으로 밀어서 숫자를 계산한다. 26500이다. 급히 부대 내의 2650 사이퍼를 호출한다.

사이르 부대장: 2650 사이퍼. 자네 이름이 뭔가?

2650 사이퍼: 네 부대장님. S입니다.

사이퍼는 사전에 이니셜 영문자 하나만 부여받는다.

사이르 부대장: Support군.

인간 사이퍼 전략이다. 각 장군들은 이니셜로 시작되는 영문자의 의미를 사전에 숙지하고 있다. 그리고 이 사이퍼는 한 번 쓰면 버린다.

사이르 부대장: 전군 진격 준비하라. 케이사르 장군을 지원하라.

뿌―우 하고 나팔소리와 함께 둥둥둥 진군을 알리는 북소리가 하늘에 울려 퍼진다.

암호의 등장과 암호학의 발전

암호의 어원은 그리스어로 비밀이란 뜻의 Krytos에서 왔다고 알려져 있다. 암호(Cipher)란 평문(Plaintext)을 해독 불가능한 형태인 암호문(Ciphertext)으로 변형하거나, 암호화된 통신문을 해독 가능한 형태로 변환하기 위한 원리, 수단, 방법 등을 다루는 기술을 의미하며 평문을 암호문으로 변환하는 것을 암호화(EnCryption)라고 하고 암호문을 다시 평문으로 변환하는 것을 복호화(DeCryption)라고 한다. 이를 학문적인 영역에서 다룰 때는 암호학(Cryptography)이라고 한다. 고대 군주는 국가를 안정적으로 통치하기 위하여 장수들은 전쟁을 승리로 이끌기 위하여 효율적인 통신수단이 필요했으며 동시에 통신의 내용이 절대적으로 보호되기를 원했다. 하지만 기밀을 암호화해서 영구히 절대적으로 보호하는 것은 거의 힘든 일이었다. 암호의 목적은 내용을 완벽하게 숨기는 것이 아니라 원하는 목적을 달성하기 위하여 그 내용이 알려질 때 까지 시간을 벌기 위한 것이었다. 이러한 목적은 통신의 기밀을 보호하기 위한 암호 제작자들과 통신의 기밀을 깨고자 하는 암호 해독자들 사이의 경쟁으로 이어졌으며 그 결과에 따라 역사의 큰 흐름이 바뀌기도 했다.

여기서 암호의 역사를 잠깐 살펴보기로 하자. 암호는 인류의 정치, 외교, 군사, 안보의 역사와 함께 발전해 왔다. 고대를 살펴보면 기원전 400년경 그리스 군사들은 송신자는 특정 지름의 막대에 종이를 감아 가로로 쓴 평문을 풀어서 전달하고 수신자는 같은 지름의 막대에 되감아서 복호화하는 방식의 문자의 위치를 서로 바꾸는 스키테일 암호라 불리는 전치암호(Transposition Cipher)를 사용하였고 기원전 100년경 로마의 장군 줄리어스 시저(Julius Casear)는 문자를 다른 문자로 치환하는 방식의 일명 시저암호라 불리는 환자 암호(Substitution Cipher)를 사용하였다.

중세에 들어서 어떠한 암호화알고리즘을 사용하여 정보를 보호한다기보다는 제3자가 정보를 알아보지 못하도록 덮거나 감추는 스테가노그라피(Steganography) 방법을 주로 사용하였다. 예를 들어 송신자는 노예의 머리를 깎아 정보를 적은 다음 그 머리카락이 다 자랄 때까지 기다렸다가 수신자에게 보내는 방법을 비롯하여 나뭇가지를 이용하여 열매가 달린 가지 수에 따라 정보를 표현하는 방법 등을 사용하기도 했다.

근대를 지나면서 새로운 통신수단(전기통신, 무선통신 등)의 등장과 더불어 유통되는 정보의 양은 증가하였고 1, 2차 세계대전을 거치면서 그 수요는 급증했으며 컴퓨터가 등장하면서 암호는 빠른 속도로 발전하였다. 1920년 프레이드만(Freidman)이 발표한 '일치 반복률과 암호 응용' 그리고 1949년 섀넌이 발표한 '비밀 시스템의 통신이론'은 근대 암호체계를 확립하는 데 결정적인 기여를 하였으며, 특히 섀넌의 통신이론은 오늘날의 암호체계를 발전시키는 데에 지대한 영향을 미치고 있다.

현대에 이르러 1977년 미국 상무성 표준국(NBS, 現 NIST)이 전자계산기 데이터 보호를 위한 IBM의 DES(Data Encryption Standard)를 표준으로 채택하면서 금융 시스템을 중심으로 컴퓨터 통신망을 이용한 문서전송, 자금이체 등에 사용되었다. 그리고 1978년 MIT 대학의 리베스트(Rivest), 사미얼(Shamir), 아드레만(Adleman)이 소인수 분해 문제에 기반을 둔 RSA 암호를 개발하면서 오늘날 가장 널리 사용되는 공개키 암호화 방식으로 자리잡았고, 현대 암호학이 진일보하는 중요한 계기를 마련하였다.[1]

암호의 서비스 요소와 기법

암호화의 목적을 달성하기 위한 서비스 요소는 어떠한 것들이 있는가? 첫 번째, 부적절한 노출을 방지하고 인가받은 사용자만 정보에 접근할 수 있다는 기밀성(Confidentiality), 두 번째, 부적절한 변경을 방지하고 인가받은 사용자만 내용을 변경할 수 있다는 무결성(Integrity), 세 번째, 부적절한 서비스 거부 방지의 가용성(Availability), 네 번째, 송신자와 수신자가 메시지를 주고받았다는 사실을 부인할 수 없어야 한다는 부인봉쇄(Non-repudiation)가 있다.[2] 암호문을 가로챈 적은 알고리즘을 어느 정도 추측할 수는 있지만, 정확한 열쇠는 알지 못할 것이다. 예를 들어 적은 원문 각각의 글자가 특정 사이퍼 알파벳의 글자로 대체되었다는 것까지는 추측할 수 있지만, 어떤 사이퍼 알파벳이 사용되었는지를 알아내기는 힘들다. 송신자와 수신자 사이에 사이퍼 알파벳, 즉 열쇠의 비밀이 유지된다면, 설령 적이 암호문을 가로챈다 하더라도 비밀이 탄로날 걱정은 없을 것이다.

알고리즘과 달리 열쇠 보안의 중요성은 더욱더 중요한 문제이다. 1883년 네덜란드의 언어학자 아우후스트 케르코프스 폰 나우엔호프는 〈군사 암호학〉이라는 책에서 "암호의 보안성은 그 암호에 사용된 알고리즘이 아니라, 열쇠에 관한 비밀보장에 달려 있다."는 '케르코프스 원칙'을 강조하였다.[3] 하지만 고대, 근대, 현대를 걸쳐 암호를 견고하게 만드는 자들 반대편에는 암호를 깨려는 자들이 항상 존재해 왔다. 끝날 것 같지 않은 창과 방패의 싸움이다. 우리는 매일 하루의 절반 이상을 PC, 스마트 패드, 스마트폰 등의 단말기를 가지고 인터넷에 접속한 상태에서 업무를 처리하고 SNS를 이용하고 메신저 등을 한다. 이러한 환경은 인터넷으로 연결된 공개된 장소에서 정보의 전달과 의사소통의 양을 증가시킨다. 또한 노출된 정보의 양이 증가할수록 감춰져야 할 정보까지도 노출되게 된다. 따라서 이러한 환경에서의 우리의 사소한 습관과 일상의 패턴이 누적되면서 보안을 깨려는 자들에게는 큰 단서로 활용될 수 있는 것이다.

암호화 방식에 대하여 간략히 살펴보면 첫 번째, 대칭키 암호화 방식(비밀키 암호화, 관용 암호화)으로 암호화와 복호화를 위해 같은 키를 사용하는 방식이며 블록 암호와 스트림 암호가 있다. 블록 암호는 평문을 일정한 크기의 블록으로 나누어 고정된 크기의 블록 단위의 암호문을 만들며 DES, AES, IDEA, FEAL, SEED, Blow-fish, RC5 등의 알고리즘이 있다. 스트림 암호는 키가 비교적 짧으며 이 키를 긴 키스트림 형식으로 늘여 평문과 XOR 연산을 하여 암호문을 만들며 RC4, SEAL 등의 알고리즘이 있다. 두 번째, 비대칭키 암호화 방식(공개키 암호화)으로 암호화(Public Key 사용)와 복호화(Private Key 사용)를 위해 두 개의 키를 사용하는 방식이며 DH, RSA 등의 알고리즘이 있다. 세 번째, 메시지 다이제스트 방식으로 원문에 일방향 해쉬(Hash) 함수를 적용하여 일정 길이의 유일한 문자열로 변환하는 방식으로 복호화가 불가능하고 전자서명 등을 할 때 사용 되며 MD5, SHA1 등의 알고리즘이 있다.[4]

섀넌과 튜링, 암호학의 발전에 공헌하다

암호학의 발전에 크게 기여한 섀넌과 앨런 튜링에 대하여 살펴보자. 미국의 수학자이자 전기공학자인 클로드 엘우드 섀넌(Claud Elwood Shannon, 1916~2001)은 1948년 〈통신의 수학적 이론(A Mathematical Theory of Communication)〉이라는 논문을 통해 기본적인 디지털 통신과 정보의 저장(다운로드, 업로드 등)에 대한 정보이론을 발표하였다.[5] 그의 정보이론은 현재 우리가 사용하는 모든 디지털화된 정보를 처리하는 분야에서 사용되고 있다. 그는 2차 세계대전 시기 벨 연구소(Bell Lab)에서 화기제어시스템과 암호학 연구를 수행하였고, 전쟁 동안 프랭클린 루즈벨트(Franklin Roosevelt)와

윈스턴 처칠(Winston Churchill)이 대서양을 횡단하며 회의 때 사용하는 복잡한 스크램블 머신을 제작하기도 했으며, 전쟁 이후 1949년 〈보안 시스템의 통신에 관한 이론〉이라는 논문에서 근대 암호학의 기초에 대해 발표하였다. 또한 벨 연구소에서 OTP(One-Time Pad)를 암호학적으로 해독할 수 없음을 증명하기도 했다.[6] 그는 "매우 이상적인 암호는 암호문에 대한 모든 통계적 정보가 사용된 키와 독립적이어야 한다."라고 주장하였으며 이것이 바로 섀넌의 확산(Diffusion)과 혼돈(Confusion) 이론이다.

확산이라는 것은 암호문에 통계학적인 발생빈도를 이용하여 암호를 복호화하는 것을 불가능하게 만들기 위해서는 암호화된 문장이 통계학적으로 아주 고른 분포를 보여야 한다는 뜻이며 혼돈이라는 것은 암호화의 과정이 평문과 암호문 사이에 논리적인 연관관계를 밝혀내기 어렵거나 불가능할 정도로 복잡하고 난해한 것이어야 한다는 의미이다. 통계적인 수치는 자료가 많아지면 동일한 암호를 지속적으로 사용할 경우 그것이 해독당할 가능성이 높아짐을 이야기하는 것이지만, 혼돈은 인간의 한계에 대한 것이다.[7]

1918년 독일의 엔지니어 아르투어 세르비우스(Arthur Scherbius, 1878~1929)는 암호기계 에니그마(Enigma, '수수께끼'란 뜻을 가짐)를 발명하였다. 2차 세계대전에서 독일은 군사적 목적으로 에니그마를 활용하였으며 당시 절대 깰 수 없는 암호기계로 난공불락의 요새와도 같았다. 하지만 1932년 폴란드의 암호 전문가 마리안 르엡스키(Marian Rejewski)가 에니그마 암호를 해독하는 데 성공했고, 이를 기반으로 1943년 영국은 앨런 튜링(Alan Turing, 1912~1954) 주도하에 토미 플라워스(Tommy Flowers) 등이 참여하여 암호해독 컴퓨터인 콜로서스(Colossus, '거인'이란 뜻을 가짐)를 개발하였다. 이것은 프로그램이 가능한 전자식 연산용 디지털 컴퓨터이며 우리가 알고 있는 1946년 미국에서 탄도 미사일의 궤도를 측정하기 위하여 개발한 최초의 범용 디지털 컴퓨터 에니악(ENIAC)보다 앞선 것이다. 영국은 콜로서스를 이용해 독일의 에니그마 암호를 해독함으로써 노르망디 상륙작전을 성공적으로 이끌며 2차 세계대전을 연합군의 승리로 이끌었다. 하지만 훗날 이러한 공로에도 불구하고 극비사항을 다뤘던 위험인물로까지 분류되었고 동성애자라는 낙인으로 1954년 6월 7일 자택에서 청산가리가 묻은 사과를 먹고 자살함으로써 비운의 생을 마감한다. 그는 죽음에 앞서 "사회는 나를 여자로 변하도록 강요했으므로 나는 순수한 여자가 할 만한 방식으로 죽음을 택한다."라는 메모를 남겼으며 그가 먹고 남은 사과가 애플의 로고가 되었다는 설도 전한다.[8]

끝나지 않은 창과 방패의 싸움에 대비하다

한국인테넷진흥원(KISA)의 '2013년 기준 국내 해킹사고 통계자료'에 따르면 2000년대 초반 해킹사고는 바이러스나 웜과 같이 개인 PC가 악성코드에 감염되어 발생하는 경우가 주를 이루었으나 점차 공격기법이 고도화되어가고 APT 공격, 개인정보 유출, DDoS 공격 등으로 인한 침해사고가 증가하고 있다. 또한 점차 새로운 공격기법이 시도되고 있고 특정한 목적의 서버를 대상으로 한 침해사고 또한 늘어나고 있다.[9]

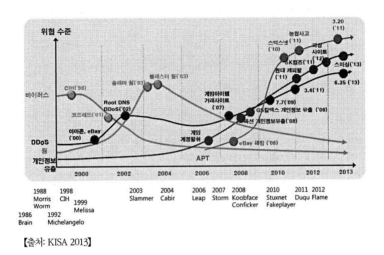

위협 수준

바이러스 — CIH('98)
코드레드('01)
Root DNS DDoS('02)
슬래머 웜('03)
블래스터 웜('03)

DDoS 웜 — 아마존, eBay('00)

개인정보 유출

게임 계정알려
게임 계정털기
게임아이템 거래사이트('07)
eBay 해킹('08)
7.7('09)
GS칼텍스 개인정보 유출('08)
옥션 개인정보유출('08)
3.4('11)
스턱스넷('10)
농협사고('11)
SK컴즈('11)
넥슨사이트('12)
현대 캐피탈('11)
3.20('11)
스미싱('13)
6.25('13)

APT

2000 2002 2004 2006 2008 2010 2012 2013

1988 Morris Worm
1998 CIH
1999 Melissa
2003 Slammer
2004 Cabir
2006 Leap
2007 Storm
2008 Koobface Conficker
2010 Stuxnet Fakeplayer
2011 2012 Duqu Flame

1986 Brain
1992 Michelangelo

【출처: KISA 2013】

[그림 21-1] 해킹 사례 현황[10]

국내외 주요 해킹 사례에서도 볼 수 있듯이 다양한 방법의 해킹 공격이 시도되고 있으며, 그 피해 또한 심각해 사회적 파장 및 비용이 크게 발생하는 것을 알 수 있다. 최근에도 국외의 경우 2014년 11월 미국 소니픽쳐스사의 APT 공격을 통한 내부 전산망 해킹과 국내의 경우 2014년 12월 한수원의 이메일 등을 통한 여러 차례의 내부 전산망의 침해시도 등 해킹사례가 있었다. 이에 정부기관과 기업은 자체 관리적, 물리적, 기술적 보안의 강화와 함께 보안점검 툴을 사용한 자체 보안취약성 점검 등을 통한 보안강화를 위한 다양한 방법을 강구하고 있다. 또한 2014년 8월부터 개인의 고유식별정보인 주민번호의 활용이 금지되는 등 개인정보취급에 대한 규제(법률) 및 이에 대한 처벌이 강화되고 있는 추세다. 철도IT, 끝나지 않은 창과 방패의 싸움에 대비하여야 한다.

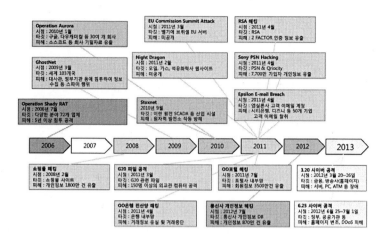

[그림 21-2] 국내외 주요 해킹사례 현황[11]

초연결 사회로 진화할수록 전통적인 인터넷 기반의 디지털 정보
를 교환하는 개별 서비스는 사람과 사물의 유기적인 연계(IOT, IOE)
에 의한 새로운 가치를 창출하는 융·복합서비스로 전환될 것이다.
즉 지금의 디지털 공간은 초연결 디지털 공간(IOT Digital Space)으
로 변화할 것이고 정보서비스 제공자의 일방적 정보보호 관점이 아
닌 사용자 주도형의 정보보호 관점으로 변화될 것이며 네트워크
중심의 정보보호 체계에서 개인의 일상생활 속에서 생성되는 수많
은 데이터에 대한 세밀한 정보보호 체계를 요구하게 될 것이다. 이
에 정부는 새로운 정보보호 패러다임의 변화에 맞는 정책과 융·복
합서비스를 지원하기 위한 보안기술(바이오인식 기술, 영상·인지보안 기
술, IT와 융합한 금융·의료·산업·국방·로봇보안 기술 등)의 개발에 적극적
으로 앞장서야 할 필요가 있다.

망우보뢰(亡牛補牢), 즉 '소 잃고 외양간 고친다'라는 옛 속담이 있다. 일이 다 틀어진 뒤에 때늦은 손을 쓴들 소용이 없다는 뜻이다. 같은 의미로 '죽고 난 후 약을 들고 방문한다.'는 뜻의 사후약방문(死後藥方文)이 있다. 또한 비슷한 의미로 '호미로 막을 것을 가래로 막는다.'라는 말이 있다. 간단하게 해결할 수 있는 일을 그대로 내버려 두는 바람에 수습하기가 몹시 어렵게 되었다는 뜻이다. 이러한 속담들은 주로 안전 불감증에 빗대어 많이 이야기한다. 그렇다면 소 잃었다고 외양간 고치지 말아야 할까? 소 잃기 전에 외양간 점검하는 일은 당연한 일이고 사고 이후라도 재발하지 않도록 반성하고 대비하여야 하는 것이다. 최소한 보안사고가 발생하기 전에 미리 이상 징후가 있는지 모니터링하고 점검해야 한다. 그럼에도 불구하고 예상치 못한 보안사고가 터지면 원인을 밝혀내고 신속히 조치하여 확산을 방지하는 후속 노력이 뒷받침되어야 한다. 그리고 이를 교훈삼아 같은 우를 범하지 않도록 해야 한다. 이러한 사고는 올바르지 않은 보안의식을 가진 구성원들 사이에서 발생하는 노이즈 커뮤니케이션이 가장 큰 문제이다.

하인리히의 법칙(1:29:300)에서 1건의 대형 사고가 발생하기까지 300번의 경미한 사고와 29번의 작은 피해가 일어난다고 했다. 또한 페덱스 법칙(1:10:100)에서는 불량품이 나왔을 때 즉시 고치면 1이라는 비용이 들지만, 이를 고치지 않고 불량품이 기업 문을 나서면 이를 바로잡는 데 10의 비용이 들며, 이것이 고객의 손에 들어가 클레임이 되면 이를 해결하는 데 100의 비용이 든다고 했다. 이러한 법칙들이 시사하고 있는 것은 사고에 대비하기 위하여 발생할 수 있는 위험을 미리 모니터링하고 대비하는 선제적 예방 활동이 가장 중요하다는 것이다.

기술의 발전으로 인간의 생활은 편해지겠지만 이와는 반대로 보안침해라는 위협이 항시 존재하고 있는 것이 현실이다. 여전히 창과 방패의 싸움은 계속될 것이다. 우리는 이에 대비하기 위해 끊임없이 커뮤니케이션해야 하며 이를 위한 커뮤니케이션 채널을 유지해야 한다. 최근(2015년 8월) 뉴스와 신문지상에서는 연일 세계적 불륜 조장 사이트 '애슐리 매디슨'의 대량 해킹 사태에 대하여 앞다투어 보도하고 있다.[12] 이 사이트를 해킹한 단체는 불륜 조장 사이트의 폐쇄를 명분으로 수차례에 걸쳐 해킹한 개인 정보를 공개해 전 세계적으로 사회적 후폭풍을 일으키고 있다. 과연 이러한 비도덕적 행위를 조장하는 사이트에 대해 응징한다는 의로운 명분의 불법적 해킹이 정의로운 것인가? 그리고 명분이야 어찌되었든 이로 인해 개인의 극단적 선택인 자살, 이혼 등 2차, 3차의 치명적인 사회 문제를 야기한다면 그래도 이것이 올바른 행위인가? 이것이 화이트 해커인지 블랙 해커인지를 판가름하기 이전에 인간 본질의 도덕적 관점에서 다시금 자문해야 할 것이다.

이 세상 거의 모든 것들이 연결되는 초연결 미래 사회가 도래하면 앞서의 사례처럼 단순히 기술적 '보안사고'에 대한 영역뿐만 아니라 사회적 연결성의 복잡도가 커지면 이를 판단해야 하는 사람의 윤리적 기준의 복잡성도 증가하게 되므로 인간 본질의 '철학적 사고'에 대한 영역으로까지 확대될 것이다. 우리는 이러한 사회적 사고를 통한 사회적 합의를 위하여 보다 완숙한 커뮤니케이션을 해야 한다.

철도IT, 글로벌 소프트파워를 위한 기업의 조건을 가지다

글로벌 소프트파워를 위한 기업의 밑바탕에는 IT의 트렌드를 잘 읽고 주변 환경의 변화요소를 적절이 수용하여 혁신을 주도할 수 있는 창의적인 통찰력을 가진 CTO의 역할이 절대적인 핵심 요소가 될 것이다.

EPISODE 22. 신석기 시대, 두 개의 리더십

BC 7,500년, 신석기시대 어느 날.

모리부족은 2개의 씨족마을로 이루어져 있다. 작은 내천을 두고 오른쪽 마을은 바리 씨족장이 다스리고 있고 왼쪽 마을은 아리 씨족장이 다스리고 있다. 각 마을 입구에는 둥그렇게 생긴 커다란 바위가 하나씩 놓여있다. 그리고 내천이 흘러내리는 모리산 중턱에는 신탁을 모시는 신녀 모리수가 살고 있다. 어느 날 모리수가 두 마을의 씨족장을 불러 신탁의 계시를 전한다.

모리수(신녀): 각 마을의 앞에 놓여 있는 큰 바위를 옮겨 마을을 보호하라.

각 마을에서 긴급회의가 소집되었다.

[바리 씨족장 마을: 불통의 리더십, 커뮤니케이션하지 않다.]

바리 씨족장이 신탁의 계시를 이야기한다.

바리 씨족장: 신탁의 계시를 어떻게 실행하면 되는지 허심탄회하게 이야기해 주세요.

바라(부족원1): 족장님, 큰 바위를 왜 옮겨야 하죠?

바리 씨족장이 버럭 화를 내면서 이야기한다.

바리(씨족장): 신탁이다. 쓸데없는 얘긴 하지 말고 그딴 이야긴 집어치워라!

주변이 조용하다. 더 이상, 아무도 의견을 이야기하지 않는다.

바리(씨족장): 남녀노소 할것없이 부족원들을 총동원하여 큰 바위를 밀어서 옮겨라.

바리마을 부족원들이 총동원되어 큰 바위를 밀고 또 민다. 꿈쩍도 하지 않는다.

[아리 씨족장 마을: 소통의 리더십, 커뮤니케이션하다.]

아리 씨족장이 신탁의 계시를 이야기한다.

아리(씨족장): 큰 바위를 어떻게 옮겨야 되는지 이야기해 주세요.

아라(부족원1): 족장님, 큰 바위를 왜 옮겨야 하죠?

아리(씨족장): 마을 앞을 가로막고 있어 통로에 방해가 되고 미관상 좋지도 않고 멀리 적이 쳐들어오는 것을 큰 바위로 인해 한눈에 볼 수도 없다. 또한 신탁의 계시이기도 하다. (문제인식에 관한 것이다.)

아로(부족원2): 그렇다면 굳이 큰 바위를 옮길 필요가 있나요.

아리(씨족장): 아로, 좋은 생각이라도 있나?

아로(부족원2): 통로에 방해가 된다고 한다니 표지판을 설치하여 바위를 우회하여 통행하면 되고 미관상 좋지 않다고 하니 바위에 마을을 상징하는 코뿔소 그림을 그려 장식하면 될 것 같고 적이 쳐들어오는 것을 볼 수 없다 하니 바위 위에 망루를 설치하여 수시로 관찰하면 될 것 같습니다.

글로벌 스탠더드의 등장

우리가 IMF 경제위기, IMF 외환위기, IMF 환란, IMF 사태 등으로 부르는 외환위기는 1997년 12월 3일 국가부도 위기에 처한 대한민국이 IMF로부터 구제 금융(1997년 12월 3일 ~ 2001년 8월 23일)을 지원받는 양해각서를 체결한 사건이다. 기업의 연쇄적 부도로 외환 보유액이 급감하면서 한때 외한 보유액이 39억 달러까지 떨어졌으나 IMF로부터 190억 달러의 구제 금융을 받아 간신히 국가부도 사태를 모면했다. 이러한 외환위기를 겪으면서 글로벌 스탠더드(Global Standard)라는 말이 크게 대두하였다. 세계 무대에서 글로벌 스탠더드는 기업이 존재하느냐 없어지느냐 하는 생존의 문제이며 세계 어디서나 통할 수 있는 외형적 크기뿐만 아니라 현지 사회와 함께 커뮤니케이션할 수 있는 능력을 요구했다. 이처럼 글로벌 스탠더드는 글로벌 기업이 세계 무대에서 살아남기 위해 커뮤니케이션할 수 있는 전제 조건이 되었다.

글로벌 소프트파워를 위해
기업이 갖춰야 할 조건은 무엇인가?

첫 번째, 글로벌 미션을 설정해야 한다. 그동안 국내 소프트웨어 기업은 시장의 특수성과 높은 진입장벽 덕분에 외국 기업과의 경쟁에서 우의를 차지하며 살아남을 수 있었다. 하지만 이러한 시장 환경은 더 이상 존재할 수 없다. IT의 무대가 세계화되고 있기 때문이다. 2007년 이후 스마트폰 보급이 급속히 확산되고 대중화되면서 누구든 자유롭게 언제, 어디서나 모빌리티 환경에서 인터넷에 접속할 수 있게 되었다. 이러한 환경은 자연스럽게 소셜 네트워크 서비스가 등장하면서 개방형 소셜 네트워크 기술 활용 등 글로벌 표준은 지역적인 제한 없이 전 세계의 소프트웨어 개발자를 같은 환경에서 경쟁하게 만들었다. 글로벌 기업들은 이러한 개방, 공유, 참여, 협업의 과정을 통해 전 세계의 개발자와 커뮤니케이션하며 새로운 가치를 지속적으로 창출하고 있는 것이다.

2015년 5월 포브스(Forbes)가 발표한 2015년 세계에서 가장 가치 있는 100대 기업 중 TOP 10을 살펴보면 1위 애플(Apple), 2위 마이크로소프트(Microsoft), 3위 구글(Google), 4위 코카콜라(Coca-Cola), 5위 아이비엠(IBM), 6위 맥도널드(MacDonald's), 7위 삼성(Samsung),

8위 도요타(Toyota), 9위 제너럴일렉트릭(General Electric), 10위 페이스북(Facebook)이 선정되었다.[1] 선정된 100대 기업 중 기술(Technology) 분야의 Top 10만을 다시 정리하면 애플(Apple, 전체 1위), 마이크로소프트(Microsoft, 전체 2위), 구글(Google, 전체 3위), 아이비엠(IBM, 전체 5위), 삼성(Samsung, 전체 7위), 페이스북(Facebook, 전체 10위), 아마존닷컴(Amazon.com, 전체 13위), 시스코(Cisco, 전체 15위), 오라클(Oracle, 전체 17위), 인텔(Intel, 전체 19위) 순이다.

　기업의 미션(Mission, 사명)이란 한마디로 말하자면 기업이 존재하는 이유라고 말할 수 있다. 포브스 선정한 기술 분야의 Top 10 중 주요 글로벌 IT기업의 미션을 살펴보면 '애플'의 경우 "사람들에게 힘이 되는 인간적인 도구들을 제공하여 우리가 일하고, 배우고, 소통하는 방식을 바꾼다."라고 규정하고 있다.[2] 너무 광범위하긴 하지만 그 범위를 제약하지 않고 있다. 국지적이지 않고 세계적인 것으로 해석해야 맞을 것이다. '구글'의 경우를 살펴보면 "전 세계의 정보를 체계화하여 모두가 편리하게 이용할 수 있도록 하는 것입니다."라고 이야기한다.[3] 여기서 '정보(Information)'의 정의는 그 크기와 범위가 광범위하다. 특정하지 않고 제약하지 않았다. 이것은 구글의 거침없는 유망벤처기업의 인수합병 등 기업 확장의 명분이 되고 있는 것이다. '삼성'의 경우를 살펴보면 "인재와 기술(경영의 핵심요소)을 바탕으로 최고의 제품과 서비스를 창출(기업목표, 내부목적)하여 인류사회에 공헌(기업목적)한다."라고 명시하고 있다.[4] 여기서 '인류사회의 공헌'이라는 기업 목적인 존재 이유에서 알 수 있듯이 글로벌 기업다운 존재감을 자신 있게 표출하고 있다. SNS의 대표 주자인 '페이스북'은 미션에서 "전 세계 사람들이 서로 연결되어 공유할 수 있는 열린 세상을 만드는 것이다."[5]라고 사명을 이야기하고 있고, 뒤를 이어 급성장세를 타고 있는 '트위터' 도 "아무런 장애물 없이 창조의 힘, 아이디어의 공유 그리고 실시간 정보를 모든 사람에게 제공하는 것이다"라고 사명을 명시하고 있다.[6] 이처럼 글로벌 IT기업은 글로벌 미션을 지향하고 있다. 미션이 글로벌해야 이를 달성하기 위한 비전과 전략이 글로벌한 것이 되는 것이다. 이러한 글로벌 미션을 달성하고 글로벌 IT기업으로 도약하기 위하여 국내시장이 아닌 국경 없는 세계시장의 진출을 통해 글로벌 스탠더드를 가진 글로벌 브랜드를 구축해야 한다.

두 번째, 글로벌 리더십을 가져야 한다. 글로벌 역량은 조직의 전문성에서 나온다. 전문성이란 시행착오를 거치면서 쌓아온 오랜 경험과 노하우를 말하며 잘 정비된 기간 시스템, 숙련된 개발자들의 기술력, 투명한 프로세스, 기업문화가 한데 어우러져 활짝 핀 꽃처럼 하나의 응집된 결정체이다. 여기에는 반드시 기술직 경로의 최고 리더인 CTO(Chief Technical Officer)의 통찰력이 뒷받침되어야 한다. '젊은 피'의 도전적인 창의성도 중요하지만, 경험 많은 CTO와 같은 전문가의 통찰 없이는 많은 시행착오를 겪을 수밖에 없으며 이는 결국 낮은 품질로 연결되고 새로운 시장 진입 타이밍을 놓쳐 글로벌 경쟁에서 뒤처지게 되어 기업의 생존을 위협하게 된다.

우리가 익히 이름만 들어도 잘 알고 있는 글로벌 IT 브랜드를 구축한 애플의 스티브 잡스, 마이크로소프트사의 빌 게이츠, 구글의 래리와 세르게이(Larry & Sergey), 페이스북의 마크 저커버그 등의 공통점을 살펴보면 그들 모두 IT의 트렌드를 잘 읽고 주변 환경의 변화 요소를 적절히 수용하여 혁신을 주도할 수 있는 CEO인 동시에 엔지니어로서의 마인드를 겸비한 창의적인 통찰력을 가진 CTO였다는 사실이다. 우리시대 디지털 아이콘의 양대 산맥인 스티브 잡스와 빌 게이츠의 명연설을 통해 그들의 진면목을 잠깐이나마 되돌아보자.

스티브 잡스는 2005년 6월 12일 스탠포드대학교에서 다음과 같은 명연설을 남겼다. (연설문 중 일부) "다시 말하지만, 여러분은 절대 미래를 바라보며 사건들을 이어나갈 순 없습니다. 과거를 돌아봤을 때만 그 사건들이 값어치를 발휘합니다. 그렇기 때문에 여러분은 지금 이 순간이 미래에 중요한 밑거름이 될 것이라고 믿어야 합니다. 여러분은 반드시 믿어야 합니다. 그것이 여러분의 용기, 운명, 삶, 인연, 무엇이 되었든 간에 여러분은 신념을 가져야 합니다. 이 방식은 한 번도 저를 실망시키지 않았고 인생에 있어 많은 영향을 미쳤습니다. (중략) 여러분의 시간은 한정되어 있습니다. 그러므로 다른 사람의 삶을 사느라고 시간을 허비하지 마십시오. 과거의 통념, 즉 다른 사람들이 생각한 틀에 맞춰 사는 함정에 빠지지 마십시오. 다른 사람들의 의견이 여러분 자신의 내면의 목소리를 가리는 소음이 되게 하지 마십시오. 그리고 가장 중요한 것은 당신의 마음과 통찰을 따라가는 용기를 가지라는 것입니다. 당신이 진정으로 되고자 하는 것이 무엇인지 그들은 이미 알고 있을 것입니다. 다른 모든 것들은 부차적인 것들입니다."라고 이야기하였다.[7]

그리고 빌 게이츠는 2007년 하버드 대학교에서 다음과 같은 명연설을 남겼다. (연설문 중 일부) "낮은 가격의 개인용 컴퓨터의 출현은 배움과 소통의 방법을 바꾼 강력한 네트워크의 발전을 가져왔습니다. 이 네트워크 발전의 놀라운 점은 거리의 제약 없이 모든 사람들이 이웃이 되게 하였고 같은 문제를 놓고 함께 일할 수 있는 훌륭한 마음들의 숫자를 증가시켰다는 것입니다. 또한 그것은 믿기 힘들 정도의 크기로 혁신의 속도를 가속화하고 있습니다. (중략) 그러나 인류의 가장 위대한 발전은 발견에 있지 않습니다. 인류의 가장 위대한 발전은 그 발견들을 어떻게 불평등을 감소시키기 위해 적용하는지에 달려 있습니다. 민주주의, 강력한 공교육, 양질의 건강관리 혹은 폭넓은 경제적 기회를 통하여 불평등을 감소시키는 것이야말로 최상의 인간 성취인 것입니다."라고 이야기하였다.[8] 참으로 우리 삶의 가치를 송두리째 바꿔버릴 만한 직관의 통찰력이다.

세 번째, 글로벌 커뮤니케이션을 해야 한다. 글로벌 커뮤니케이션은 개방, 공유, 참여, 협업을 바탕으로 새로운 가치를 창출하는 소통의 문화이다. 실제로 관료주의가 만연한 우리 현실에서 관리자는 의사 결정을 하는 데에 엔지니어의 의견을 참고만 하는 정도이다. 언제든 주변 환경과 이해관계에 따라 엔지니어의 결정을 손바닥 뒤집듯이 하는 경우가 비일비재하다. 이러한 전근대적이고 폐쇄적인 의사소통 문화는 버리고 엔지니어의 의견을 존중하고 공유와 협업의 개방적 문화의 정립을 통해 글로벌 커뮤니케이션을 해야 할 것이다.

구글의 기업문화에 대하여 간단히 살펴보자. "구글을 만들어 가는 주체는 바로 사람입니다. 현명하고 결단력 있는 사람을 환영하며 경력보다는 능력을 중시합니다. 구글 직원들은 회사에 대해 공동의 목표와 비전을 갖고 있지만, 전 세계 구글 사용자만큼이나 다양한 사회 각계각층의 다양한 언어를 사용하는 사람들이 함께 일하고 있습니다. 직원들은 다양성에 걸맞게 근무 외 시간에는 사이클, 양봉, 원반던지기, 폭스트롯 댄스 등의 취미 활동을 합니다. 구글은 주로 신생 기업에게서 볼 수 있는 개방적인 분위기를 유지하려고 노력하며, 그 안에서 모든 직원은 실질적으로 업무에 기여하고 자유롭게 자신의 생각과 의견을 공유합니다. 직원들은 이메일 또는 카페에서 대화를 나누면서, 또한 매주 금요일에 열리는 주간 회의에서도 래리(Larry), 세르게이(Sergey), 그 외 임원들에게 회사 문제에 대해 직접 질문합니다. 사무실과 카페는 직원들이 팀 내에서 또는 팀 간에 활발하게 커뮤니케이션할 수 있도록 장려하고 업무나 취미 활동에 대해서도 대화하기 편리하도록 설계되었습니다." 라고 소개하고 있다.[9] 무엇보다 개방적인 문화를 통해 다양성이 공존하는 환경에서 임직원 모두가 자유롭게 소통하는 글로벌 커뮤니케이션을 강조하고 있으며 개인의 취미 활동이 창의적인 아이디어의 개발로 연계되도록 장려하고 있다.

페이스북의 기업문화에 대하여 잠깐 살펴보자. "페이스북 문화의 가장 큰 특징은 창의적인 문제 해결과 신속한 의사 결정에 대해 보상해주는 일명 해커문화입니다. 페이스북은 직원들이 추진력 있고 대담한 태도로 업무에 임하도록 장려합니다. 페이스북의 개방적인 문화를 통해 모두가 충분한 정보를 얻고 직원들이 유기적으로 움직이며 가장 시급하다고 생각하는 문제를 해결할 수 있습니다. 페이스북은 신제품 개발을 위해 소규모 팀을 이루어 빠르게 움직이며 꾸준히 반복과 개선을 수행합니다. 페이스북 사무실 벽에는 '아직 1%밖에 오지 않았다(This journey is 1% finished).'의 문구가 걸려 있습니다. 이는 더욱 개방적이고 연결된 세상을 만들고자 하는 페이스북이 이제 막 목표를 향해 발걸음을 내디뎠음을 의미합니다."라고 이야기하고 있다.[10] 여기서 페이스북은 개방적인 문화를 통해 자유롭고 창의적인 글로벌 커뮤니케이션을 강조하면서 초심을 잃지 말고 처음과 같은 마음으로 나아가자는 의지를 표명하고 있다.

이처럼 글로벌 기업은 폐쇄적인 커뮤니케이션이 아닌 개방적인 글로벌 커뮤니케이션을 통하여 새로운 창조적 가치를 창출하고 있다. 이상의 세 가지 조건은 그 어떤 하나도 독립적이지 않다. 모두 어우러져 하나가 될 때 가능한 조건이다. 즉 글로벌 소프트파워를 위한 기업의 완성은 글로벌 미션, 글로벌 리더십, 글로벌 커뮤니케이션이 삼위일체가 되어야 한다. 다시 말해 글로벌 커뮤니케이션을 잘 하는 조직을 글로벌 리더십으로 견인하여 글로벌 미션을 달성함으로써 글로벌 브랜드를 구축한다. 이것이 글로벌 소프트파워를 위한 기업이 가지는 조건이다. 앞서 언급했지만 무엇보다도 글로벌 소프트파워를 위한 기업의 밑바탕에는 IT의 트렌드를 잘 읽고 주변 환경의 변화 요소를 적절히 수용하여 혁신을 주도할 수 있는 창의적인 통찰력을 가진 CTO의 역할이 절대적인 핵심요소가 될 것이다. 실제 기술직 경로에서 잔뼈가 굵은 전문가 CTO인지, 조직의 관리를 위해 배치한 무늬만 CTO인지에 따라 글로벌 소프트파워를 성공적으로 견인할 것인지 그렇지 못할 것인지의 성패가 좌우될 것이다.

기업의 '조직'은 수직적 기업문화이든 수평적 기업문화이든 사원에서 CEO까지 조직의 구성원들이 원활한 커뮤니케이션을 하기 위한 체계이며 틀이다. 다음카카오는 2014년 10월 1일 국내 포털의 선두그룹에 있던 '다음'과 '카카오톡'으로 돌풍을 일으킨 모바일 소셜 서비스의 선두주자인 '카카오'가 합병하면서 탄생하였다. 다음카카오는 공식 홈페이지를 통해 '새로운 연결, 새로운 세상'이라는 비전을 가지고 "다음카카오는 시공간의 한계를 뛰어넘어 사람과 사람, 사람과 세상을 이어줍니다. 연결을 통해 정보가 흐르고 비즈니스가 일어나며 마음이 따뜻해집니다. 연결의 혁신으로 세상은 더욱 가깝고 새로워진다고 다음카카오는 믿습니다."라고 이야기하고 있다.[11] 이러한 비전을 기반으로 다음카카오가 2015년 9월 1일 카카오로 사명변경을 추진하고 모바일 생활 플랫폼 기업으로 본격 성장하겠다는 의지를 밝혔다. 카카오를 전면에 내세워 모바일 시대의 주역이 되겠다는 기업 정체성을 확고히 한 것이다.[12] 이러한 다음카카오의 수평적 기업문화에 대하여 잠시 살펴보자. "다음카카오는 출범 전 'ㅇ△님', 'ㅇ□님'처럼 이름 뒤에 '님' 자를 붙인 호칭을 사용하던 다음직원들도 다음카카오 합병 법인 출범 이후 카카오의 기업문화에 따라 영어 이름 호칭을 쓰기 시작했다. 옛 카카오 시절부터 창업자이자 이사회 의장인 김범수 씨가 '브라이언(Brian)'으로 이석우 대표가 '비노(Vino)'로 불려왔다. 말단 사원도 사장을 '브라이언'이라고 부르는 수평적 기업문화다."[13] 이처럼 다음카카오는 수평적 문화의 조직 위에서 자유롭고 창의로운 커뮤니케이션을 통해 최근 '카카오페이', '카카오택시' 등 연이어 대표 모바일 생활 플랫폼 브랜드로서의 성공사례를 쓰고 있다.

그렇다면 모든 기업이 수평적 커뮤니케이션 체계를 따라야 할까? 철강, 조선, 항공, 철도처럼 하드웨어가 강한 장치산업을 경영하는 기업들은 기본적으로 수직적 기업문화를 가지고 있다. 이들의 기업문화는'안전'을 기반으로 한 '기강'을 강조하는 전통적인 기업문화 위에 세워진 커뮤니케이션 체계를 가진다. 반면에 구글, 애플, 페이스북, 트위터, 다음카카오 등 주로 소프트웨어가 강한 지식기반 산업을 바탕으로 스타트업을 통해 성공신화를 쓴 기업들은 창의성을 강조하는 수평적 기업문화의 커뮤니케이션 체계를 지향하고 있다. 그렇다면 어떠한 커뮤니케이션 체계를 구축하는 것이 바람직한 것일까? 그것은 기업의 비전과 가치 및 자생적으로 생겨난 기업문화를 고려하여 전면적으로 도입할 것인지, 부분적으로 도입할 것인지, 기존의 기업문화를 유지하면서 새로운 활로를 개척할 것인지 고려해야 할 것이다. 무엇보다도 가장 중요한 것은 조직의 모든 구성원들이 원활한 커뮤니케이션을 할 수 있는 체계를 만드는 것이다. 기업에서 커뮤니케이션이란 생존을 위한 필수조건이다.

Chapter

23

철도, IT를 통해
새로운 미래가치를 창출하다

미래에 세계의 대륙은 철도를 통해 공간과 공간이 연결될 것이다. Global Rail Of Spaces, 즉 GROS가 실현될 것이며, 이로 인하여 철도는 전 세계를 아우르는 실제적 공간의 연결을 통한 실체적 커뮤니케이션을 가능하게 할 것이다. 철도IT는 실체적 커뮤니케이션을 지원하기 위한 기술적 수단을 제공할 것이다. 철도IT, 커뮤니케이션 혁명이 미래다.

EPISODE 23. 어느 노부부의 철도 세계 일주

서기 2050년 7월 1일 금요일 오전 8시 10분 서울역.

서울역 1번 홈 플랫폼에는 열차를 타려는 많은 승객과 이를 배웅하려는 많은 손님이 뒤섞여 혼잡하다. GROS사 소속 #G2050 세계 일주 열차가 출발을 목전에 앞두고 있다. 서울-베이징-런던을 거쳐 마드리드-모스크바-알래스카-뉴욕, 그리고 다시 오타와-블라디보스토크를 거쳐 서울로 돌아오는 유라시아와 북미를 포함하는 15박16일의 세계일주 노선이다. 김동환, 이길여 부부는 10년 전 현역에서 은퇴하고 한적한 바닷가 근처 시골에서 짬짬이 작은 밭에 고추, 가지, 채소 등의 작물을 재배하는 것으로 소일하며 노후를 보내고 있다. 딸 내외가 아버지 팔순 기념으로 철도 세계 일주를 보내드리는 것이다.

김희주(딸): 엄마, 아빠 안녕히 잘 다녀오세요.

김동환(아빠): 그래 너희들도 잘 지내고 있거라. 틈틈이 연락하마.

이길여(엄마): 박 서방(사위)은 바쁜데 뭐 하러 여기까지 왔어. 고맙네.

박도수(사위): 장모님 별말씀을 다하시네요. 암튼 건강 잘 챙기시구요.

이길여(엄마): 우리 강아지, 할매 보고 싶으면 영상전화 하고, 쪼매 있다 보자.

김현수(손주): 네, 할머니.

이길여(엄마): 현지(손녀)는 학교에 갔나?

김희주(딸): 네, 엄마. 오늘 학교에 아침 일찍부터 행사가 있어서 못 왔네요. 대신에 여기…(딱지 모양으로 접힌 편지를 내민다.)

(건넨 편지를 펴보더니 할머니의 눈가에 작은 미소가 번진다.)

이길여(엄마): 우리 강아지, 고맙다고 전해줘라.

뿌뿌. 뿌뿌. 출발을 알리는 기적소리가 플랫폼에 울려 퍼진다. 참 아날로그적인 감성의 소리다. 딸 내외, 손자는 아버지, 어머니와 짧은 포옹을 한다.

김동환 부부가 뉴욕의 월스트리트를 거닐고 있다. 마천루 사이의 쇼윈도에 진열된 화려한 옷들과 잡화들을 이리저리 둘러본다.

김동환(아빠): 세상이 참, 많이 변했어. 이렇게 기차로 뉴욕까지 오다니 말야.

이길여(엄마): 그러게 말이예요. 오래 살고 볼 일이네요.

노부부는 누가 먼저라고 할 것 없이 살짝 팔짱을 끼고 잠시 젊은 날 연애시절을 회상하며 뉴욕의 화려한 밤공기를 만끽한다.

우리에게 실크로드의 역사적 의미는 무엇인가?

실크로드란 근대 이전 육상, 해상을 통한 인류문명의 교류가 진행된 동서 교역로를 말한다. 여기서 동(東), 서(西)란 중국과 유럽을 의미한다. 독일의 지리학자 리히트호펜(Richthofen, 1833~1905)은 1869~1872년 중국 각지를 답사하고 1877~1912년 까지 〈중국(China)〉이란 책 5권을 저술하였다. 이 책 1권에서 중국으로부터 중앙아시아를 경유해 시르다리야(Syr Darya, 시르강)와 아무다리야(Amu Darya, 아무강) 두 강 사이에 있는 트란스옥시아나(Transoxiana) 지역과 서북인도로 수출되는 주요 물품이 비단(silk)이라는 사실을 감안하여 이 교역로를 독일어로 '자이덴슈트라센'(Seiden strassen: Seiden=비단, strassen=길, 영어로 Silk Road)이라고 명명하였다.[1] 하지만 실크로드는 '비단'뿐만 아니라 더 다양한 교역품을 전달하는 통로가 되었고 더 나아가 문화가 유통되는 통로의 역할을 하였다. 최근에는 동서남북의 여로 통로를 연결한 거대한 교통망으로 그 개념이 확대되었다. 실크로드는 3대 간선(동서연결: 초원길, 오아시스길, 바닷길)과 5대 지선(남북연결: 마역로, 라마로, 불타로, 메소포타미아로, 호박로)을 비롯한 수만 갈래의 길로 구성되어 있는 범세계적인 그물망의 교통로이다. 이 교통망을 통해 인류문명은 동서남북으로 종횡무진 교류되어왔다. 또한 이 길을 통하여 중국과 우리나라에 불교가 전래되었고 많은 구법승(求法僧)들이 이 길을 따라 인도에 왕래하였다. 기원전 7,000년경에 메소포타미아 지방에서 발생한 농경과 목축업 및 토기와 방적기술 등 원시문명이 이 길을 따라 각지에 전파되었으며, 서아시아와 동아시아에서 각각 기원전 6,000년 경과 4,000년경에 발생한 채도(彩陶)도 이 길을 따라 동서로 광범위하게 전파되었다.[2] 지금은 비록 주변 국가들의 상황, 교통수단, 노선 등이 달라졌으나 여전히 이 길은 인류문명의 연결 통로이며 우리에게 있어서는 세계의 실제적 공간인 대륙으로 뻗어나갈 수 있는 실체적 커뮤니케이션의 연결 창구이다. 최근(2014.11.18.) 중국은 동부 저장성 이우시와 스페인 마드리드를 연결하는 지구 지름인 1만2천756km보다 길고 서울~부산 경부선 철도 442km의 30배가 되는 철도를 개통하여 이신어우 국제열차를 운행하고 있다. 그 길이는 중국과 유럽을 잇는 총연장 1만3천53km의 세계 최장 철도로 기록되고 있다.[3] 이는 중국의 정치적, 외교적, 경제적, 문화적 측면을 두루 고려한 '신실크로드 전략'의 산물이다.

철의 신실크로드를 통해 대륙 진출의 꿈을 다시 꾸다

고구려 광개토대왕(廣開土大王, 374~412, 제19대 왕, 재위 391~412)은 18세의 어린 나이에 왕위에 올라 소수림왕과 고국양왕이 갖추어 놓은 정치적 안정을 기반으로 영토 확장을 위한 정복전쟁을 수행하였다. 남쪽으로 백제 그리고 바다 건너 일본에까지 그 힘을 과시하며 영향을 미쳤고 북쪽으로 연 나라와 서북방의 요동지역을 차지하여 만주지방의 실질적 주인이 되었다. 이러한 영토 확장은 아들 장수왕(長壽王, 394~491, 제20대 왕, 재위 412~491)에 이르러 절정에 이르렀다. 아들 장수왕이 아버지의 업적을 기리기 위해 세운 '광개토 대왕비문'의 일부에는 "왕의 은택이 하늘까지 미쳤고, 위엄은 온 세상에 떨쳤다. 나쁜 무리를 쓸어 없애자 백성이 모두 생업에 힘쓰고 편안하게 살게 되었다. 나라는 부강하고 풍족해졌으며, 온갖 곡식이 가득 익었다. 그런데 하늘이 이 백성을 불쌍히 여기지 않았나 보다. 39세에 세상을 버리고 떠나시었다."라고 적혀 있다.[4] 광개토대왕은 우리 민족의 역사상 가장 넓은 영토의 확장을 통하여 광활한 대륙으로 뻗어 나아가고자 했던 우리 한민족의 꿈을 실현시킨 영웅이다. 저 머나먼 역사 속의 광개토대왕 시절 힘찬 기상으로 대륙으로 진출하고자 했던 꿈을 이루었던 것처럼 지금 우리는 남북철도 연결이라는 소망을 통해 대륙 진출의 꿈을 다시 꿀 수 있게 되었다. 한반도종단철도(TKR)가 연결되면 아시아와 유럽을 연결하는 대륙철도망인 시베리아 횡단철도(TSR, Trans-Siberian Railway), 중국 횡단철도(TCR, Trans-Chinese Railway), 몽골횡단철도(TMGR, Trans-Mongolian Railway), 만주횡단철도(TMR, Trans-Manchurian Railway)와 연결되어 유럽~아시아~태평양을 잇는 '철의 신실크로드'가 완성될 것이며 유라시아 지역의 경제·사회·문화 공동체를 형성하는 핵심적 네트워크가 될 것이다.[5]

세계의 야심 찬 철도건설 계획들에 대하여 이야기하다

*아래 '세계의 야심 찬 철도건설 계획들'은 보도 기사, 위키피디

아 백과사전의 일부 자료를 참고하여 재구성한 것이다.

❶ 유럽-아시아 잇는 세계 최초 해저 철도 '마르마라이선'

　"2013년 10월 30일 유럽과 아시아를 연결하는 세계 최초 해저 철도인 '마르마라이선'이 개통되었다. '마르마라이선'은 흑해와 터키 보스포루스 해협을 관통하는 철도로 바다 밑 56m에 건설되었고, 해저 구간 1.4km를 포함한 터널 구간은 13.6km로 전체 운행구간이 77km이다. 터키 정부는 '마르마라이선'을 통해 하루 약 150만 명을 수송해 고질적인 이스탄불의 교통체증을 획기적으로 줄일 수 있을 것으로 기대하고 있다. 보스포루스 해협을 관통하는 해저터널을 건설하는 계획은 1860년 오스만 제국의 술탄 압둘메지드와 프랑스 등이 처음 세웠으나 기술과 자본 부족으로 실현되지 못하다 터키와 일본 컨소시엄이 2004년부터 공사를 시작해 완공한 것이다."[6]

❷ 중국의 세계에서 가장 긴 해저터널 건설 계획

　"2014년 2월 14일, 차이나데일리 등 현지 언론은 중국이 세계에서 가장 긴 해저터널을 건설하겠다는 메가톤급 계획을 발표하였다. 랴오닝성 다롄시와 산둥성 옌타이를 연결하는 이 해저터널은 길이가 123㎞에 달하고 평균 수심 20m 깊이에 설치되며 일부 구간은 최고 수심이 70m에 이른다. 총 3개의 노선으로 건설되며 고속철도가 2개 선로를 이용하고, 나머지 선로는 예비 및 비상 선로로 이용될 예정이다. 기존에는 두 도시 사이에 위치한 바다 때문에 해안도로를 따라 1,600㎞가량을 이동해야 했지만, 이 해저터널이 완공되면 산 둥지역과 동북 지역의 물류와 교통이 획기적으로 개선될 것이고, 이동시간도 40분가량으로 단축될 것으로 기대하고 있다. 국무원에서 보고한 계획안에 따르면 2015~2016년에 공사를 시작해 10년 이내 완공을 목표로 하여 약 2,600억 위안(한화 45조 원)이 투입될 예정이다."[7]

❸ 일본의 해저터널 구상

"초기의 일본에 의한 해저터널 건설계획은 일본의 규슈에서 출발하여 한반도를 통과하는 1930년대에 세워진 '동아시아 종단철도'에 대한 구상이 그 시작이다. 이것은 당시 일본이 한반도의 부산을 기점으로 하여, 경성을 지나, 안둥에서 당시 만주국 영토로 진입, 선양을 지나 중화민국 영토에서 베이징, 난징 등을 경유하여 베트남의 하노이, 사이공, 프놈펜, 말레이 반도까지 이어지는 약 10,000km의 노선으로 구상되었다. 또한 1940년대에 도쿄와 시모노세키를 연결하는 탄환열차 계획이 세워진 이후 1942년에 동아시아 교통학회가 설립되고 일본에서 쓰시마 섬을 거쳐 부산과 연결되는 해저터널을 건설하여 위에서 설명한 '동아시아 종단철도'와 연결하는 계획을 세웠다. 일본에서의 기점은 시모노세키, 하카타, 가라쓰 등이 유력하게 검토되었지만 확정된 사항은 없다. 이 같은 계획은 일본이 제2차 세계 대전에서 패배함으로써 좌절되었고 이후 1980년대부터 일부 단체에서 사가 현에서 쓰시마 섬을 지나 부산 또는 거제도를 연결하는 구상을 하였으나 '미래의 계획'일 뿐 본격적인 착공을 위한 구체적인 계획은 없으며 이러한 구상에 대한 찬성과 반대의 목소리도 있다."[8]

❹ 러시아의 야심찬 해저터널 건설 계획

"영국 데일리 메일은 2011년 8월 22일 러시아가 오는 2030년까지 베링 해협에 104㎞에 달하는 해저 터널을 건설, 유라시아 대륙과 미주 대륙을 철도로 연결하는 것을 구상하고 있다고 보도했다. 이 같은 해저 터널을 건설하는 데는 600억 파운드(약 106조9,908억 원)의 비용이 소요될 것으로 추산되고 있다. 현재 러시아의 철도는 치타 또는 블라디보스토크까지밖에 운행되지 않고 있다. 러시아는 우선 2013년까지 9억 파운드(약 1,604억8,620만원)을 들여 야쿠츠크까지 이르는 철도를 건설한다는 계획이고 이후 베링해협 해저터널 건설에 약 15년의 세월이 소요될 것으로 계산하고 있다. 하지만 러시아가 철도를 연장하는 것만으로는 충분치 않다. 미국이 알래스카에 철도를 부설해야 유라시아 대륙과 미주 대륙을 철도로 연결하는 것이 가능해지기 때문이다. 이러한 러시아의 구상은 현재로서는 말 그대로 계획 단계일 뿐이며 러시아가 막대한 건설비용을 어떻게 조달할 것인지 역시 아직은 불투명한 상태이다. 하지만 러시아의 구상대로 해저터널이 건설되면 런던에서부터 기차를 타고 유라시아 대륙을 횡단하여 뉴욕까지 기차로 여행하는 것이 가능해진다."[9]

지금까지 보도기사 등을 통하여 살펴본 세계의 야심 찬 철도건설 계획들은 관련 국가들의 대승적 협력을 바탕으로 한 천문학적인 숫자의 자금과 실현 가능한 기술력이 바탕이 되어야 현실화될 수 있는 것들이다. 물론 그것이 현실이 될지는 아무도 알 수 없는 미래의 일이다. 하지만 꿈과 이상이라는 실현하고자 하는 목표가 있어야 현재의 연결점에서 차근차근 준비하고 앞을 향해 나아갈 수 있는 것이다. 우리는 2002년 월드컵 경기에서 '꿈은 이루어진다.'라고 한목소리로 응원하지 않았던가. 철도를 통한 세계 연결이라는 거대한 꿈을 꾸자. 그리고 그 꿈을 이루기 위해 함께 손을 맞잡고 당당하게 앞으로 나아가자. 세계철도의 연결, 그 출발점은 남북철도 연결을 통한 우리 민족의 염원인 통일을 이룩하는 일이 될 것이다.

철도 GROS의 실현을 통해 미래를 향한 더 큰 꿈을 가지다

독일의 기상학자 알프레트 로타르 베게너(Alfred Lothar Wegener, 1880~1930)가 주장한 대륙이동설에 의하면 태초의 세계는 하나의 대륙으로 이어져 있었다.[10] 수십억만 년의 시간이 흐르면서 대륙은 여러 개의 대륙으로 나뉘었고 오랜 기간 대륙의 물리적 공간의 커뮤니케이션은 단절되었다. 유일한 실체적 커뮤니케이션 수단은 배, 자동차, 철도, 비행기 등 교통수단의 발달과 더불어 진화를 거듭해 왔다. 이제 태초의 하나로 연결되었던 여러 개의 대륙들의 실제적 물리적 공간은 세계의 야심찬 철도건설 계획들의 실현을 통해 연결될 것이다. 공상과학 소설이나 영화에서 나오는 '순간이동' 그런 것이 이루어지지 않는 이상 물리적 거리의 한계는 실제적 공간의 연결과 속도의 혁명으로 실현될 것이다. 대륙연결의 꿈을 넘어 세계연결의 꿈을 꾸자. 그리고 그 꿈을 실현시키는 주인공이 되자. 그 꿈을 실현시키는 주체는 우리 철도가 선도해야 하지 않을까? 미래는 모든 사물과 사람이 연결되는 초연결 사회가 될 것이다. 우리가 흔히 얘기하는 IOT, IOE의 화두가 그것이다. 이것은 현실공간과 디지털공간이 유기적으로 연결된다는 의미이다. 그렇다면 모든 물리적 공간이 촘촘하게 연결되는 초연결 공간은 무엇으로 가능한가? 전 세계의 거점공간을 철도로 연결하는 것이다. 그래서 철도가 초연결 공간을 위한 '허브망'이 되어야 한다. 미래철도 또한 세계의 거점 공간들을 하나로 연결시켜 줄 것이다. 유로스타가 영-불 해협(개통: 1994.5.6, 유로터널: 50km)을 통해 영국의 공간과 유럽의 공간이 연결되었듯이 TSR, TCR을 통해 한국은 세계의 공간과 연결될 것이다. 가까운 미래에 한-일 해협을 통해 이웃 섬나라와 연결될 것이며 러시아와 캐나다 위쪽의 미국령 알래스카는 러-미 해협(베링해협)을 통해 연결될 것이다. 좀 엉뚱하고 발칙한 상상이긴 하지만 먼 미래에는 오스트레일리아 대륙도 바다를 통해 연결될 것이라 기대해 본다. 이렇게 세계의 대륙은 철도를 통해 공간과 공간이 연결될 것이다. 'Global Rail Of Spaces', 즉 GROS가 실현될 것이고, 이로 인하여 철도는 전 세계를 아우르는 실제적 공간의 연결을 통한 실체적 커뮤니케이션을 가능하게 할 것이며, 철도IT는 실체적 커뮤니케이션을 지원하기 위한 기술적 수단을 제공할 것이다. 철도, IT를 통해 세상과 소통할 것이다. 커뮤니케이션은 상호 연결점을 가진다. 그 연결점은 사람과 사람일 수도 있고 사람과 사물일 수도 있고, 사물과 사물일 수도 있고 사람과 역, 역과 역, 공간과 공간, 마음과 마음일 수도 있다. 연결점의 모습이 어떤 것이든 커뮤니케이션 에러 없이 소통을 이룰 때 그 커뮤니케이션은 본연의 목적을 달성할 수 있다. 철도IT 과거와 현재, 현재와 과거, 그리고 현재와 미래를 향한 연결점을 가지고 완숙한 커뮤니케이션을 해야 한다. 철도IT, 커뮤니케이션 혁명이 미래다.

Break Time ㉘   *! Creative Think*

우리가 맛을 느낄 수 있는 것은 80%가 향기에 의한 것이고 혀로 느낄 수 있는 것은 20%뿐이라고 한다.[11] 감기에 걸려 코가 막히면 음식 맛을 잘 느낄 수 없는 것도 이러한 이유에서다. 사람 사이의 커뮤니케이션도 마찬가지이다. 사람과 사람이 전화, 문자, 메일, 편지, SNS 등의 수단을 사용하여 커뮤니케이션하는 것보다 더욱더 강력하고 완전한 수단은 사람과 사람이 직접 만나서 서로의 실체를 확인하고 마음과 마음을 주고받으며 마음의 온도차를 조율하는 실체적 커뮤니케이션이다. 따라서 우리가 가장 완벽한 커뮤니케이션이라고 느끼는 것은 직접 만나서 대면하는 실체적 커뮤니케이션이 80%라고 하면 나머지 20%는 기타 커뮤니케이션에 해당한다고 할 수 있다. 우리가 기타 커뮤니케이션 수단을 통해 소통하다가 갈증이 해소가 되질 않으면 '한번 만나서 이야기합시다.'라고 이야기하는 것도 이러한 이유에서다. 이를 위하여 세상을 연결해 실체적 만남을 가능하게 하는 것이 '철도'이며 이를 지원하는 기술적 수단이 '철도IT 커뮤니케이션'이고 이러한 만남을 통하여 실체적 삶의 가치를 실현하는 것이 '철도IT 커뮤니케이션 혁명'이다.

에필로그

우리에게 진정한 '철도IT 커뮤니케이션 혁명'이란 무엇인가?

철도IT와 관련하여 책을 쓴다고 생각하고 마음을 먹으니 왠지 가슴이 먹먹하고 앞이 캄캄했다. 세상에는 IT에 대한 깊이 있는 식견과 통찰을 가진 사람도 많고 스티브 잡스나 빌 게이츠처럼 실제 IT의 성공신화를 창조하고 역사의 한 페이지를 쓴 명사들도 많다. 과연 내가 철도IT에 대하여 새로운 개념을 정립하고 이야기를 할 수 있을까? 이런 생각을 하니 잠시 머뭇거렸던 것도 사실이다. 자칫 쓸모없는 졸작이 되어버리진 않을까? 하는 걱정과 두려움이 앞섰기 때문이다. 하지만 좀 더 창의적이고 도전적이고 긍정적인 생각을 해 보기로 했다. 철도IT에 대하여 커뮤니케이션이라는 새로운 관점에서 바라보는 것이다. 이를 위하여 우선 일반IT와 철도IT를 구별하고자 했지만 처음에는 쉽지 않았다. IT의 태생이 1차, 2차 세계대전을 거치며 군사라는 특수하고 제한적인 분야에 시작되었지만, 지금은 세상의 거의 모든 분야에서 활용되는 도구가 되어버렸기 때문이다. 그러나 철도IT를 커뮤니케이션 시각에서 바라보면 좀 더 명확해진다. 철도IT는 "철도를 통해 세상과 커뮤니케이션하기 위한 기술적 수단이다."라고 정의할 수 있다.

그렇다면 진정한 커뮤니케이션이란 무엇인가? 공자는 "아침에 도를 깨달으면 저녁에 죽어도 좋다."라고 말했다. 이처럼 삶에 대한 물음의 답을 찾는 과정, 이것이 우리가 지금을 살아가고 있는 존재의 이유는 아닐까? 이러한 삶의 본질적 물음에 대한 해답을 찾기 위하여 내면의 깊은 자아와 끊임없이 묻고 답하는 것, 이것이 진정한 커뮤니케이션의 시작이다. 우리는 이러한 내면의 커뮤니케이션을 위해 현재 시점에서 과거에 연결점을 두고 치열하게 자신에 대하여 성찰하고 고민한다. 우리는 그것이 정답이 아니더라도 매일 매일 삶에 대한 깨달음이 있어야 한다. 이것은 물음표에서 느낌표로 끝나는 무한반복이다. 이러한 깨달음이 쌓여서 자신의 삶에 녹아나고 내면의 깊이가 충만해지는 것이다. 커뮤니케이션은 세상 어디에나 있다. 우리가 살아있다는 것은 세상과 커뮤니케이션하고 있다는 것이고 우리가 살아간다는 것은 세상과 커뮤니케이션한다는 것이다. 우리가 세상과의 가장 완숙한 커뮤니케이션을 통해 삶의 깨달음을 얻을 때 그것이 진정한 커뮤니케이션이다. 그렇다면 진정한 철도IT 커뮤니케이션 혁명이란 무엇인가? 공간과 공간을 이어주는 철도, 이를 통해 사람과 사람의 실체적 만남을 가능하게 하는 철도, 그래서 서로의 얼굴과 얼굴을 보고 반가워 손잡고 부둥켜안으며 온몸으로 사람의 온기를 느끼면서 커뮤니케이션을 할 수 있게 하는 철도, 이것이 사람 냄새나는 실체적 커뮤니케이션이다. 이것을 지원하는 기술적 수단이 철도IT 커뮤니케이션이며, 이를 통해 삶의 실체적 가치를 만날 때 철도IT 커뮤니케이션 혁명이 실현되는 것이다. 얼마 전 광복 70주년을 맞아 각계각층의 국민 250여 명이 참여하는 유라시아 친선특급열차가 중국, 러시아, 몽골 등 6개국을 거치는 20일간(2015.7.14~8.2) 14,400km라는 대장정을 마쳤다. 우리의 시대적 사명인 남북통일 그리고 남북철도 연결을 통한 유라시아 이니셔티브 실현이라는 우리의 염원을 철의 실크로드를 통해 그 의미를 되살려보는 시간이었을 것이다.

철도IT 커뮤니케이션 혁명
김범승 作

철도를 통해 세상을 연결하자.
주변의 숱한 역경을 이겨내고
후학을 바로 세워서 교류한다.

철도를 통해 세상과 소통하자.
우리네 삶의 회한도 가득싣고
미래를 향한 희망을 애기한다.

철도를 통해 세상을 개척하자.
마음의 끈을 철선에 올려놓고
새로운 창을 만들어 대화한다.

철도를 통해 세상을 혁명하자.
마음과 마음 어디든 교감하고
철마가 세상 어디든 달려간다.

지금까지 철도IT 커뮤니케이션을 이야기했는데, 그 기본은 내면의 커뮤니케이션을 통해 우리의 마음속에 깊이 아로새겨진 가치를 찾을 때 진정한 커뮤니케이션은 완성될 것이며, 사람과 사람의 만남이라는 실체적 커뮤니케이션을 통해서 더욱더 감성은 고무되고 이해는 증폭되고 마음은 충만해질 것이다. 이 글을 읽는 독자들도 충실한 내면의 커뮤니케이션을 통해 삶의 가치를 재발견하고 진정한 철도IT 커뮤니케이션 혁명을 통해 실체적 삶의 가치를 만나기를 바란다.

Chapter **01**

1. J.H. Kim (7 Sept 2013) 철도를 통해 본 근대 동아시아의 국제관계: 일제 시기 철도망의 시공간적 확산, *고려대학교 민족문화연구원 학술회의*, pp. 21-42.
2. Ibid.
3. J.Y. Lee (June 2013)「무정」과「만세전」의 철도서사, *한국문학언어학회『어문총론』*, no. 28, pp. 349-371.
4. Ibid.
5. G.Y. Lee (1999) Korea Railroad's Present, Past and Future, *Journal of the Korean Society for Railway*, 2(2), pp. 3-14.
6. Korail Homepage, http://www.korail.com, Accessed on 2 May 2015.
7. Ibid.
8. Ibid.
9. G.Y. Lee, op. cit.
10. Korail Homepage, op. cit.
11. S.B. Suh (2015) World High-Speed Railroad At Present, Past, Future and Challenges, Past and Future, *Railway Journal*, 18(1), pp. 88-96.
12. G.Y. Lee, op. cit.
13. Korail Homepage, op. cit.
14. Y.S. O, S.N. Hong (June 2015) China High-Speed Industry's Development Direction and Implications, *Korean Rail Technology*, vol. 58, pp. 57-61.
15. Wikipedia(자기부상열차), http://ko.wikipedia.org/wiki/%EC%9E%90%EA%B8%B0%EB%B6%80%EC%83%81%EC%97%B4%EC%B0%A8, Accessed on 12 Sept 2015.
16. Korail Homepage, op. cit.
17. 김기수 (1962) 〈日東記遊〉, 부산대 한일문화연구소, 63면.
18. Korail Homepage, op. cit.
19. Korail Homepage, op. cit.
20. Wikipedia(사기), http://ko.wikipedia.org/wiki/%EC%82%AC%EA%B8%B0_(%EC%97%AD%EC%82%AC%EC%84%9C), Accessed on 12 Sept 2015.
21. Wikipedia(조선왕조실록), http://ko.wikipedia.org/wiki/%EC%A1%B0%EC%84%A0%EC%99%95%EC%A1%B0%E%C%8B%A4%EB%A1%9D, Accessed on 12 Sept 2015.

Chapter **02**

1. 스마트과학관(IBM 1401), http://smart.science.go.kr/scienceSubject/computer/view.

action?menuCd=DOM_000000101001007000&subject_sid=231, Accessed on 12 Sept 2015.

2. H.U. Yang (2006) Korea Railroad IT's Present, Past and Future Directions, *Journal of the Korean Society for Railway*, 9(2), pp. 25-29.

3. Ibid.

4. Korail Information Technology Office Homepage, http://it.korail.com, Accessed on 2 May 2015.

5. H.U. Yang, op. cit.

6. H.U. Yang, op. cit.

7. Korail Information Technology Office Homepage, op. cit.

8. H.U. Yang, op. cit.

9. Korail Information Technology Office Homepage, op. cit.

10. KFAA(KTX 광고), http://www.ad.co.kr/ad/tv/show.do?ukey=1363660&oid=@60339 3%7C30%7C1, Accessed on 12 Sept 2015.

11. NAVER지식백과(커뮤니케이션),http://terms.naver.com/entry.nhn?docId=1526331&cid=4225 1&categoryId=42261, Accessed on 12 Sept 2015. * 원출처: 오미영 (2013) 〈커뮤니케이션〉, *커뮤니케이션북스*.

12. Ibid.

13. 김영수 지음 (11 Aug 2011) 〈*사마천, 인간의 길을 묻다*〉, *왕의 서재*.

Chapter 03

1. *서울=뉴스1* (09:54 25 May 2015) 〈로봇이 야구 기사를 쓴다… 그런데 아주 잘 쓴다〉, 조민지 기자, http://news1.kr/articles/?2246990, Accessed on 12 Sept 2015.

2. D. Jurafsky, J.H. Martin (2008) Speech and Language Processing, *Prentice Hall(2nd)*.

3. L.R. Rabiner, B.H. Juang (1993) Fundamentals of Speech Recognition, *Prentice Hall*. pp. 11-14.

4. Ibid.

5. D. Jurafsky, J.H. Martin, op. cit. p. 13.

6. Wikipedia(유비쿼터스 컴퓨팅), http://ko.wikipedia.org/wiki/%EC%9C%A0%EB%B 9%84%EC%BF%BC%ED%84%B0%EC%8A%A4_%EC%BB%B4%ED%93%A8%ED% 8C%85, Accessed on 12 Sept 2015.

7. *스포츠경향* (08:35 8 April 2008) 〈나이가 먹을수록 트로트가 왜 좋을까?〉, 허경헌 기자, http://m.sports.khan.co.kr/view.html?med_id=skhan&artid=200804082027416, Accessed on 12 Sept 2015.

Chapter **04**

1. KOCCA (Nov 2011) CT depth Report, *Korea Creative Content Agency*.
2. Ibid.
3. *dongA.com* 뉴스 (03:00 16 June 2011) 〈'음성인식과학자' 구글 마이클 코언 박사 화상 인터뷰〉, http://news.donga.com/3/all/20110615/38061909/1, 김상훈 기자, Accessed on 12 Sept 2015.
4. 미켈 앙헬 캄포도니코 지음, 송병선.김용호 옮김 (15 May 2015) 〈세상에서 가장 가난한 대통령 무히카〉, *21세기북스*.

Chapter **05**

1. S.H. Kim (2012) Lecture Note for Speech Recognition, *Kwangwoon University*.

Chapter **06**

1. G.S. Lee et al. (2001) Speech Recognition, *Hanyang University Press*.
2. K.N. Lee (2006) Morpho-Phonological Modeling of Pronunciation Variation for Korean Large Vocabulary Continuous Speech Recognition, PhD Thesis, *Sogang University*.
3. B.S. Kim (2012) A Study on Efficient PLU and State Clustering for Speech Recognition of Korean Train Station, PhD Thesis, *Kwangwoon University*.
4. Ibid.

Chapter **07**

1. B.S Kim (2012), op. cit. pp. 30-96.
2. 도수희 (2010) 〈한국 지명 新 연구〉, *제이앤씨*.
3. S.H. Jeong (2007) The Study on Phonetical Information for Speech, *The Association Of The Research On Korean Language And Literature*, vol. 49, pp. 135-160.
4. S.W. Byun (2001) Frequency of Korean Phonemes and Reliability of Korean Phonetically Balanced Word Lists, *Korean J Otolaryngol*, 44, pp. 485-489.

5. Wikipedia(대동여지도), http://ko.wikipedia.org/wiki/%EB%8C%80%EB%8F%99%EC%97%AC%EC%A7%80%EB%8F%84, Accessed on 12 Sept 2015.

6. 소준섭 (10 July 1996) 〈대동여지도의 김정호는 옥사하지 않았다: 조선인물실록 1〉, 서울: 도서출판 자작나무, pp. 127-140.

7. S.M. Jo (2003) 현대 국어의 모음 체계에 대한 음향음성학적 연구, 한국언어문화학회: 한국언어문화, 제24집. pp. 427-441.

8. Ibid.

9. Wikipedia(공명), http://ko.wikipedia.org/wiki/%EA%B3%B5%EB%AA%85, Accessed on 12 Sept 2015.

Chapter 08

1. B.S Kim (2012), op. cit. pp. 97-105.

2. Wikipedia(훈민정음), http://ko.wikipedia.org/wiki/%ED%9B%88%EB%AF%BC%EC%A0%95%EC%9D%8C#.ED.9B.88.EB.AF.BC.EC.A0.95.EC.9D.8C_.ED.95.B4.EB.A1.80.EB.B3.B8, Accessed on 12 Sept 2015.

3. S.H. Jeong, op. cit.

4. J.H. Lee (2009) Korean Phonology Lecture, *SAMGYENGMUNHWASA*.

5. Ibid.

6. Ibid.

Chapter 09

1. B.S Kim (2012), op. cit. pp. 106-115.

2. S.H. Kim, T.S Choi (2004) Statistical Data Analysis (SPSS 11.0), *Dasan Publishing Co.*, Seoul, Korea, pp. 238-257.

3. Ibid.

Chapter 10

1. B.S Kim (2012), op. cit. pp. 128-149.

2. K.N. Lee, op. cit.

3. S. Young et al. (2006) The HTK Book for HTK Version 3.4, *Entropic Cambridge*

Research Laboratory.

4. Jian Xue (Dec. 2007) Decision Tree in Acoustic Modeling for Online Large Vocabulary Conversation Speech Recognition, PhD's Dissertation, *University of Missouri-Columbia.*

5. *KBS NEWS* (12:37 5 June 2015) 〈천장 30㎝ 높아질 때마다 자녀들 창의력 '쑥쑥'〉, 모은희 기자, http://news.kbs.co.kr/news/view.do?ncd=3089599, Accessed on 12 Sept 2015.

Chapter ⑪ ─────────────────────

1. B.S. Kim, S.H. Kim (2011) A Study on Realization of Speech Recognition System based on VoiceXML for Railroad Reservation Service, *Journal of the Korean Society for Railway,* 14(2), pp. 130-136.

2. *Korail News* (22 June 2010) 〈코레일, 음성인식 ARS 예약서비스 이용해 보세요〉, 홍보문화실, http://news.korail.com/main/php/search_view.php?idx=16455, Accessed on 12 Sept 2015.

3. KMDB(철도원), http://www.kmdb.or.kr/vod/vod_basic.asp?nation=F&p_dataid=06861&keyword=철도원, Accessed on 12 Sept 2015.

Chapter ⑫ ─────────────────────

1. B.S. Kim (2014) Forecasting Passenger Transport Demand Using Seasonal ARIMA Model-Focused on Joongang Line, *Journal of the Korean Society for Railway,* 17(2), pp. 307-311.

2. *Korail News* (23 June 2013) 〈개통 100일! 중부내륙 관광지도를 바꾸다〉, M.S. Yu, http://news.korail.com/main/ph
p/search_view.php?idx=32968, Accessed on 12 Sept 2015.

3. K.B Kim, K.S Hwang (2012) A study on the demand forecasting and efficient operation of Jeju national airport using seasonal ARIMA model, *Journal of the Korea Academia-Industrial cooperation Society,* 13(8), pp. 3381-3388.

4. J.M Lee, Y.J Kwon (2011) A study on dynamic change of transportation demand using seasonal ARIMA model, *Journal of Korean Society of Transportation,* 29(5), pp. 139-155.

5. J.S Lee, H.G. Shon, S. Kim (2013) Daily peak load forecasting for electricity demand by time series models, *The Korean Journal of Applied Statistics,* 26(2),

pp. 349-360.

6. N.K Hur, J.Y Jung, S. Kim (2009) A study on air demand forecasting using multivariate time series models, *Journal of Korean Statistical Society*, 22(5), pp. 1007-1017.

7. Wikipedia(노스트라다무스), http://ko.wikipedia.org/wiki/%EB%85%B8%EC%8A%A 4%ED%8A%B8%EB%9D%BC%EB%8B%A4%EB%AC%B4%EC%8A%A4#.EB.8C.80. EC.A4.91.EC.9D.98_.EA.B4.80.EC.8B.AC, Accessed on 12 Sept 2015.

Chapter ⑬ ————————————

1. B.S. Kim et al. (2014) Development of Mobile APP Service for Safety Communication, *2014 Spring Conference of Korean Society for Railway*, Changwon, Korea.

2. *Korail News* (23 Oct. 2014) <강원본부, 2014 재난대응 안전한국훈련 실시>, M.G. Park, http://news.korail.com/main/php/search_view.php?idx=37418, Accessed on 12 Sept 2015.

3. J.W Choi et al. (2013) Development and Implementation of Mobile APP for Marine Pollution Responder, *Journal of the Korean Society of Marine Environment & Safety*, 19(4), pp.532-358.

4. Y.K Choi, E.K Kim (2013) A Study on Development of App-Based Electric Fire Prediction System, *Journal of the Korean Society for Internet Information*, 14(4), pp. 85-90.

5. Y.H Ko et al. (2012) Developing disaster preparedness contents mobile application for disaster vulnerable people, *NATIONAL DISASTER MANAGEMENT INSTITUTE*.

6. H.J Chae, J.W Kim (2013) Development of an Educational App for Safe Dietary Life based on Elementary School Parents'Perseptions on Pesticide Residue, *Journal of the Korean Society of Food Cookery*, 29(2), pp.161-168.

7. *KBS NEWS* (06:49 9 June 2015) <[세상의 창] 스마트 기기와 마술의 만남>, KBS, http://news.kbs.co.kr/news/view.do?ncd=3091461, Accessed on 12 Sept 2015.

Chapter ⑭ ————————————

1. B.S. Kim et al. (2015) The Reorganization of the Mobile APP Service for Metropolitan Railroad Information Offering of the high quality, *2015 Spring Conference of Korean Society for Railway*, Mokpo, Korea.

2. *Korail News* (29 Sept 2014) <'코레일전철톡'으로 수도권전철. 지하철 정보 확인하세요>

I.J. Jeon, http://news.korail.com/main/php/search_view.php?idx=37243, Accessed on 12 Sept 2015.

3. J.S Kim, J.S Sim (2013) Analysis of Customer Reviews on Public Apps. Through Semantic Network Analysis, *Korea Institute of Public Administration*, 22(2), pp.65-90.

4. J.K Lee, M.S Ha (2012) Semantic Network Analysis of Science Gifted Middle School Student'Understanding of Fact, *Journal of The Korean Association for Science Education*, 32(5), pp. 823-840.

5. D.M Lee (2014) Global Citizenship Education in the Primary Geography Curriculium dof the Republic of Korea: Content Analysis Focusing on the Semantic Structure of 2009 Revised School Curriculum, *Journal of The Korean Geographical Society*, 49(6), pp. 949-969.

6. K.S Park et al. (2014) A semantic network analysis of news reports on an emerging infectious disease by multidrug-resistant microorganism, *Journal of Digital Convergence*, 12(2), pp. 343-351.

7. A Chang, P.K Kannan (2002) Preparing for Wireless and Mobile Technologies in Government, *IBM Endowment for The Business of Government*.

8. J.S Kim, J.S Sim (2013) Analysis of Customer Reviews on Public Apps. Through Semantic Network Analysis, KoreaInstituteofPublicAdministration,22(2),pp.65-90.

9. GooglePlay(코레일전철톡), http://play.google.com/store/apps/details?id=com.hanainfo.glorystation, Accessed on 23 May 2015.

10. H.W Park, L Leydesdorff (2004) Understanding the KrKwic: A computer program for the analysis of Korean text, *Journal of The Korean Data Analysis Society*, 6(5), pp. 1377-1388.

11. S.P Borgatti et al. (2002) Ucinet for Windows: Software for Social Network Analysis, *Harvard MA: Analytic Technologies*.

12. A.S Andreou et al. (2005) Key issues for the design and development of mobile commerce services and applications, *International Journal of Mobile Communications*, 3(3), pp. 303-323.

Chapter ⑮

1. ICT-SG (2013-2015) A Product of ICT Study Group, *Korail Information Technology Office*. 2013~2015년, 사내 ICT연구회 활동의 일환으로 진행된 세미나의 토의 내용을 소재로 하여 작성되었다. 반짝이는 창의적 아이디어의 도출 위해 열정적으로 토의에 참여한 ICT연구회 일동에게 감사의 마음을 전한다.

Chapter 16

1. J.Y. Kim et al. (June 2011) Technical Trends of Social Network Service, *ETRI 전자통신동향분석*, 26(3), pp. 14-24.

2. Gartner, http://www.gartner.com/technology/home.jsp, Accessed on 12 Sept 2015.【가트너 심포지움 2010】

3. KIISE (Nov 2011) SNS, Communications of the Korean Institute of Information Scientists and Engineers, 29(11).

4. Ibid.

5. Y.H. Lee (Aug 2014) 국내 SNS의 이용 현황과 주요 이슈 분석, *KISA, INTERNET & SECURITY FOCUS*, pp. 60-61.

6. Facebook, https://ko-kr.facebook.com/, Accessed on 12 Sept 2015.

7. KIISE, op. cit.

8 Twitter, http://twitter.com/, Accessed on 12 Sept 2015

9. J.Y. Kim et al., op. cit.

10. KIISE, op. cit.

11. KIISE, op. cit.

12. KIISE, op. cit.【J.Y. Park et al.】

13. FacebookNewsroom, http://ko.newsroom.fb.com/news/2015/03/2015%eb%85%84-f8-facebook-%ec%95%b1-%ec%a0%9c%ed%92%88%ea%b5%b0%ec%9d%84-%eb%a7%8c%eb%82%98%eb%8a%94-%ec%83%88%eb%a1%9c%ec%9a%b4-%eb-%b0%a9%eb%b2%95/, Accessed on 12 Sept 2015.

14. Wikipedia(강남스타일), http://ko.wikipedia.org/wiki/%EA%B0%95%EB%82%A8%EC%8A%ED%A4%80%83%EC%9D%BC, Accessed on 12 Sept 2015.

Chapter 17

1. *Korail News* (7 May 2015) ⟨5월 징검다리 휴일, KTX 이용객 역대 최고⟩, I.J. Jeon, http://news.korail.com/main/php/search_view.php?idx=38801, Accessed on 12 Sept 2015.

2. Wikipedia(하이퍼 사이클), http://ko.wikipedia.org/wiki/%ED%95%98%EC%9D%B4%ED%94%84_%EC%82%AC%EC%9D%B4%ED%81%B4, Accessed on 12 Sept 2015.

3. Gartner, op. cit. (2013) http://www.gartner.com/newsroom/id/2575515, (2014) http://www.gartner.com/newsroom/id/2819918, Accessed on 12 Sept 2015.【가트너 2013/2014】

4. Samjong KMPG Research (Oct 2012) 빅 데이터 분석을 통한 기업 미래 가치 창출, ERI Publication, http://www.kpmg.com/KR/ko/IssuesAndInsights/Articles-And-Publications/ERI-Publications/IssuesMonitor/Pages/IssueMonitor17b.aspx, Accessed on 12 Sept 2015.

5. J.S. Park et al. (Sept 2013) 새로운 기술패러다임으로서 빅데이터: 쟁점과 과제, *KISTI 과학기술정책 정책초점*, 23(3), pp. 17-30.

6. IDC, http://www.idc.com/, Accessed on 12 Sept 2015.【IDC 2010】

7. Samjong KMPG Research, op. cit.

Chapter ⓲

1. Gartner, op. cit.

2. S.J. Shin, S.U. Park (March 2015) Understanding Individual's Switching Intentions to Cloud Computing Service: Based on the Social Exchange Theory, *기술혁신학회지*, 18(1), pp. 176-203.

3. AWS, http://aws.amazon.com/ko/what-is-cloud-computing/?nc2=h_l2_cc, Accessed on 12 Sept 2015.

4. NAVER지식백과(클라우드 컴퓨팅), http://terms.naver.com/entry.nhn?docId=1691560&cid=42171&categoryd=42183, Accessed on 12 Sept 2015.

5. Wikipedia(클라우드 컴퓨팅), https://ko.wikipedia.org/wiki/%ED%81%B4%EB%9D%BC%EC%9A%B0%EB%93%9C_%EC%BB%B4%ED%93%A8%ED%8C%85, Accessed on 12 Sept 2015.

6. GoogleAppsforWork, http://static.googleusercontent.com/media/www.google.com/en/us/enterprise/apps/business/files/ewha-hospital-casestudy-ko.pdf, Accessed on 12 Sept 2015.

7. GoogleAppsforWork, http://static.googleusercontent.com/media/www.google.com/en/us/enterprise/apps/business/files/agansa-casestudy-ko.pdf, Accessed on 12 Sept 2015.

8. GoogleAppsforWork, http://static.googleusercontent.com/media/www.google.com/en/us/enterprise/apps/business/files/quadmark-casestudy-ko.pdf, Accessed on 12 Sept 2015.

9. AWS, op. cit.

10. M.D. Son (Aug 2015) 레일로 이어지는 행복+: 철도궤간의 비밀, *Korail Newsletter*, pp. 50-51.

Chapter 19

1. NAVER지식백과(두산백과사전: 사물인터넷), http://terms.naver.com/entry.nhn?docI d=2028310&cid=40942&categoryId=32854, Accessed on 12 Sept 2015.

2. KIISE (March 2011) IT's Present and Future, *Communications of the Korean Institute of Information Scientists and Engineers*, 29(3).

3. Cisco Kr, http://www.cisco.com/web/KR/about/index.html, http://www.ciscokrblog. com/411, Accessed on 12 Sept 2015.

4. GEReportsKorea, http://www.gereports.kr/ge-trip-optimizer-for-smart-train-solution, Accessed on 12 Sept 2015.

5. KIISE (March 2011), op. cit.

6. Wikipedia(마이너리티 리포트), http://ko.wikipedia.org/wiki/%EB%A7%88%EC%9 D%B4%EB%84%88%EB%A6%AC%ED%8B%B0_%EB%A6%AC%ED%8F%AC%ED%8 A%B8_(%EC%98%81%ED%99%94), Accessed on 12 Sept 2015.

7. *SBS NEWS* (10:14 18 Aug 2015) 〈[취재파일] 명령어 하나로 '문이 덜컥'⋯ 국산 차 해킹 실험〉, 엄민재 기자, http://news.sbs.co.kr/news/endPage.do?news_id=N1003126459, Accessed on 12 Sept 2015.

Chapter 20

1. Wikipedia(아이작 아시모프), http://ko.wikipedia.org/wiki/%EC%95%84%EC%9D %B4%EC%9E%91_%EC%95%84%EC%8B%9C%EB%AA%A8%ED%94%84, Accessed on 12 Sept 2015.

2. *SBS NEWS*, (07:38 8 June 2015), 〈카이스트팀, 세계 재난 로봇대회 우승⋯상금 22 억〉, 노유진 기자, http://news.sbs.co.kr/news/endPage.do?news_id=N1003013787, Accessed on 12 Sept 2015.

3. 한학용 (1 July 2005) 〈패턴인식 개론: MATLAB 실습을 통한 입체적 학습〉, 한빛미디어, pp. 23-24., A.M Turing (1950) Computing Machinary and Intelligence, *Mind 49*, pp. 433-460.

4. Ibid. pp. 25-26., John R. Searle (1980) Mind, Brains, and Programs, *The Behavioral and Brain Sciences*, vol. 3, Cambridge University Press.

5. KIISE (Sept 2011) Smart Car, *Communications of the Korean Institute of Information Scientists and Engineers*, 29(9).

6. *Nocut News* (09:56 3 Dec 2014) 〈스티븐 호킹 "인공지능(AI)이 인류종말 가져올 수 있다"〉, 김일근 기자, http://www.nocutnews.co.kr/news/4335425, Accessed on 12 Sept 2015.

7. *EDAILY* (16:09 30 January 2015) 〈빌 게이츠의 경고…"인공지능 발전하면 인류에 위협"〉, 이민정 기자, http://www.edaily.co.kr/news/NewsRead.edy?SCD=JH41&DCD=A00803&newsid=02676486609242968, Accessed on 12 Sept 2015.

8. Ibid.

9. 웬델 월러치. 콜린 알렌 지음, 노태복 옮김 (25 July 2014) 〈왜 로봇의 도덕인가, 원제: Moral Machines Teaching Robots Right〉, *메디치미디어*.

10. KIISE (Feb 2011) Artificial Intelligence and Machine Learning, *Communications of the Korean Institute of Information Scientists and Engineers*, 29(2).

11. Wikipedia(경전철), http://ko.wikipedia.org/wiki/%EA%B2%BD%EC%A0%84%EC%B2%A0, Accessed on 12 Sept 2015.

12. Wikipedia(은하철도999), http://ko.wikipedia.org/wiki/%EC%9D%80%ED%95%98%EC%B2%A0%EB%8F%84_999, Accessed on 12 Sept 2015.

13. Wikipedia(설국열차), http://ko.wikipedia.org/wiki/%EC%84%A4%EA%B5%AD%EC%97%B4%EC%B0%A8, Accessed on 12 Sept 2015.

Chapter ㉑

1. J.U. Jung (April 1991) 암호학 개요, *한국통신정보보호학회지*, 1(1), pp. 29-44.

2. Ibid.

3. Simon Singh 지음, 이원근·김희정 옮김 (2007) 〈The Code Book: 코드북〉, 영림카디널.

4. J.U. Jung, op. cit.

5. C.E. Shannon (July, Oct 1948) A Mathematical Theory of Communication, *The Bell System Technical Journal*, vol. 27, pp. 379-423, 623-656.

6. Wikipedia(클로드 섀넌), http://ko.wikipedia.org/wiki/%ED%81%B4%EB%A1%9C%EB%93%9C_%EC%84%80%EB%84%8C, Accessed on 12 Sept 2015.

7. Simon Singh, op. cit.

8. Wikipedia(앨런 튜링), http://ko.wikipedia.org/wiki/%EC%95%A8%EB%9F%B0_%ED%8A%9C%EB%A7%81, Accessed on 12 Sept 2015.

9. KISA (4 Dec 2013) 2013년 주요 침해사고 사례와 대응, *한국인터넷진흥원*.

10. Ibid.【KISA 2013】

11. Ibid.【KISA 2013】

12. Wikipedia(애슐리 매디슨), http://ko.wikipedia.org/wiki/%EC%95%A0%EC%8A%90%EB%A6%AC_%EB%A7%A4%EB%94%94%EC%8A%A8, Accessed on 12 Sept 2015.

Chapter 22

1. Fores, http://www.forbes.com/powerful-brands/, Accessed on 12 Sept 2015.
2. Apple, http://www.apple.com/kr/, Accessed on 12 Sept 2015.
3. Google(Philosophy), http://www.google.co.kr/intl/ko/about/company/philosophy, Accessed on 12 Sept 2015.
4. SAMSUNG, http://about.samsung.co.kr/about/idea.do, Accessed on 12 Sept 2015.
5. Facebook, op. cit.
6. Twitter(Vision), http://about.twitter.com/ko/company, Accessed on 12 Sept 2015.
7. Steve Jobs, http://www.youtube.com/watch?v=7aA17H-3Vig, Accessed on 12 Sept 2015.
8. Bill Gates, http://www.bing.com/videos/search?&q=%eb%b9%8c%ea%b2%8c%ec%9d%b4%ec%b8%a0+%ed%95%98%b%b2%84%eb%93%9c%eb%8c%80%ed%95%99+%ec%97%b0%ec%84%a4&qft=+filterui:price-free&FORM=R5VR20, Accessed on 12 Sept 2015.
9. Google(Culture), http://www.google.co.kr/intl/ko/about/company/facts/culture, Accessed on 12 Sept 2015.
10. Facebook, op. cit.
11. DaumKakao(Vision), http://www.daumkakao.com/about/vision, Accessed on 12 Sept 2015.
12. DaumKakao(News), http://www.daumkakao.com/pr/pressRelease_view?page=2&group=1&idx=8343, Accessed on 12 Sept 2015.
13. 한겨레 (11:22 19 Aug 2014) 〈이젠 '재웅님'이라 부르면 안돼요 다음은 지금 영문 호칭 작명 바람〉 김재섭 기자, http://www.hani.co.kr/arti/651805.html, Accessed on 12 Sept 2015.

Chapter 23

1. NAVER지식백과(실크로드), http://terms.naver.com/entry.nhn?docId=2783167&cid=55573&categoryId=55573, Accessed on 12 Sept 2015. * 원출처: 정수일 (2013) 〈실크로드 사전〉, 창비.
2. Ibid.
3. YonhapNews (08:31 24 April 2015) 〈中 '일대일로 야심' 드러낸 세계최장 철도 '이신어우'〉, 연합뉴스 http://www.yonhapnews.co.kr/bulletin/2015/04/24/0200000000AKR20150424003900089.HTML, Accessed on 12 Sept 2015.
4. NAVER지식백과(광개토대왕), http://navercast.naver.com/contents.nhn?rid=77&contents_id=1886,

Accessed on 12 Sept 2015.

5. H.S. Na (2013) 남북철도, 대륙을 품다: 유라시아시대에 통합철도망의 발전 구상과 과제, *KoFC 북한개발*, 통권1호, pp. 26-58.

6. The Yeongnamilbo (08:33 1 Nov 2013), 〈동서양 잇는 세계 최초 해저 철도 운행 시작 "보스포루스 해협 바다 밑 56m에 건설"〉, 인터넷뉴스팀, http://www.yeongnam.com/mnews/newsview.do? mode=newsView&newskey=20131101.990010832480008, Accessed on 12 Sept 2015.

7. *NowNews* (00:00 15 Feb 2014), 〈中 '세계서 가장 긴 해저터널' 건설…예산 45조원〉, 송혜민 기자, http://nownews.seoul.co.kr/news/newsView.php?id=20140215601009, Accessed on 12 Sept 2015.

8. Wikipedia(한일해저터널), http://ko.wikipedia.org/wiki/%ED%95%9C%EC%9D%BC_%ED% 95%B4%EC%A0%80_%ED%84%B0%EB%84%90, Accessed on 12 Sept 2015., S.K Kim (Dec 2005) 한일해저터널 추진동향에 관한 연구, *부산광역시의회 정책연구실*, pp. 1-115. * 한일해저터널 건설계획에 관한 배경 및 동향에 대한 세부사항은 위 S.K Kim의 연구를 참고하기 바란다. 이 연구에서 일본의 모치다 유다카(持田 豊) 박사가 주창했던 세계대륙을 해저터널로 연결하는 Global and Transportation System 구상(日韓トンネル研究會,「日韓トンネル報告資料」, 東京: 日韓トンネル研究會, 1999, pp. 1-21)의 사례에 대해서도 소개하고 있다.

9. *서울=뉴시스* (12:00 23 Aug 2011) 〈러, 2030년까지 베링해에 해저터널 건설…유라시아 대륙과 미주 대륙철도로 연결〉, 유세진 기자, http://news.joins.com/article/6031772, Accessed on 12 Sept 2015., J.M. Han (June 2015 러시아의 교통정책과 베링해협터널 프로젝트, *Railway Journal*, 28(3), pp. 79-90. * 베링해협터널 건설계획에 관한 배경 및 동향에 대한 세부사항은 위 J.M Han 의 연구를 참고하기 바란다. 이 연구에서 러시아의 시베리아 교통정책과 베링해협 터널 프로젝트에 대하여 관련 자료를 근거로 자세히 소개하고 있다.

10. Wikipedia(대륙 이동설), http://ko.wikipedia.org/wiki/%EB%8C%80%EB%A5%99_%EC%9D% B4%EB%8F%99%EC%84%A4, Accessed on 12 Sept 2015.

11. NAVER지식백과(후각과 미각), http://terms.naver.com/entry.nhn?docId=1692777&cid=49045& categoryId=49045, Accessed on 12 Sept 2015.

이 책에 기술된 일련의 인물, 사건, 사실들의 내용은 많은 부분 인터넷 검색 자료, 네이버 백과사전, 두산 백과사전, 위키피디아 백과사전을 참고하였고 철도 관련 연구는 그간 필자가 연구했던 성과물인 학위논문 및 학회게재·학술대회 논문을 기반으로 하였으며 특별히 인용과 출처가 필요한 사항에 대해서는 내용 및 참고문헌에 목록을 달아 표시하였다. 끝으로 온라인상에서 많은 자료를 생성해 많은 사람들이 공유할 수 있게끔 노고를 아끼지 않은 네티즌들의 '집단지성'에 깊은 감사의 마음을 표한다. 아울러 책의 내용 중 잘못되었거나 부족한 부분이 있으면 bluedav@hanmail.net으로 알려주시기를 부탁한다. 개정 시 바로잡도록 하겠다.